LA CUISINE TRADITIONNELLE FRANÇAISE

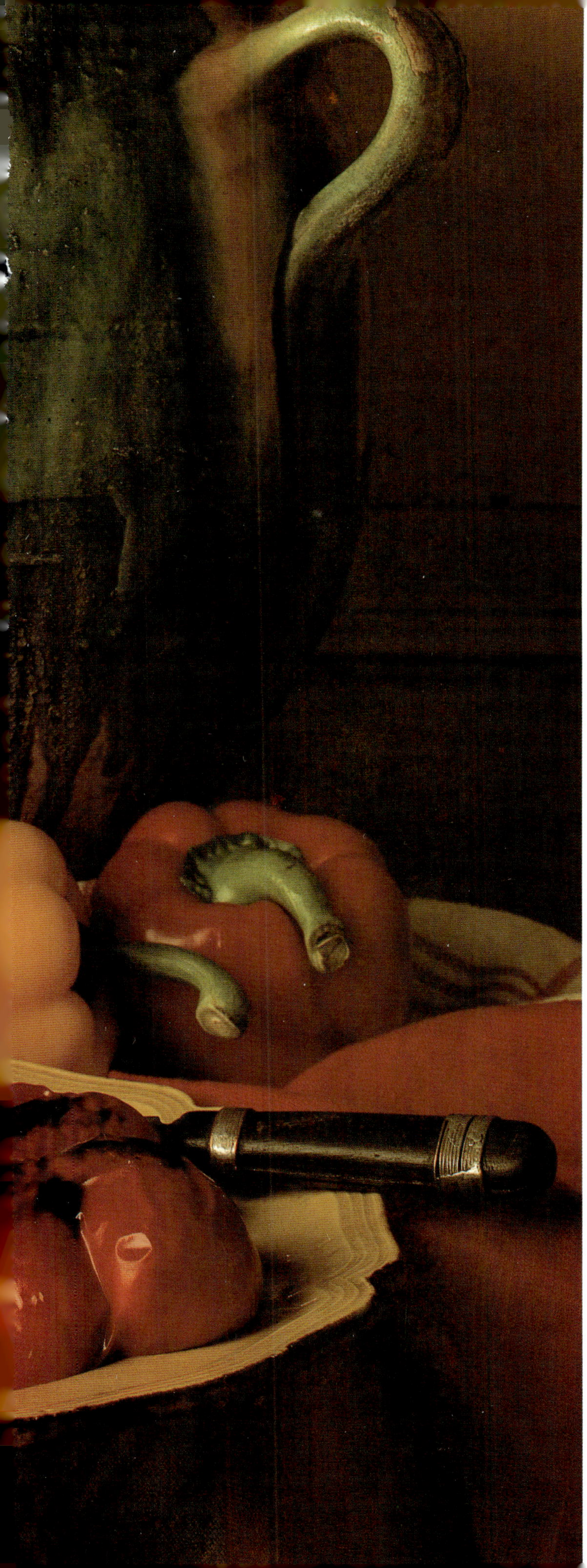

LA CUISINE TRADITIONNELLE FRANÇAISE

Texte de

Marie-Pierre Moine

avec la collaboration
pour l'édition française de

Anne-Marie Thuot

Photographies de

Peter Williams

GRÜND

À Colin MacIvor

Remerciements

Je remercie de tout cœur l'équipe qui a participé à la réalisation de cet ouvrage : Lewis Esson, qui a patiemment trié mes disquettes et éclairci le texte quand il le fallait, Jane Suthering et Peter Williams, qui ont rendu les mets si appétissants, et Paul Welti, à qui l'on doit la maquette du livre. Un grand merci également à Anne Furniss, qui m'a demandé d'écrire cet ouvrage, Mary Evans, Louise Simpson, Helen Trent et Emma Patmore. Je remercie aussi les amis, parents et relations, en France et à Londres, pour leur aide si généreuse. Je tiens à exprimer ma reconnaissance à Catherine Manac'h, qui m'a guidée dans le choix des vins, ainsi qu'à Sophie Vallejo et la Sopexa pour les renseignements qu'ils m'ont fournis.

Les éditeurs remercient Valerie Crowther
de Antique & Things
pour son aide dans la réalisation des photos.

Librairie GRÜND — 60, rue Mazarine — 75006 Paris

Texte original de Marie-Pierre Moine avec la collaboration
pour l'édition française de Anne-Marie Thuot
Photographies de Peter Williams
Secrétariat d'édition de Louis Duparque

Première édition française 1995 par Librairie Gründ, Paris

ISBN : 2-7000-5351-6
Dépôt légal : septembre 1995
Édition originale 1994 par Conran Octopus Limited
sous le titre original *The Secrets of French Home Cooking*

Photocomposition par Compo 2000 à Saint-Lô
Imprimé à Singapour

SOMMAIRE

INTRODUCTION

La bonne cuisine traditionnelle telle qu'on la pratique à la maison a tendance à rester un secret de famille. On se passe cahiers ou carnets de recettes de mère en fille, de grand-mère en petite fille, de tante à nièce. Amis, voisins, cousins et pièces rapportées apportent également leur contribution au répertoire familial.

J'ai pris le goût de la cuisine pendant mes années de jeunesse et de vacances scolaires en Touraine où mes grands-parents avaient une maison.

La gourmande que j'étais déjà passait son temps dans la cuisine à regarder, goûter, tripoter la pâte, touiller les sauces, faire semblant d'aider et d'écouter les histoires et les conseils de Mado, la cuisinière de ma grand-mère. Mado était — elle est toujours — une femme pétillante de gaîté, à l'esprit vif. La cuisine était une ancienne cave creusée sous le rocher, une vaste pièce aux sombres recoins où il faisait toujours bon, frais en été et doux en hiver grâce à un grand four à bois noir. C'est là, en voyant faire Mado, que j'ai été séduite par la cuisine, fascinée par les gestes et les rites qui transformaient un gros morceau de beurre, de la farine et quelques œufs en merveilleux petits choux, de l'eau et du sucre en caramel craquant, un modeste poulet, quelques brindilles de fines herbes, une gousse ou deux d'ail et un filet d'huile (Mado faisait beaucoup plus appel à l'huile d'arachide qu'au beurre) en un poulet rôti, succulent et doré.

Nombre de ces recettes traditionnelles que l'on se passe de main en main, sur une petite feuille de papier sont difficiles à interpréter. *Faites une pâte... cuisez peu à peu... quand c'est prêt, rajoutez un petit verre...* Elles supposent que la personne qui les lit a déjà de solides connaissances, qu'elle sait déjà faire la cuisine. J'ai eu beaucoup de chance de découvrir ces recettes familiales qui constituent la base de mon répertoire, en voyant quelqu'un les réaliser. C'est un apprentissage beaucoup plus agréable que de déchiffrer les hiéroglyphes du grand-oncle fin gourmet ou que de décrypter la recette copiée sur un magazine, chez le coiffeur, et griffonnée au dos d'une enveloppe.

La cuisine traditionnelle française est un répertoire de recettes que j'ai rassemblées, pratiquées et élaborées depuis une vingtaine d'années. Certaines n'ont que peu changé depuis la cuisine de ma grand-mère. Beaucoup ont évolué. Au fur et à mesure que — grâce à mon travail dans la presse et l'édition gastronomique —, je glanais des petits trucs, des tours de main intéressants, mes recettes ont changé. Certaines sont devenues plus raffinées, d'autres plus légères. Dans l'ensemble, elles sont plus simples et plus décontractées. On ne reçoit pas la famille et les amis en 1995 comme le faisaient ma mère et ma grand-mère en 1965. Pas tout à fait...

CI-CONTRE
L'onglet aux échalotes (page 122), prêt à être consommé après avoir été cuit dans mon poêlon préféré.

Les recettes de ce livre s'adressent aux novices comme aux cordons-bleus amateurs. Les recettes filmées expliquent en détail les plats les plus complexes en montrant les étapes les plus importantes de leur élaboration. Les autres recettes sont loin des brèves formules que l'on trouve encore souvent dans certains manuels de cuisine traditionnelle. Le mot formule me fait toujours penser au laboratoire ou aux mathématiques. La bonne cuisine telle qu'on la fait à la maison est plus proche de la potion magique et de la tradition orale que de la chimie et de la démarche scientifique. Elle n'est pas compliquée : il suffit de bien expliquer les mille petits « trucs » sympathiques qui la rendent à la fois plus fine et plus simple.

L'année dernière, pendant que j'écrivais ce livre, j'ai assisté à Biarritz à un passionnant séminaire de gastronomie basque. L'un des chefs qui y participait remarqua au cours d'un débat que les grands cuisiniers d'autrefois feraient une cuisine tout à fait différente s'ils revenaient aujourd'hui à leurs fourneaux. Certaines de leurs recettes seraient plus compliquées, beaucoup seraient plus fines ou plus audacieuses. Leurs menus seraient moins lourds. Les temps ont changé et la bonne cuisine traditionnelle doit savoir s'adapter pour rester au goût du jour et continuer à plaire aux gourmands et gourmets d'aujourd'hui.

CI-CONTRE
Panaché de
salades aux petits lardons.
(page 126)

ABÉCÉDAIRE DE L'ART CULINAIRE

Les recettes de cet ouvrage sont expliquées par le détail et j'espère qu'elles ne vous apparaîtront pas indûment compliquées. Voici un bref récapitulatif des définitions des techniques culinaires employées.

Beurre clarifié : c'est un beurre très pur, car dépourvu de dépôts lactés, et il ne brûle pas. Pour l'obtenir, utilisez de préférence du beurre doux. Faites-en fondre 60 g minimum (pour moins, cela ne vaut guère la peine d'y passer du temps), sur feu très doux, sans remuer. Avec une cuillère, ôtez l'écume qui se forme à la surface. Versez délicatement le beurre fondu, épuré, dans une tasse, en veillant à ne pas agiter le dépôt au fond du récipient.

Beurre manié : c'est une liaison classique, que l'on obtient en travaillant du beurre en pommade avec de la farine (2 cuillerées à café de chaque).

Blanchir : plonger des ingrédients quelques minutes dans de l'eau bouillante. Cela les attendrit et facilite leur cuisson. Cela permet aussi d'éliminer l'excès de sel. On blanchit couramment le lard, les viandes blanches (comme le veau, dans de l'eau citronnée pour que la chair reste bien blanche), les légumes feuilles (chou, épinards) et autres légumes, en salant l'eau pour qu'ils ne se décolorent pas.

Bouillons instantanés : choisissez-les de bonne qualité, pas trop salés. Pour obtenir une « saveur bouillon », j'ajoute fréquemment quelques cuillerées à café de sauce soja aux liquides de cuisson.

Bouillon de légumes : pour un bouillon riche, avec un arrière-goût caramélisé, faites blondir, sur feu moyen, un oignon finement émincé, dans une cuillerée à soupe d'huile. Ajoutez une grosse carotte, des tiges de céleri ou du fenouil émincés, un petit bouquet garni et quelques grains de poivre. Remuez un instant, couvrez d'eau et portez à ébullition. Laissez mijoter au moins une heure. Filtrez et assaisonnez. Pour un bouillon plus léger, ne faites pas revenir les légumes. Utilisez un oignon plus petit et un poireau. Variez la composante aromatique en fonction de votre recette : cerfeuil (parfum délicat), coriandre et citron, et un peu de livèche (arôme prononcé).

Bouillon de volaille express : le plus fin des bouillons de volaille, aux reflets dorés, s'obtient en mijotant un poulet entier avec des herbes et des légumes aromatiques (page 22). Si vous utilisez une volaille coupée en morceaux pour une fricassée, tronçonnez les ailes et la partie postérieure moins charnue de la carcasse. Huilez une sauteuse et faites-y dorer ces parties moins nobles, avec une échalote et une ciboule hachées. Mouillez avec 60 cl d'eau et un doigt de vin blanc. Salez et poivrez ; ajoutez des brins de persil et du laurier. À partir de l'ébullition, laissez frémir 30 minutes — 40 minutes si possible, ou 20 si vous êtes pressés. Pendant les 5 dernières minutes de cuisson, faites réduire à gros bouillons sur feu vif. Filtrez dans une passoire garnie de mousseline.

Court-bouillon : c'est un liquide de pochage parfumé. Voici comment le préparer pour le poisson. Portez doucement à ébullition 80 cl d'eau aromatisée avec 2 à 3 grains de poivre, une feuille de laurier, quelques brins de persil et de thym (ou 2 cuillerées à café de thym séché), une tige de céleri, un quart d'oignon, un tronçon de carotte et 3 cuillerées à soupe de vinaigre de vin. Laissez frémir 20 minutes. Attendez qu'il refroidisse et filtrez. Au besoin, vous pouvez réduire les proportions. Le court-bouillon, 1 à 2 cuillerées à soupe, avec lequel votre poisson non gras a été poché peut être incorporé à une sauce. Il peut aussi faire office de fumet.

Croûtons : Prenez du pain légèrement rassis. Pour de simples croûtons grillés, ôtez la croûte du pain, selon le goût, et passez-le 10 minutes à four doux. Pour des croûtons aillés, frottez-le d'ail avant de l'enfourner. Une ficelle coupée en biais sera parfaite. Pour de petits croûtons destinés à garnir salades et soupes, préférez du pain de mie ou du pain brioché légèrement rassis, là aussi écroûté. Détaillez-le en petits carrés, badigeonnez-les d'huile d'olive ou de beurre clarifié et étalez-les dans une poêle. Chauffez-les un bref instant à sec, le temps qu'ils dorent et deviennent croustillants. Égouttez-les sur du papier absorbant. Pour des croûtons aillés, frottez d'ail la poêle et le pain.

Déglacer : c'est une façon courante de confectionner une sauce courte à partir des sucs de cuisson. Après avoir transféré sur un plat préchauffé la viande ou le poisson cuit, on verse un peu de vin, de bouillon, de crème ou d'eau dans le récipient de cuisson et on remue jusqu'à ce que le liquide frémisse, en raclant le fond du récipient afin d'en détacher les savoureux fragments. On rectifie l'assaisonnement, on agrémente la sauce de fines herbes ciselées et d'une noix de beurre et on en arrose le mets.

Dégorger : saupoudrer de sel un aliment, comme le concombre ou les aubergines, et le laisser tel quel, avec un poids posé dessus, afin d'en extraire le jus amer ou l'excès d'eau. Au bout de 30 minutes environ, on le rince ou on l'éponge.

Fricassée : on saisit les ingrédients à feu moyen ou vif dans un peu de matière grasse, on les farine, on les assaisonne et on les cuit dans un peu de liquide, généralement du vin ou du bouillon. En fin de cuisson, on enrichit souvent la fricassée de crème fraîche et de beurre. La sauteuse est un ustensile pratique pour ce genre de recettes.

Fumet de champignons : ce fumet corse les sauces et les colore délicatement. Je le prépare en peu de temps au micro-ondes. Émincez finement 120 g de petits champignons lavés. Disposez-les dans un plat. À votre gré, salez-les et poivrez-les légèrement. Couvrez-les de film rétractable et passez-les 2 à 3 minutes au micro-ondes, réglé au maximum. Ils doivent être tendres. Égouttez-les. Utilisez les champignons — ils seront excellents sautés ou cuisinés à la grecque. Filtrez le jus dans un chinois et rectifiez l'assaisonnement. Pour parfumer ce fumet, ajoutez aux champignons, avant de les passer au micro-ondes, quelques brins d'estragon et un trait de madère, ou un peu de zeste de citron vert râpé.

Fumet de poisson : mettez, dans une casserole, des arêtes et des parures de poisson non gras ainsi que des carapaces de crevettes et de crustacés. Ajoutez quelques grains de poivre, du persil, du thym, 1 à 2 baies de genièvre, quelques cuillerées à soupe de jus de citron ou de vin blanc. Versez au moins 80 cl d'eau et portez à ébullition sur feu moyen. Laissez frémir 15 minutes, filtrez et, si besoin est, écumez. Rectifiez l'assaisonnement avant emploi. Pour concentrer davantage votre fumet, faites-le réduire après l'avoir filtré — n'hésitez pas à le laisser bouillir. Après réduction, il ne restera que quelques cuillerées d'un bon fumet. Assaisonnez-le modérément, quitte à le rectifier ensuite.

Infusez : laisser des ingrédients aromatiques dans un liquide généralement chaud, pour le parfumer avant cuisson. Utile pour les sauces salées et sucrées, à base de lait.

Ingrédients : Dans la plupart des cas vous trouverez partout les produits nécessaires à la réalisation des recettes de ce livre. Veillez toujours à la fraîcheur et à la qualité de vos produits. Pendant vos vacances, n'hésitez pas à faire les marchés locaux, à attendre chez le boucher du village pour un gigot, un poulet ou des andouillettes. Ne renoncez pas à aller chez un fromager pour votre fromage. Vous ne serez pas déçu ! En ville, tous les jours, hélas ! on n'a pas le temps. Pourtant, il est important de se donner le temps — le long des allées du supermarché — pour bien choisir et bien connaître les produits en vente et découvrir la gamme de plus en plus importante de produits exotiques dont la vente se généralise partout. Il est aussi tellement important, de faire participer à votre achat vendeurs et vendeuses, en demandant leur avis. Moins vous les traiterez comme des « automates », plus ils seront prêts à vous rendre service et à vous conseiller utilement.

Liaison : mélange de crème fraîche et de jaune d'œuf, utilisé pour épaissir les sauces. On délaie la crème et les jaunes dans une tasse, avec quelques cuillerées à soupe du liquide chaud que l'on souhaite épaissir et on incorpore le tout à la sauce ou à la soupe à lier.

Mariner : faire tremper des ingrédients (souvent de la viande ou du poisson) dans un liquide aromatique ou les enduire d'une préparation aromatique avant de les cuire, afin de les attendrir et d'en améliorer saveur et texture.

Réduire : transformer en sauce un liquide de cuisson. On retire la viande, le poisson ou l'aliment cuit afin qu'il ne durcisse pas par excès de cuisson et on le tient au chaud. Sur feu vif, on fait bouillir le liquide pour qu'il épaississe à la consistance souhaitée. On rectifie l'assaisonnement et on incorpore quelques dés de beurre raffermi ou de la crème fraîche. Le beurre raffermi donne une sauce lisse et satinée. On l'incorpore à la sauce en fouettant vigoureusement : techniquement, on appelle cela monter une sauce. C'est très rapide et le résultat est incomparable.

Vinaigrette : deux salades n'ont jamais le même goût, car chacun prépare la vinaigrette à sa façon. Pour une salade de 2 à 3 personnes, faites-la directement dans le saladier — j'en choisis un pas trop profond. Pour une salade plus conséquente, mélangez les ingrédients dans un bol. Versez la moitié de la vinaigrette dans le saladier avant d'y mettre la salade, remuez celle-ci légèrement et versez le reste en filet. Remuez de nouveau. Une vinaigrette ne doit pas être trop acide. Pour 100 g environ de salades mélangées (assez pour 6 personnes après le plat principal) : dans un bol, mettez 4 cuillerées à soupe d'huile d'arachide, de tournesol ou d'olive, ou un mélange d'une huile à la saveur neutre et d'huile d'olive ou de noix). Salez bien et poivrez plus modérément. Mélangez et ajoutez 2 cuillerées à café de vinaigre ou de jus de citron, ou encore une cuillerée à soupe de vin rouge.

La moutarde épaissit la vinaigrette. Mieux vaut l'utiliser avec modération — il est préférable d'enduire finement les feuilles de salade plutôt que de les noyer dans l'assaisonnement. Une cuillerée à soupe de mayonnaise donne une bonne sauce, quoique épaisse. La crème fraîche, 1 à 2 cuillerées à café masquera l'acidité ou l'amertume de certaines feuilles (épinards, oseille, roquette ou romaine) lorsque vous n'utilisez pas d'huile d'olive dans la sauce. Essorez toujours les feuilles soigneusement avant de les assaisonner.

Quelques remarques sur le vin

Un repas sans vin est bien triste. Quand mes chers cobayes et moi-même nous sommes mis à table pour essayer les recettes de ce livre, nous avons naturellement arrosé nos menus. Je ne suis pas une « œnophile » avertie et plutôt que de servir des grands vins j'ai préféré découvrir ou retrouver des vins plus modestes qui semblaient accompagner certains plats d'une manière particulièrement sympathique. Quand une recette a par exemple des origines régionales, il est de déguster en même temps un petit vin de pays. Si mes choix vous semblent à l'occasion peu orthodoxes et si je favorise trop souvent les vins de Touraine-Anjou, je vous demande votre indulgence. Au court de mes dégustations, j'ai fait un bon nombre d'agréables surprises, notamment en ce qui concerne les vins du pays. Sans doute grâce aux progrès techniques en matière de vinification, ils ont gagné ces dernières années en qualité, charme et finesse.

CI-CONTRE
Croustade aux champignons (page 147), servie avec un Champagne.

Premier chapitre

LES SOUPES ET LES POTAGES

À la soupe ! Ce n'est pas un hasard si l'expression familière avec laquelle on invite les convives à passer à table se réfère à la soupe. Depuis toujours, l'assiettée de soupe fait partie de la tradition française. Le mot de bas latin *suppa* évoque le pain trempé dans un liquide, lait, vin ou bouillon. La soupe reste la meilleure façon de se mettre en appétit. Le répertoire est varié : les appellations régionales et les termes culinaires sont là pour nous rappeler que ce plat apprécié a une longue histoire. Sur un plan purement technique, le mot *soupe* s'applique aux préparations rustiques. Le *bouillon*, pour sa part, est le liquide obtenu après avoir fait pocher dans de l'eau de la viande, du poisson ou des légumes. Un *consommé* est un bouillon réduit, puis clarifié. Le *potage* a une note plus raffinée : les ingrédients sont soit réduits en purée, soit affinés au tamis. À un rang supérieur dans la hiérarchie gastronomique, on trouve le *velouté*, soupe enrichie d'une liaison à base d'œufs et de crème fraîche, et la *bisque*, coulis de crustacés riche et épicé.

À GAUCHE
Potage à la purée d'ail (page 14) servi avec des petits croissants aux anchois (page 62).

POTAGE À LA PURÉE D'AIL

On épaissit couramment une soupe en délayant dans du jaune d'œuf quelques cuillerées de bouillon frémissant. Incorporez-en d'abord 2 à 3 cuillerées, avant d'ajouter le reste de bouillon. Ce dernier, ainsi que la soupière, doivent être bien chauds.

Pour 4 personnes
Préparation : 15 minutes
Cuisson : 15 minutes

6 à 9 belles gousses d'ail frais, non pelées
85 cl de bon bouillon de volaille ou de légumes
2 jaunes d'œufs
10 cl de crème fraîche
55 g de noisettes, d'amandes ou de cerneaux de noix grillés, finement broyés
quelques brins de cerfeuil ciselés
sel et poivre du moulin

POUR SERVIR :
rôties beurrées, croûtons (page 10) ou petits croissants aux anchois (page 62)

1 Dans une casserole, faites bouillir de l'eau légèrement salée. Ajoutez l'ail et faites reprendre l'ébullition. Sur feu plus doux, laissez frémir 10 à 15 minutes, jusqu'à ce que l'ail soit fondant — plus il est frais, plus vite il s'attendrit.

2 Pendant ce temps, dans une grande casserole placée sur feu moyen, faites chauffer le bouillon, jusqu'à ce qu'il soit brûlant.

3 Égouttez l'ail et passez-le sous l'eau froide. Au-dessus d'une soupière préchauffée, pressez les gousses entre le pouce et l'index afin d'en extraire la pulpe.

4 Ajoutez les jaunes à l'ail, le piler pour être mélangé. Au fouet, incorporez la crème, jusqu'à ce que la préparation soit homogène. Versez 3 cuillerées à soupe de bouillon chaud. Fouettez pour bien mélanger le tout. Assaisonnez généreusement.

5 Tout en fouettant vigoureusement, ajoutez peu à peu le reste de bouillon ; laissez-le sur feu doux jusqu'à ce que vous ayez terminé. Rectifiez l'assaisonnement.

6 Parsemez la soupe de fruits secs broyés et de cerfeuil. Servez immédiatement avec la garniture de votre choix.

POTAGE SAINT-GERMAIN

L'appellation Saint-Germain ou Clamart renvoie à des mets préparés avec des petits pois, que l'on cultivait jadis dans ces localités d'Île-de-France.
Ce potage raffiné peut se servir rafraîchi, surtout s'il est fait avec des petits pois primeurs. Les petits pois surgelés conviennent également. À votre gré, remplacez le cerfeuil par de la menthe fraîche.
Pour préparer une purée, idéale avec le veau et le canard, diminuez la quantité de bouillon ou d'eau conseillée ci-dessous (12,5 cl suffiront) et n'affinez pas les légumes au tamis (ou chinois).
Les pois cassés s'apprêtent de la même façon. Faites-les d'abord tremper, puis faites-les bouillir 15 minutes. Rincez-les et procédez comme ci-dessous, en prévoyant 40 minutes de plus pour la cuisson et en les aromatisant avec du thym et de la sauge séchés (1 pincée de chaque). Cette purée, délicieuse avec le porc et les saucisses, a besoin d'être affinée au tamis et d'être enrichie d'un bon morceau de beurre.

Pour 4 personnes
Préparation : 20 minutes
Cuisson : 45 minutes

1 cuillerée à soupe d'huile
45 g de beurre
quelques feuilles ciselées d'une petite laitue
le bulbe émincé de 4 belles ciboules
450 g de petits pois frais écossés (800 g env. non écossés)
1 litre de bouillon de volaille ou de légumes allongé d'eau, ou d'eau nature
le jaune d'un gros œuf
3 cuillerées à soupe de crème fraîche
1 à 2 cuillerées à soupe de madère ou de porto (facultatif)
brins de cerfeuil
sel et poivre du moulin

1 Dans une sauteuse ou une grande casserole, sur feu moyen, versez l'huile. Inclinez le récipient pour qu'il en soit bien nappé, puis ajoutez la moitié du beurre. Dès qu'il est moins mousseux, mettez la laitue et les ciboules et, sur feu moins fort, laissez-les suer 5 minutes, en remuant souvent.

2 Ajoutez les petits pois. Assaisonnez légèrement et laissez cuire 5 minutes, en remuant de temps en temps. Entre-temps, faites chauffer le bouillon dans une autre casserole, ou faites bouillir l'eau.

3 Versez le liquide bouillant sur les légumes et faites reprendre l'ébullition. Baissez la flamme, couvrez et laissez frémir 20 minutes environ, ou jusqu'à ce que les légumes soient tendres. Laissez tiédir.

4 Transférez le contenu du récipient dans un mixeur ou un robot ménager et travaillez le mélange.

5 Placez les légumes mixés dans un tamis fin, au-dessus de la casserole, et écrasez-les avec le dos d'une cuillère en bois afin de les affiner. Faites réchauffer sur feu doux.

6 Dans une tasse ou un petit bol, mélangez le jaune d'œuf et la crème fraîche que vous additionnerez de 2 ou 3 cuillerées à soupe de soupe chaude. Au fouet, incorporez cette liaison, peu à peu, au contenu de la casserole. Assaisonnez selon le goût.

7 Au moment de servir, dans une soupière ou des assiettes préchauffées, ajoutez du madère ou, le cas échéant, du porto. Incorporez le reste de beurre et parsemez votre potage de cerfeuil ciselé.

SOUPE AU CRESSON

Cette soupe verte acidulée est plus parfumée si elle est faite avec du bouillon. Procédez de même pour une soupe aux épinards ou à l'oseille.
Pour gagner du temps — ce qui ne veut pas forcément dire moins de travail — employez moins de liquide pour la cuisson, juste ce qu'il faut pour couvrir à hauteur les légumes. Réservez le reste au chaud et utilisez-le pour rincer le bol du robot ménager après usage. Ajoutez-le ensuite à la soupe lorsque vous la passez au tamis.

Pour 4 personnes
Préparation : 15 minutes
Cuisson : 30 minutes

1 cuillerée à soupe d'huile
30 g de beurre
170 g de pommes de terre épluchées et détaillées en gros cubes de 2,5 cm
170 g de cresson lavé
1 litre de bouillon de volaille ou de légumes, d'un mélange des deux, ou d'eau nature
2 grosses cuillerées à soupe de crème fraîche ou de petits-suisses délayés dans du lait, plus une autre pour garnir (facultatif)
sel et poivre du moulin

1 Dans une sauteuse ou une grande casserole, sur feu moyen, mettez l'huile. Inclinez le récipient pour qu'il en soit bien nappé, puis ajoutez la moitié du beurre. Dès qu'il cesse de mousser, mettez-y les pommes de terre à revenir pendant une minute. Ajoutez le cresson et laissez cuire quelques minutes.

2 Dans un autre récipient, faites chauffer le bouillon jusqu'à ce qu'il frémisse, ou portez l'eau à ébullition. Versez le liquide bouillant sur les légumes, assaisonnez légèrement et faites reprendre l'ébullition. Baissez la flamme, couvrez et laissez frémir 15 à 20 minutes jusqu'à ce que les pommes de terre soient cuites. Laissez tiédir quelques minutes.

3 Transférez la soupe dans un mixeur ou un robot ménager et travaillez-la jusqu'à ce qu'elle devienne homogène.

4 À l'aide d'un tamis posé au-dessus de la casserole, affinez-la, en écrasant les ingrédients avec une cuillerée en bois.

5 Incorporez-y la crème ou les petits-suisses. Mettez sur feu doux jusqu'à ce qu'elle fume, en remuant souvent. Rectifiez l'assaisonnement, ajoutez le reste de beurre et servez fumant dans des assiettes préchauffées. À votre gré, enrichissez chaque assiettée d'un soupçon de crème ou de petits-suisses.

SOUPE AUX FÈVES ET AU BASILIC

Supprimez le porc et ajoutez une autre cuillerée à soupe d'huile d'olive pour obtenir une version végétarienne, plus légère, de cette soupe à la saveur ensoleillée. Si vous utilisez des fèves surgelées, ajoutez-les à mi-cuisson.

Pour 4 personnes
Préparation : 15 minutes
Cuisson : 55 minutes

1 cuillerée à soupe d'huile d'olive
85 g de poitrine fumée ou de bacon blanchis (page 65) et taillés en lardons
1 oignon jaune haché menu
2 petites carottes émincées
1 gousse d'ail pilée
550 g de fèves écossées
350 g de tomates mûres blanchies, pelées, épépinées et concassées
1 cuillerée à café de sucre
18 feuilles de basilic
8 cuillerées à café d'huile d'olive vierge extra
sel et poivre du moulin

1 Faites chauffer l'huile dans une casserole à fond épais, sur feu moyen. Mettez-y les lardons et l'oignon à revenir quelques minutes, jusqu'à ce qu'ils soient dorés, en remuant souvent. Ajoutez carottes, ail, fèves, tomates et sucre. Remuez bien ; salez légèrement et poivrez généreusement. Laissez revenir quelques minutes, en remuant de temps à autre.

2 Pendant que les légumes cuisent, portez à ébullition 85 cl d'eau environ. Au milieu d'un carré de mousseline, placez les 2/3 du basilic puis nouez les coins de ce carré pour obtenir un sachet (se dit aussi *nouet*).

3 Versez l'eau bouillante sur les légumes, remuez bien et ajoutez le sachet de basilic. À couvert, sur feu doux, laissez frémir 40 minutes environ, en remuant de temps en temps.

4 Au moment de servir, retirez le basilic. Si besoin est, rectifiez l'assaisonnement. Répartissez la soupe dans des assiettes préchauffées et agrémentez chaque portion de 2 cuillerées à café d'huile d'olive vierge extra. Roulez les feuilles de basilic qui restent et ciselez-les au-dessus de la soupe. Servez chaud.

GRATINÉE AUX CHAMPIGNONS ET AUX ÉCHALOTES

Cette soupe se prépare exactement comme la gratinée à l'oignon classique. Le mélange échalotes et champignons est en même temps peut-être plus parfumé et pèse moins lourd sur l'estomac que les oignons.

Pour 4 personnes
Préparation : 15 minutes
Cuisson : 25 minutes

30 g de beurre
3 échalotes hachées menu
550 g de petits champignons de couche hachés menu
25 cl de vin blanc sec
60 cl de bouillon de volaille ou de légumes
1/2 baguette de pain rassis de la veille détaillée en tranches
85 g de gruyère ou de cheddar râpé
sel et poivre du moulin

1 Dans une casserole à fond épais, sur feu moyen, faites chauffer le beurre. Dès qu'il ne mousse plus, mettez les échalotes, baissez la flamme et laissez-les fondre quelques minutes, en remuant souvent.

2 Ajoutez les champignons, assaisonnez légèrement et laissez cuire quelques minutes.

3 Mouillez avec le vin et le bouillon et, sur feu moyen, chauffez jusqu'à ce que le liquide frémisse, en remuant de temps en temps.

4 Dans l'intervalle, préchauffez le gril à chaleur moyenne et faites blondir le pain d'un côté. N'éteignez pas le gril.

5 Répartissez la soupe dans 4 bols résistant à la chaleur. Mettez-y une tranche de pain, côté grillé en-dessous, et parsemez de fromage râpé.

6 Passez 5 minutes sous le gril, le temps que le fromage gratine. Servez immédiatement.

À DROITE
Arrière-plan : soupe aux fèves et au basilic ; *avant-plan* : gratinée aux champignons et aux échalotes

Savoir-faire

LE POT-AU-FEU

Pour 6 personnes
Préparation : 20 minutes
Cuisson : 3 heures et demie

2 à 3 os à moelle (ou davantage), plus autres fragments d'os
900 g au moins de macreuse
900 g au moins de gîte ou de jumeau
900 g au moins de jarret de bœuf
3 grosses carottes
4 navets
4 pommes de terre de moyenne grosseur
1 oignon jaune
6 clous de girofle
9 petits oignons blancs
6 poireaux
2 petits pieds de céleri
3 feuilles de laurier
brins de thym et de persil
sel et poivre du moulin

POUR SERVIR :
tranches de pain grillé pour la moelle
moutarde forte
moutarde à l'ancienne
gros sel mélangé à du persil ciselé (facultatif)
petits cornichons
raifort

Le pot-au-feu, qu'on le veuille ou non, est un peu notre plat national. Prévoyez de faire un saut chez un bon boucher et de passer une demi-journée, par intervalle, dans votre cuisine. C'est un mets réservé aux amateurs de viande, puisque divers morceaux de bœuf s'y côtoient. Comptez 2,7 kg de viande pour 6 personnes — elle réduira à près de 40 % à la cuisson. Il est recommandé de panacher les morceaux, car c'est le mélange de viande maigre, grasse et gélatineuse qui donne sa richesse unique au pot-au-feu. Aux morceaux utilisés ici, vous pouvez substituer du plat de côtes, de la queue de bœuf et du paleron — demandez conseil à votre boucher. Dites-lui aussi de vous réserver davantage d'os à moelle, selon le goût, autrement dit, prévenez-le à l'avance...

Quand on reçoit chez soi, le pot-au-feu présente le gros avantage d'être un sublime plat unique dont on peut, après coup, transformer le délicieux bouillon de viande et de légumes en un fin consommé. Pour obtenir quelque chose de parfait, mettez la viande dans l'eau froide et portez-la lentement à ébullition. Ainsi, le bœuf *infuse* dans le bouillon même si, naturellement, la viande perd un peu de ses qualités gustatives. Si le bouillon n'est pas une priorité, ajoutez la viande lorsque le liquide frémit. Ayant essayé les deux méthodes, je préfère la mettre à l'eau froide, car elle conserve malgré tout sa saveur et donne un bouillon incomparable, à déguster à part.

1 Dans un grand faitout, mettez 1 os à moelle et les fragments d'os. Préparez la viande : si besoin est, dégraissez-la et découpez-la en gros tronçons de 7,5 cm environ. Panachez les morceaux et ficelez-les de sorte à obtenir 3 ou 4 *paquets*.

PANACHEZ LES MORCEAUX DE VIANDE ET FICELEZ-LES ENSEMBLE.

2 Mettez ceux-ci dans le faitout. Couvrez d'eau froide et, sur feu doux, portez à ébullition. Salez et poivrez légèrement. Lorsqu'une couche épaisse d'écume grisâtre s'est rassemblée à la surface, ôtez-la avec une écumoire. Augmentez un peu la flamme. Au premier bouillon, ajoutez un petit verre d'eau froide et portez de nouveau à ébullition. Écumez à nouveau dès que l'épaisseur est suffisante. Si l'écume est compacte et grisâtre, recommencez l'opération une nouvelle fois.

FICELEZ LES POIREAUX, EN LES ENTOURANT DE BRANCHES DE CÉLERI.

3 Entre-temps, préparez les légumes. Épluchez les carottes, parez-les et coupez-les en 2 ou en 3. Épluchez les navets et coupez-les en 2 ou en 4. Pelez les pommes de terre et coupez-les en 2. Pelez l'oignon jaune et piquez-le de clous de

girofle. Pelez les autres oignons. Parez les poireaux, coupez-les en 2 dans la longueur et lavez-les bien. Parez et lavez le céleri et divisez-le. Ficelez ensemble poireaux et céleri, en mettant les poireaux au milieu.

ÉCUMEZ PLUSIEURS FOIS LE LIQUIDE FRÉMISSANT AFIN D'OBTENIR UN BOUILLON LIMPIDE.

4 Écumez la viande. Au bout d'environ une heure de cuisson, ajoutez-y les légumes, le laurier, l'oignon clouté et les herbes. Portez à très faible ébullition et écumez. Assaisonnez légèrement.

5 Baissez la flamme pour que le liquide frémisse à peine et couvrez à demi. Laissez mijoter une heure et demie environ, jusqu'à ce que viandes et légumes soient tendres (ici la cuisson *al dente* est à proscrire). Une demi-heure environ avant la fin de la cuisson, mettez les os à moelle qui restent dans un nouet et ajoutez-les.

AJOUTEZ LES LÉGUMES PRÉPARÉS ET LES HERBES.

6 Laissez le pot-au-feu en attente 5 minutes pendant que vous grillez le pain — prévoyez autant de tranches que de convives aimant la moelle.

7 Si besoin est, écumez le pot-au-feu. Sortez viandes et légumes avec l'écumoire ; coupez les ficelles. Dressez le pot-au-feu dans un grand plat préchauffé, en recoupant éventuellement la viande ou les légumes. Jetez l'oignon clouté, le laurier, les herbes et les fragments d'os. Tenez le pot-au-feu au chaud.

AVEC LA POINTE D'UN COUTEAU OU UNE PETITE CUILLÈRE, PRÉLEVEZ LA MOELLE ET TARTINEZ-LA SUR LE PAIN GRILLÉ.

8 Sortez les os à moelle du nouet. Prélevez la moelle et étalez-la sur les tartines. Servez sur une petite assiette.

9 Au-dessus d'une casserole propre, passez le bouillon dans une passoire garnie d'un linge. Portez ce bouillon à petits frémissements et rectifiez l'assaisonnement.

Versez-en un peu sur le pot-au-feu. Présentez le reste à part dans une saucière chaude, ou servez en entrée dans des bols à soupe préchauffés, tout en gardant le pot-au-feu au chaud.

10 On accompagne traditionnellement le pot-au-feu de moutarde, de cornichons, de gros sel (je l'additionne de persil haché), de poivre et de raifort.

À déguster avec un vin soit un Chinon soit un Pécharmant.

NOTES : un reste de pot-au-feu est délicieux froid, le lendemain, notamment escorté d'une mayonnaise citronnée ou agrémentée d'une cuillerée de raifort. Ne laissez pas la viande ni les légumes dans le bouillon une nuit, car les légumes donneraient un goût aigre au liquide. Filtrez le bouillon qui reste ; il se garde 3 ou 4 jours dans la partie la plus froide du réfrigérateur.

LE CONSOMMÉ

Avec un soupçon de travail en plus, mais pour un résultat ô combien satisfaisant, un reste de bouillon deviendra un pur régal — un consommé maison.

Pour 4 personnes
Préparation : 10 minutes
Cuisson : 1 heure

1 litre et demi de bouillon de bœuf, rafraîchi et bien dégraissé
2 poireaux finement émincés
1 carotte finement émincée
2 tiges de céleri finement hachées
250 g de steak haché maigre
les coquilles pilées et les blancs de 2 œufs
sel et poivre du moulin

POUR SERVIR :
quelques brins de cerfeuil ou d'estragon
madère ou porto (facultatif)

BATTEZ EN NEIGE FERME LES BLANCS D'ŒUFS ET LES COQUILLES PILÉES.

1 À sa sortie du réfrigérateur, une pellicule solide de graisse recouvrira le bouillon. Ôtez-la à l'écumoire et jetez-la. Versez le bouillon dégraissé dans une casserole et, sur feu doux, chauffez-le jusqu'à ce qu'il frémisse à peine. Il est maintenant prêt à être clarifié, c'est-à-dire à être débarrassé de la graisse et des impuretés invisibles.

2 Mettez légumes et viande dans une seconde casserole. Mélangez-les à la fourchette. Dans une jatte, à la fourchette ou au fouet, montez en neige blancs d'œufs et coquilles. Ajoutez au contenu de la seconde casserole. En fouettant, incorporez peu à peu le bouillon frémissant. Sur feu doux, portez à ébullition, sans cesser de fouetter.

3 Dès que des bulles se forment, réglez sur très petit feu et cessez de fouetter. De l'écume apparaîtra. Laissez-la s'épaissir et laissez frémir une heure, en évitant de remuer.

4 Pendant que le bouillon frémit, passez un grand carré de mousseline sous l'eau chaude, essorez-le et tapissez-en l'intérieur d'une passoire. Avec le moulin à poivre, poivrez copieusement le milieu du linge et disposez la passoire sur un saladier. Ôtez le bouillon du feu.

PASSEZ LE BOUILLON LENTEMENT AU TRAVERS D'UNE PASSOIRE GARNIE D'UNE MOUSSELINE HUMECTÉE.

5 Avec une écumoire, écartez l'écume vers le bord du récipient. Versez le bouillon dans la passoire garnie de la mousseline. Rectifiez l'assaisonnement : votre consommé est prêt. Servez bien chaud avec du cerfeuil ciselé, un trait de madère ou, le cas échéant, de porto et quelques feuilles d'estragon.

NOTE : si vous mettez votre consommé au frais, ôtez la mince couche de graisse qui se sera formée sur la masse gélifiée. Consommez dans les 3 jours, ou congelez-le.

BOUILLON DE POULET

Certes, il y a des façons plus rapides et plus économiques de préparer un bouillon de volaille (page 11), mais le bouillon clair et parfumé obtenu en faisant pocher un poulet entier, ou une poule, est de loin le plus savoureux. Utilisez-le comme base de préparation pour potages et sauces.

Pour 1 litre
Préparation : 15 minutes
Cuisson : 3 heures

2 carottes émincées
3 poireaux lavés
1 pied de céleri émincé
1 oignon haché grossièrement
1 beau poulet, ou une poule,
de préférence avec les pattes
persil et thym, ou estragon
(quelques brins de chaque)
2 feuilles de laurier
quelques zestes de citron, jaune ou vert
(ou 3 baies de genièvre)
6 grains de poivre vert
sel et poivre du moulin

1 Mettez les légumes dans un faitout, ajoutez la volaille et assaisonnez légèrement. Mettez tous les aromates. Couvrez les ingrédients d'eau froide (comptez 2,25 litres) et portez à ébullition sur feu doux, en écumant, si besoin est.

2 Dès que des bulles crèvent à la surface, baissez la flamme, couvrez à demi et laissez cuire une heure et demie, en écumant de temps en temps. Retirez la volaille au bout de 50 minutes de cuisson et mettez-la sur un plat. Prélevez le blanc, que vous servirez avec une sauce poulette (page 30), ou tout autre accompagnement de votre choix. Remettez la volaille dans le faitout et poursuivez la cuisson jusqu'à ce que la chair s'en détache.

3 Ôtez la volaille, les légumes et les aromates — réservez la viande pour une autre recette.

4 Augmentez la flamme. Couvrez à demi le récipient et laissez frémir le bouillon une heure encore, jusqu'à ce qu'il ait réduit de moitié. Passez-le au travers d'une passoire garnie de mousseline. Rectifiez l'assaisonnement.

NOTE : pour obtenir un consommé, clarifiez ce bouillon comme indiqué pour le consommé de bœuf (page 21), en remplaçant le bœuf haché par du veau haché.

BOUILLON DE LÉGUMES

Ce bouillon aromatique se garde plusieurs jours au réfrigérateur. Utilisez-le pour parfumer ces soupes, sauces et autres mets dans lesquels la viande et le poisson sont déjà présents.

Pour 1 litre
Préparation : 15 minutes
Cuisson : 45 minutes

3 grosses carottes émincées
2 navets coupés en deux
1 oignon piqué de 6 clous de girofle
2 gousses d'ail
3 poireaux émincés
1 petit pied de céleri émincé
3 feuilles de laurier
thym et persil (plusieurs brins de chaque)
quelques zestes de citron ou d'orange
(ou 3 baies de genièvre)
1 cuillerée à café de graines de fenouil
sel et poivre du moulin

1 Mettez tous les ingrédients dans une grande casserole. Couvrez avec un litre d'eau froide environ et assaisonnez légèrement.

2 Sur feu moyen, laissez chauffer jusqu'aux premiers frémissements. Couvrez à demi et faites cuire à petite ébullition 30 minutes.

3 Retirez les légumes. Taillez-les en dés et ajoutez-les, en agrément, au bouillon pour être servi comme un potage léger. Sinon, égouttez-les, taillez-les en dés et servez-les, entre autres, avec une sauce Mornay (page 33).

4 Garnissez une passoire de mousseline et posez-la au-dessus d'un récipient. Passez le bouillon. Faites-le réchauffer ou mettez-le au frais pour l'utiliser ultérieurement.

SOUPE DE POISSONS BRETONNE

La soupe de poisson se décline de maintes façons et toutes ont une saveur unique. Même si vous suivez une recette à la lettre, la texture et la saveur des poissons employés feront la différence. La méthode, ci-dessous, laisse les ingrédients mariner, le temps qu'ils libèrent leurs arômes avant la cuisson — étape utile lorsque les poissons disponibles sur le marché ne sont pas très variés.
La liste d'ingrédients peut paraître effroyablement longue, mais elle donne un mets convivial, suffisamment copieux pour 6 personnes, à proposer en plat unique. Cette soupe peut aussi être préparée à l'avance.
Si vous préférez les saveurs méditerranéennes, optez pour l'huile d'olive, rajoutez des tomates, aillez davantage et forcez sur le safran. Remplacez aussi poireaux et échalotes par un autre bulbe de fenouil et de bonnes pincées d'herbes aromatiques de la garrigue — marjolaine, sarriette et origan. Relevez le tout d'un soupçon de harissa. Côté poisson, libre à vous de choisir, en ajoutant même crevettes et calmar (ce dernier se plaît à mariner dans l'huile parfumée). Surtout, ne mettez jamais de parures de poisson gras dans votre sachet de mousseline.

Pour 6 à 8 personnes
Préparation : 30 minutes, plus 1 heure minimum pour la marinade
Cuisson : 30 minutes

450 g de pommes de terre coupées en dés
2 grosses carottes coupées en dés
4 tomates blanchies, pelées, épépinées et concassées
1 bulbe de fenouil émincé
le blanc finement émincé de 2 beaux poireaux
1 oignon jaune haché menu
3 échalotes hachées menu
2 gousses d'ail pilées (facultatif)
1 cuillerée à café de graines de fenouil
brins de persil et de ciboulette (en prévoir plus pour servir)
1 pincée de safran
4 cuillerées à soupe d'huile
poivre de cayenne
450 g de lotte préparée, coupée en morceaux de 4 cm et parures réservées
450 g de filet de merlan dépouillé et parures réservées
450 g de haddock fumé, ou de cabillaud, dépouillé et parures réservées
30 cl de vin blanc sec
30 cl de lait
4 cuillerées à soupe de crème fraîche
sel et poivre du moulin

1 Mettez les légumes, les aromates et le safran dans un plat creux. Arrosez avec 3 cuillerées à soupe d'huile et remuez délicatement pour bien enrober le tout. Salez légèrement, poivrez bien et rehaussez de cayenne. Disposez le poisson préparé dessus, en réservant les parures. Arrosez avec le reste d'huile. Relevez de poivre et de cayenne. Couvrez et laissez mariner au frais de 1 à 3 heures.

2 Portez à ébullition un grand volume d'eau. Rincez les parures, égouttez-les et mettez-les au milieu d'une double épaisseur de mousseline. Nouez les coins pour obtenir un sachet.

3 Versez un litre environ d'eau bouillante dans un grand faitout. Ajoutez le vin et le sachet contenant les parures. Assaisonnez légèrement et portez à ébullition. Sur feu moyen, laissez cuire 20 minutes à petits frémissements. Éteignez le feu et laissez en attente une demi-heure environ, pour utiliser ce court-bouillon au moment de servir la soupe.

4 Pour finir, retirez et jetez le sachet de parures. Versez le liquide dans un pichet.

5 Placez le faitout sur feu moyen. Ôtez le poisson de la marinade et réservez-le sur un plat. Mettez légumes et aromates dans le faitout, avec le jus de la marinade. Laissez cuire quelques minutes, puis versez le lait et le court-bouillon du pichet. Faites cuire à couvert, à petite ébullition, pendant 10 minutes.

6 Ajoutez la lotte, couvrez et laissez pocher 5 minutes environ. Coupez en morceaux le merlan et le haddock (ou le cabillaud) et mettez-les dans le faitout. Laissez pocher 5 minutes, ou jusqu'à ce que les ingrédients soient tendres.

7 Ciselez le reste de persil et de ciboulette dans un bol. Incorporez la crème à la soupe et rectifiez l'assaisonnement. Parsemez d'herbes ciselées et servez immédiatement.

À déguster avec un vin de Cassis, un Languedoc vigoureux ou un vin blanc de Provence.

Délicatement aromatique, cette soupe de langoustines à la soupière tire son exquise saveur marine de la chair souple des langoustines.

LANGOUSTINES À LA SOUPIÈRE

Des bouquets ou des scampis peuvent fort bien remplacer les langoustines. S'ils sont crus, faites-les cuire dans le fumet, en réduisant d'une minute environ le temps de cuisson ; s'ils sont cuits, décortiquez-les et employez les parures pour confectionner le fumet. Ajoutez les crevettes au liquide frémissant en fin de cuisson.

Pour 4 personnes
Préparation : 20 minutes
Cuisson : 30 minutes

16 à 20 petites langoustines, têtes retirées
225 g de parures de poisson à chair maigre, rincées
1 demi-oignon jaune haché grossièrement
1 petit pied de céleri émincé
poivre de cayenne
le jus d'un demi-citron et quelques zestes
30 cl de vin blanc sec
30 g de beurre
350 g de petits champignons de couche hachés menu
le blanc finement émincé de 2 beaux poireaux
2 jaunes d'œufs
4 à 5 cuillerées à soupe de crème fraîche ou de crème fleurette
1 cuillerée à soupe de feuilles ciselées (à vous de choisir entre estragon, basilic, oseille ou roquette)
sel et poivre du moulin

1 Pour le fumet : dans une casserole, mettez les têtes de langoustines, les parures, l'oignon, le céleri, une pincée de cayenne et le zeste. Versez le vin et 90 cl d'eau. Assaisonnez et portez à petite ébullition sur feu moyen. Laissez frémir 15 à 20 minutes.

2 Entre-temps, sur feu doux, dans une casserole avec le beurre fondu, mettez la mirepoix (champignons et poireaux), assaisonnez, citronnez et faites suer 5 minutes, en remuant. Couvrez, baissez la flamme et laissez cuire 20 minutes environ, en ajoutant un peu d'eau si la mirepoix se déssèche ou cuit trop vite.

3 Au-dessus d'un pichet, passez le fumet dans une passoire garnie de mousseline.

4 Disposez les langoustines sur la mirepoix. Mouillez avec le fumet, assaisonnez et, dès que le liquide frémit, couvrez. Laissez pocher 5 minutes à petit feu.

5 Ôtez les langoustines avec une écumoire, en recueillant le liquide dans le récipient. Laissez tiédir pendant que vous liez la soupe (Cette partie de la recette peut être préparée bien avant cela).

6 Pour finir : laissez la casserole sur feu doux. Mettez les jaunes d'œufs dans un bol et, au fouet, incorporez la crème. Délayez avec 2 à 3 cuillerées à soupe de liquide chaud, en fouettant pour mélanger. Versez cette liaison dans la casserole, toujours en fouettant, jusqu'à ce que la soupe soit onctueuse.

7 Décortiquez les langoustines ; réservez les carapaces pour un autre fumet. Mettez les langoustines décortiquées dans la soupe et réchauffez une minute. Rectifiez l'assaisonnement avec une pincée de cayenne.

8 Transférez la soupe dans une soupière ou des assiettes préchauffées. Parsemez de feuilles ciselées aromatiques et servez immédiatement.

À déguster avec un vin Riesling d'Alsace.

BISQUE DE CRUSTACÉS

Le terme *bisque* se réfère généralement à un coulis de crustacés lié à la crème fraîche et au cognac. Son nom vient de Biscaye, province maritime basque espagnole. L'écrevisse en est l'ingrédient traditionnel. On peut y substituer, pour le meilleur résultat qui soit, des langoustines ou des crevettes, en mélange ou séparément. Pour corser la saveur, ajoutez les carapaces, finement broyées. Si vous avez du fumet, frais ou congelé, il sera le bienvenu pour remplacer l'eau dans cette soupe raffinée.

Pour 4 personnes
Préparation : 20 minutes
Cuisson : 25 minutes

900 g de langoustines
1 cuillerée à soupe d'huile
225 g de crevettes crues
1 demi-oignon jaune haché menu
3 échalotes hachées menu
1 carotte finement émincée
3 cuillerées à soupe de cognac
2 cuillerées à soupe de riz rond
2 tomates blanchies, épépinées,
pelées et concassées
2 cuillerées à soupe rases de concentré de tomate
1 bouquet garni
15 cl de vin blanc sec mélangé à 70 cl d'eau
poivre de cayenne
3 cuillerées à soupe de crème fraîche
(en prévoir un peu plus pour servir)
brins de persil ciselés
sel et poivre du moulin

1 Retirez la tête et les pinces des langoustines. Dans une grande casserole placée sur feu moyen, faites chauffer l'huile jusqu'à ce qu'elle soit bien chaude. Mettez-y à revenir quelques minutes les langoustines, crevettes, oignon, échalotes et carotte, en écrasant les têtes de langoustines avec une cuillère en bois.

2 Arrosez avec 2 cuillerées à soupe de cognac et, avec une longue allumette, faites flamber.

3 Ajoutez riz, tomates et concentré, bouquet garni et le vin allongé d'eau. Salez et poivrez légèrement ; relevez d'un soupçon de cayenne. Portez à petite ébullition.

4 Ôtez les queues de langoustine et les crevettes. Réservez-les. Laissez mijoter le reste 15 minutes environ sur feu moyen, en remuant de temps en temps.

5 Dès que les crustacés ont suffisamment tiédi, décortiquez-les. Réservez la chair et mettez les carapaces dans le récipient. Remuez bien la bisque et laissez refroidir quelques minutes. Détaillez la chair des crustacés en petits morceaux.

6 Retirez et jetez le bouquet garni, les têtes des crustacés et les gros fragments de carapace. Avec un mixeur ou un robot, travaillez la bisque — petits morceaux de carapace compris — jusqu'à ce qu'elle soit onctueuse. Remettez-la dans le récipient, en la passant si vous le souhaitez.

7 Versez le reste de cognac. Réchauffez à feu doux. Incorporez la crème et la chair des crustacés. Rectifiez l'assaisonnement.

8 Servez immédiatement dans une soupière ou des assiettes préchauffées, avec du persil et, à votre gré, une touche de crème.

VELOUTÉ GLACÉ À L'AVOCAT

Pour cette recette, utilisez uniquement un bouillon de volaille de bonne qualité. Il se marie à merveille avec l'avocat. Le jus de citron est là pour préserver la couleur et donner une pointe d'acidité à l'ensemble.

Pour 4 personnes
Préparation : 15 minutes
Cuisson : 10 minutes,
plus une heure minimum au frais

1 cuillerée à soupe d'huile
15 g de beurre
feuilles ciselées d'une petite laitue
1 bulbe haché menu d'une belle ciboule
1 gousse d'ail pilée
1/4 de cuillerée à café de harissa,
ou quelques gouttes de Tabasco
paprika et cumin en poudre
(une pincée de chaque)
1 petite poignée de ciboulette
brins de coriandre ou d'estragon frais
90 cl de bouillon de volaille de bonne qualité
2 gros avocats mûrs (ou 3 petits)
le jus d'un demi-citron
sel et poivre du moulin

1 Mettez une casserole sur feu moyen. Dès qu'elle est chaude, versez l'huile, nappez-en le récipient et ajoutez le beurre. Lorsqu'il ne mousse plus, mettez la laitue, les aromates, les épices et les herbes (réservez-en un peu). Baissez la flamme et laissez suer 5 minutes, en remuant.

2 Ôtez du feu. Mouillez avec 2 à 3 cuillerées à soupe de bouillon, remuez et laissez refroidir.

3 Mettez le tout avec la moitié du bouillon qui reste dans le bol d'un mixeur ou d'un robot. Assaisonnez légèrement et réduisez en purée. Affinez-la au chinois et réservez-la.

4 Pelez les avocats et dénoyautez-les ; mettez-les, en morceaux, dans le robot, avec le jus de citron et le reste de bouillon. Réduisez en purée onctueuse. Ajoutez à la première purée que vous avez réservée. Rincez le bol du robot avec un peu d'eau et versez dans le velouté.

5 Rectifiez l'assaisonnement, si besoin est, et mettez au frais une heure ou davantage.

6 Servez le velouté dans des assiettes, avec un glaçon. À votre gré, corsez l'assaisonnement. Décorez d'herbes fraîches ciselées.

SOUPE AU CANTAL

L'ingrédient de bien des soupes paysannes est le traditionnel morceau de pain que l'on fait tremper dans le bouillon. Cette recette se confectionne avec de l'aligot d'Auvergne (page 142), qui file agréablement. Faites chabrot comme les gens du cru : versez un peu de vin rouge dans le peu de soupe restant dans votre assiette. Rincez et buvez à même l'assiette.

Pour 4 personnes
Préparation : 15 minutes
Cuisson : 30 minutes

1 cuillerée à soupe d'huile
30 g de beurre
200 g d'oignons doux hachés menu
90 cl de bouillon de volaille
ou de bœuf allongé d'eau
1 feuille de laurier
poivre de Cayenne
6 fines tranches de pain de campagne
légèrement rassis, croûte retirée,
et coupées en 2 ou en 3
125 g de cantal jeune ou de tomme d'aligot
grossièrement râpé (ou coupé en lamelles
s'ils sont trop tendres pour être râpés)

1 Dans une casserole à fond épais, faites chauffer l'huile sur feu moyen. Ajoutez le beurre et inclinez le récipient le temps qu'il fonde. Mettez les oignons, baissez la flamme et laissez-les dorer 5 minutes environ.

2 Versez le bouillon allongé d'eau. Ajoutez le laurier et une pointe de Cayenne. Assaisonnez légèrement, portez à petite ébullition et laissez cuire 10 minutes sur feu doux, en remuant 2 ou 3 fois.

3 Entre-temps, préchauffez le four à chaleur minimum et mettez-y des assiettes. Emplissez une soupière d'eau très chaude, videz-la et essuyez-la.

4 Mettez une couche de pain dans la soupière, couvrez généreusement de fromage. Mouillez avec quelques louches de bouillon à l'oignon. Recommencez jusqu'à ce que vous ayez épuisé le pain et le fromage.

5 Ôtez le laurier et versez le reste de bouillon. Rectifiez l'assaisonnement. Couvrez hermétiquement et laissez 10 à 15 minutes au four.

6 Servez dans les assiettes préchauffées.

POTAGE VELOURS AUX LENTILLES ET AU JAMBON CRU

Pour 4 personnes
Préparation : 10 minutes
Cuisson : 50 minutes

2 cuillerées à soupe d'huile d'olive
1 oignon jaune haché menu
1 gousse d'ail pilée
350 g de lentilles vertes rincées
et mises à tremper selon les indications
portées sur l'emballage
1 grosse pomme de terre épluchée
et coupée en morceaux
1 poireau lavé et émincé
1 bouquet garni
3 clous de girofle
1 grosse cuillerée à café de thym séché
ou de sauge émiettée
80 cl de bouillon de volaille ou de légumes
(ou de bouillon allongé d'eau)
3 cuillerées à soupe de porto ou de madère
4 fines tranches de jambon cru ou de pays
sel et poivre du moulin

POUR SERVIR :
2 cuillerées à soupe d'huile d'olive vierge extra,
ou 30 g de beurre

1 Mettez une casserole sur feu moyen. Dès qu'elle est chaude, versez l'huile, nappez-en le récipient et ajoutez l'oignon et l'ail. Laissez dorer quelques minutes.

2 Ajoutez les lentilles et tous les aromates. Versez le liquide de cuisson et portez lentement à ébullition. Baissez la flamme, couvrez et laissez mijoter 30 minutes environ ou jusqu'à ce que les légumes soient cuits. Laissez refroidir un peu.

3 Jetez les clous de girofle et le bouquet garni. Versez la soupe dans un robot ménager et mixez-la. Passez-la au chinois, au-dessus de la casserole, en écrasant la pulpe avec une cuillère pour l'affiner.

4 Sur feu doux, ajoutez porto ou madère. Roulez et émincez chaque tranche de jambon au-dessus du récipient.

5 Si la soupe est trop épaisse, allongez-la avec quelques cuillerées à soupe d'eau bouillante. Assaisonnez selon le goût.

6 À votre gré, avant de servir la soupe fumante dans une soupière ou des assiettes préchauffées, parfumez-la avec quelques gouttes d'huile d'olive, ou enrichissez-la de beurre.

Deuxième chapitre

LES SAUCES

Ainsi que le disait un jour Talleyrand sur un mode humoristique, la France compte 360 sauces alors qu'en Angleterre, il n'y en a que trois et 360 religions. Dans la cuisine d'un professionnel, les sauces — tout comme la pâtisserie — attestent du savoir-faire du chef. À la maison, elles sont moins ambitieuses, mais figurent malgré tout en bonne place. « Encore un peu de sauce ? » demande-t-on souvent à ses convives, lesquels acquiescent presque invariablement par un « je ne dirais pas non… » On a raison d'aimer les sauces, car elles agrémentent discrètement les aliments, tout en les complétant. Il ne nuit point de rappeler ici que le mot sauce vient du latin *salsus* qui veut dire salé — le sel étant le condiment par excellence.

Ce chapitre répertorie les principales sauces de notre gastronomie. Il ne traite pas des petites sauces ni des réductions qu'un cordon bleu confectionne à partir des sucs de cuisson mêlés à quelques ingrédients bien choisis. Comme elles font partie intégrante des préparations où elles figurent — en effet, on ne peut parler de recettes au sens strict du terme — vous les trouverez ailleurs dans cet ouvrage.

À DROITE
Lotte au four en papillote (page 88) agrémentée de sauce bourguignonne (page 30).

SAUCE BOURGUIGNONNE

Également baptisée sauce au vin rouge, elle accommode les grillades. Elle est aussi l'élément de base traditionnel de la matelote, mets confectionné avec du poisson de rivière, mais qui est tout aussi réussi avec de la lotte (page 88), plus facile à trouver.
Au moment de choisir le fond de cuisson, tenez compte de l'aliment que votre bourguignonne accompagnera. Si vous la servez avec du poisson, faites-la avec du fumet (page 10), du court-bouillon (page 10) ou du bouillon de légumes (page 11). À votre gré, supprimez le lard.
Préparez-la à l'avance jusqu'à l'étape 6 incluse et mettez-la au frais. Sa belle couleur s'éclairera lorsque vous incorporerez le beurre. Pour une sauce plus légère, prenez du vin blanc — le résultat ne vous décevra pas.

Pour 4 personnes
Préparation : 10 à 15 minutes
Cuisson : 45 minutes

55 g de lard fumé taillé en lardons
1 cuillerée à café d'huile
75 g de beurre raffermi coupé en dés
2 oignons doux (ou 1 oignon d'Espagne) hachés menu
115 g de petits champignons de Paris finement émincés
1 échalote hachée menu
2 cuillerées à soupe rases de farine
45 cl de vin rouge
25 cl de bouillon de bœuf ou de fond de veau (voir ci-dessus)
1 bouquet garni
sel et poivre du moulin

1 Dans une petite casserole, faites bouillir de l'eau et mettez-y les lardons à blanchir une minute sur feu moyen. Égouttez-les et placez-les entre 2 doubles épaisseurs de papier absorbant.

2 Versez l'huile dans une casserole à fond épais et, avec du papier absorbant, nappez-en bien le récipient. Placez sur feu moyen, ajoutez 15 g de beurre environ et inclinez le récipient, le temps qu'il fonde. Mettez les lardons et laissez-les dorer deux minutes.

3 Baissez la flamme, puis ajoutez oignons, champignons et échalote. Laissez suer plusieurs minutes, en remuant de temps en temps.

4 Assaisonnez légèrement, incorporez la farine et laissez-la se colorer 2 à 3 minutes, en remuant.

5 Versez le vin et le bouillon (ou le fond), puis mettez le bouquet garni. Réglez sur feu plus vif et portez à petite ébullition, en remuant de temps en temps. Laissez frémir jusqu'à ce que le liquide ait réduit d'un peu plus de la moitié. Remuez de temps à autre, mais ne laissez pas bouillir trop fort.

6 Au-dessus d'une petite casserole, passez la sauce au chinois, en utilisant une cuillère en bois pour exprimer le maximum de liquide des ingrédients.

7 Pour finir : placez la casserole sur feu doux et rectifiez l'assaisonnement. Augmentez la flamme, incorporez au fouet le reste de beurre et servez immédiatement.

SAUCE POULETTE

Cette délicate sauce citronnée est excellente avec la volaille pochée et les viandes blanches, comme le veau.

Pour 4 personnes
Préparation : 5 minutes
Cuisson : 25 minutes

30 g de beurre
30 g de farine
le zeste finement râpé et le jus d'un petit citron ou de 1 demi gros citron
40 cl de bouillon de volaille ou de légumes de bonne qualité
2 cuillerées à soupe de fumet de champignons (page 10, facultatif)
2 petits jaunes d'œufs
4 cuillerées à soupe de crème fraîche
sel et poivre du moulin

1 Sur feu doux, faites fondre le beurre dans une casserole. Ajoutez la farine et laissez cuire 1 minute en remuant, pour obtenir un roux blond.

2 Parfumez avec le zeste et assaisonnez légèrement. Au fouet, incorporez peu à peu le bouillon, puis le fumet, le cas échéant. Portez à petite ébullition, en remuant énergiquement et sans arrêt.

3 Dès que des bulles se forment, baissez la flamme et laissez frémir 15 minutes environ, en remuant régulièrement, jusqu'à ce que la sauce nappe la cuillère. Laissez sur feu très doux.

4 Mettez les jaunes d'œufs dans un bol et battez-les légèrement. Incorporez-y 2 à 3 cuillerées à soupe de sauce chaude, une cuillerée à la fois. Ajoutez la crème et fouettez légèrement pour que cette liaison devienne homogène.

5 Au fouet, incorporez-la à la sauce, peu à peu. Remuez le tout quelques minutes sur feu doux.

6 Rectifiez l'assaisonnement, citronnez et servez immédiatement.

VARIANTE : pour obtenir une sauce aux câpres qui agrémentera poisson et agneau bouilli, supprimez la liaison œufs-crème et le jus de citron, et incorporez à la sauce 55 g de beurre raffermi coupé en dés, une cuillerée à soupe de câpres égouttées et une cuillerée à soupe de vinaigre de vin blanc.

BEURRES COMPOSÉS

Surchargés d'ail et d'herbes à la saveur artificielle, les beurres aromatisés du commerce ont peu à voir avec les beurres composés faits maison. De plus, avec un mixeur ou un robot ménager, c'est l'affaire de quelques minutes. Roulez le beurre obtenu et mettez-le au frais jusqu'au moment de l'utiliser ; couvrez-le de papier sulfurisé. Pour vos recettes, découpez-le ensuite en rondelles.

Pour 4 à 6 personnes
Préparation : moins de 10 minutes

115 g de beurre à température ambiante, coupé en dés
sel et poivre du moulin
et les ingrédients correspondant au beurre choisi :

BEURRE MAÎTRE D'HÔTEL
2 cuillerées à soupe de persil ciselé
2 cuillerées à soupe de jus de citron
1 cuillerée à soupe de fumet de champignons (page 10, facultatif)

BEURRE AU ROQUEFORT
55 g de roquefort émietté
2 cuillerées à café de cognac
1 cuillerée à café de moutarde de Dijon

BEURRE DE CREVETTES
55 g de crevettes cuites décortiquées et hachées
1 petite pincée de paprika
1 cuillerée à café de jus de citron
poivre de Cayenne

BEURRE D'ANCHOIS
4 filets d'anchois à l'huile, bien égouttés et hachés
4 câpres égouttées
2 cuillerées à café de jus de citron
poivre de cayenne

1 *Beurre maître d'hôtel* : dans un mixeur ou un robot ménager, mettez la moitié du beurre avec le persil et travaillez le tout. Ajoutez le beurre qui reste et le jus de citron ; assaisonnez. Avec une spatule, râclez le beurre des parois du récipient et mixez pour obtenir une pommade. Servez avec grillades et légumes. Pour accompagner du poisson grillé, ajoutez le fumet de champignons en même temps que le citron.

2 *Beurre au roquefort* : dans un mixeur ou un robot ménager, mettez la moitié du beurre avec les autres ingrédients et travaillez le tout. Ajoutez le beurre qui reste et poivrez. Avec une spatule, râclez le beurre des parois du récipient et mixez pour obtenir une pommade. Servez avec des grillades.

3 *Beurre de crevettes* : dans un mixeur ou un robot, mettez la moitié du beurre avec les crevettes. Travaillez le tout et ajoutez le beurre qui reste, le paprika et le citron. Relevez de Cayenne, poivrez et, à votre gré, salez un peu. Avec une spatule, râclez le beurre des parois du récipient et mixez pour obtenir une pommade. Tartinez sur des canapés ou parfumez-en potages et sauces.

4 *Beurre d'anchois* : dans un mixeur ou un robot ménager, mettez la moitié du beurre avec les anchois et les câpres. Travaillez le tout. Ajoutez le reste de beurre et le citron. Relevez de cayenne et poivrez. Avec une spatule, râclez le beurre des parois du récipient et mixez pour obtenir une pommade. Tartinez sur des canapés, ou servez avec du poisson ou de la viande grillés.

LA SAUCE BÉCHAMEL

Pour 60 cl
Préparation : 5 minutes
Cuisson : 20 minutes

55 g de beurre
55 g de farine
60 cl de lait
1 pincée de noix de muscade râpée
sel et poivre du moulin

Lorsque les tenants de la nouvelle cuisine bannirent temporairement les sauces à base de farine, certains grands gastronomes s'en retournèrent probablement dans leur tombe. Parmi eux figurait sûrement un dénommé Louis de Béchamel, marquis de Nointel. Courtier de Louis XIV, il savait aussi bien faire fructifier l'argent qu'il se plaisait à le dépenser en mets fins. Cette sauce blanche classique lui doit son nom.

SUR FEU DOUX, INCORPOREZ VIVEMENT LA FARINE AU BEURRE FONDU.

À l'origine, la sauce du bon marquis était un velouté à base d'herbes, de beurre, d'épices et de farine liés à la crème fraîche. Herbes et crème ont disparu, mais la sauce béchamel demeure. Dénigrée voilà dix ou vingt ans, parce que jugée lourde à digérer, la béchamel est en fait indispensable pour les soufflés et autres sauces onctueuses. En outre, elle est facile à réaliser, pourvu que l'on s'arme de patience.

1 Dans une casserole à fond épais, sur feu moyen, mettez le beurre, baissez la flamme et inclinez le récipient le temps qu'il fonde. Ajoutez vite la farine, en remuant vigoureusement avec un fouet ou une cuillère en bois (ici, je préfère la seconde). Pendant une à deux minutes, remuez sans arrêt sur feu doux, jusqu'à obtention d'un roux blanc onctueux.

DÈS QUE VOUS OBTENEZ UN ROUX BLOND, ÔTEZ-LE DE LA CHALEUR AVANT DE VERSER LE LAIT.

2 Retirez la casserole du feu et posez-là sur un plan de travail qui résiste à la chaleur. Mouillez le roux avec un peu de lait, en fouettant bien (à partir de là, j'utilise un fouet). Incorporez peu à peu le reste de lait, tout en continuant de fouetter.

EN FOUETTANT VIGOUREUSEMENT, VERSEZ PEU À PEU LE LAIT.

3 Remettez sur feu un peu plus vif et portez lentement à ébullition, en fouettant toujours. Dès que des bulles se forment, baissez la flamme et laissez frémir tout doucement 8 minutes minimum, de préférence 12, voire 15, en fouettant souvent. Cela paraît interminable, mais un brin de patience, sinon votre sauce sentira la farine (mal cuite) ou bien collera (pas assez remuée et chaleur trop vive).

4 Assaisonnez selon le goût avec sel, poivre et une pincée de muscade.

NOTE : prenez du lait entier ou demi-écrémé. Si la quantité de matière grasse vous effraie, préparez une sauce blanche à base de bouillon ou d'eau.

TERMINÉE, LA SAUCE EST ONCTUEUSE ET NAPPE LE DOS DE LA CUILLÈRE.

VARIANTES : l'unique façon de raccourcir le temps de cuisson est de remplacer la farine par de la fécule de maïs. La sauce aura moins de tenue, mais il suffit de la cuire 3 à 5 minutes. Certains cuisiniers utilisent le lait tiédi plutôt que froid. Mais gare aux grumeaux. Même si cela diminue le temps de cuisson, vous risquez, à la finale, de devoir passer votre sauce.

Le créateur de la béchamel l'aromatisait avec persil, ciboulette, échalotes et muscade. Essayez de parfumez le lait avec quelques brins de thym frais (ou une bonne pincée de thym séché), une feuille de laurier et une pincée de sauge, ou une demi-cuillerée à café de moutarde de Dijon.

Remplacez la moitié du lait par du vin blanc, du bouillon, du fumet de poisson ou de champignons (page 10). Cela donne une sauce subtilement aromatique, excellente avec les légumes.

Pour la sauce aurore, ajoutez à la béchamel une cuillerée à soupe de concentré de tomate. Pour une sauce Mornay, à servir avec poisson et légumes, ajoutez 55 g de gruyère ou du comté râpé.

On a nappé de sauce Mornay des bouquets de chou-fleur cuits à l'eau pour préparer un gratin de chou-fleur à la polonaise (page 135).

BEURRE FONDU CITRONNÉ

Servez-le avec du poisson poché et des légumes bouillis. Sachez que 30 g de beurre donnent 3 cuillerées à soupe rases de beurre fondu citronné.

Pour 4 personnes
Préparation et cuisson : moins de 10 minutes

115 g de beurre
le jus de 1 demi-citron
sel et poivre du moulin

1 Détaillez le beurre en lamelles, que vous mettrez dans une petite casserole à fond épais, sur feux doux. Inclinez le récipient au-dessus de la flamme le temps que le beurre fonde. Assaisonnez légèrement.

2 Au fouet, incorporez le jus de citron. Transférez dans une saucière préchauffée, ou arrosez-en directement les aliments.

SAUCE BEURRE BLANC

Cette sauce douce où se devine une note acidulée escorte avec bonheur les ingrédients à la saveur délicate, comme les coquilles Saint-Jacques, les asperges et les poissons fins. L'ennui — comme c'est le cas pour d'autres sauces au beurre — le beurre blanc exige une attention permanente et il vaut mieux l'utiliser immédiatement.
Préparer la purée d'échalotes (fin étape 2) à l'avance, couvrez et laissez en attente jusqu'au moment où vous en aurez besoin, 15 minutes avant de servir.

Pour 4 personnes
Préparation : 10 minutes
Cuisson : 15 minutes

4 échalotes hachées menu
4 cuillerées à soupe de vin blanc sec
2 cuillerées à soupe de vinaigre de vin blanc
150 g de beurre premier choix,
coupé en dés et raffermi
sel et poivre du moulin

1 Dans une petite casserole à fond épais, mettez les échalotes avec le vin et le vinaigre. Placez sur feu moyen et, à petite ébullition, laissez réduire de moitié, jusqu'à ce que les échalotes soient tendres et le mélange sirupeux. Comptez 10 minutes. Remuez souvent.

2 Affinez cette purée au chinois. Vous aurez deux cuillerées à soupe de liquide.

3 Baissez un peu la flamme. Incorporez le beurre, 1 à 2 lamelles à la fois, dans cette réduction, en fouettant continuellement. Ôtez la casserole du feu quelques secondes pour que la chaleur ne soit pas trop vive. Le beurre épaissira progressivement la sauce qui deviendra onctueuse.

4 Salez et poivrez légèrement. Servez immédiatement. La sauce peut, un petit moment, être tenue au chaud au bainmarie, mais fouettez-la souvent.

VARIANTES : la sauce terminée, incorporez-y au fouet une cuillerée à soupe de crème fraîche épaisse et quelques feuilles d'estragon ciselées. Ajoutez une pincée de zeste de citron ou d'orange finement râpé, une à deux cuillerées à soupe de fumet de poisson ou de champignons, incorporées en fin de préparation, donnent un beurre blanc mousseux et aromatique.

À DROITE
Coquilles Saint-Jacques au beurre blanc *(page 74)*

Savoir-faire

LA MAYONNAISE

Pour 4 à 6 personnes
Préparation : 10 minutes

2 jaunes d'œufs très frais, de calibre moyen
1 cuillerée à café de vinaigre de vin rouge ou blanc (ou de jus de citron), en prévoir un peu plus, si besoin est
1/4 de cuillerée à café de moutarde forte
30 cl d'huile d'arachide (ou 20 cl d'huile d'arachide et 10 cl d'huile d'olive pas trop aromatique, voir notes*)*
sel et poivre du moulin

La mayonnaise est la sauce de l'été et du grand soleil... l'alliance divine de deux substances essentielles, le jaune d'œuf et l'huile, dont on ne saurait se passer avec le poulet froid et le poisson poché. Aucune cuisson, seulement des gestes précis et une alchimie complexe, qu'il faut comprendre. On peut monter une mayonnaise avec un mixeur ou un robot ménager, mais, mieux encore, avec un bol et une cuillère en bois.

Tout commence à l'instant où vous recueillez les jaunes d'œufs et les battez avec le vinaigre (ou le jus de citron) et les condiments, jusqu'à ce que tous soient intimement liés au fond du récipient. Comme les sauces hollandaise et béarnaise (page 40 et 41), la mayonnaise est une émulsion — un liquide ou une matière grasse dispersé dans un autre. Les émulsions sont des mélanges compliqués de nature, une combinaison fragile d'ingrédients qui ne sont pas faits pour se rencontrer, comme l'huile et l'eau.

D'après expérience, la mayonnaise est moins « têtue » si tous les ingrédients et les ustensiles sont à température ambiante, mais il n'existe aucune preuve scientifique. Cependant, fait inoubliable, le scientifique et gastronome Édouard de Pomiane passa sa mayonnaise sous le microscope — ... une vision fascinante. Les minuscules particules de jaune d'œuf, à la lumière, brillent comme des étoiles — mais ne fit pas état de la température. Plus près de nous, un autre scientifique et auteur d'ouvrages culinaires, l'Américain Harold McGee, dans son magistral *On food and cooking* parle longuement de la chimie complexe de l'œuf, mais pas de la température. Il conseille d'employer des œufs les plus frais possible et précise en passant qu'il faut éviter les écarts de température.

LAISSEZ UN TEMPS INGRÉDIENTS ET USTENSILES À TEMPÉRATURE AMBIANTE.

1 Mettez les jaunes dans un grand bol, ajoutez le vinaigre ou le jus de citron, la moutarde, une petite pincée de sel et la valeur d'un tour de moulin à poivre. Ne remuez pas. Couvrez de film alimentaire. À proximité, mettez l'huile (ou les huiles), les aromates et la cuillère en bois (ou une fourchette) et laissez 15 minutes, voire davantage, à température ambiante.

POUR COMMENCER, INCORPOREZ L'HUILE TRÈS LENTEMENT, GOUTTE À GOUTTE.

2 À votre gré, calez le récipient sur un linge ou du papier absorbant humecté, précaution utile quand on travaille au batteur électrique, mais qui peut faciliter les choses dans le cas présent. Commencez par incorporer l'huile goutte à goutte. Dès qu'elle est absorbée par le jaune d'œuf assaisonné, versez-en quelques gouttes encore, en battant énergiquement, à un rythme régulier — pas furieusement, mais à un rythme que

votre bras peut supporter un moment, sans être endolori, comme après une séance d'aérobic.

3 Continuez à verser l'huile très lentement, quelques gouttes à la fois, jusqu'à ce que le mélange commence à épaissir de façon visible. Ceci se produit soudainement, après avoir incorporé entre un quart et un tiers de l'huile.

4 Laissez votre bras se reposer quelques secondes, puis continuez à verser l'huile en filet mince, en remuant au même rythme régulier, jusqu'à ce que toute l'huile soit incorporée.

DÈS QUE LE MÉLANGE COMMENCE À ÉPAISSIR, VERSEZ L'HUILE EN FILET MINCE ET RÉGULIER.

5 Admirez votre belle mayonnaise brillante. Goûtez-la et rectifiez l'assaisonnement. Quelques gouttes de vinaigre ou de jus de citron lui donneront une note acidulée et l'assoupliront. Une mayonnaise montée à la main tient sur la cuillère. Couvrez-la et mettez-la dans la partie la moins froide du réfrigérateur jusqu'au moment du repas. Utilisez-la uniquement sur des aliments froids ou tièdes, car elle se désintègre à la chaleur.

QUAND LA CUILLÈRE FORME LA MAYONNAISE EN SILLONS RONDS ET BRILLANTS, ELLE EST PRESQUE PRÊTE.

NOTES : pour une plus grosse quantité, ou une mayonnaise moins épaisse, prenez un batteur électrique, avec le même nombre de jaunes d'œufs et 15 cl d'huile en plus. Résistez à la tentation d'accélérer les premières étapes. Contentez-vous d'incorporer quelques gouttes d'huile au départ.

Quelle huile employer ? C'est affaire de goût. L'huile d'arachide est un bon choix, sans risque. Elle donne une mayonnaise passe-partout, peut-être un peu fade, qui a besoin d'être bien assaisonnée. Elle se laisse volontiers aromatiser avec du jus de citron, de la moutarde, de l'estragon, de la ciboulette ou du persil. La mayonnaise faite exclusivement à l'huile d'olive est trop lourde à mon goût. Je préfère la mélanger pour moitié avec de l'huile d'arachide (ou 3/4 arachide et 1/4 huile d'olive). Relevée d'une pointe d'ail, c'est un régal avec un reste de gigot d'agneau froid (page 118).

GOÛTEZ VOTRE MAYONNAISE AVANT D'AJOUTER DES HERBES OU D'AUTRES AROMATES

La sauce rémoulade enrobe du céleri-rave râpé pour donner un classique du genre, le céleri rémoulade.

Si vous utilisez de l'huile d'olive, incorporez-la sitôt après avoir épuisé l'huile d'arachide. Une huile d'olive moins raffinée, de bonne qualité, est préférable à une huile vierge extra, trop aromatique, qui masquera la saveur des ingrédients qu'elle est censée mettre en valeur.

Pensez à laisser un œuf de plus à température ambiante en cas de malheur. Si, malgré tous vos efforts, votre mayonnaise tourne, maudissez le chat ou le temps ! Rincez un bol propre avec de l'eau chaude, pour le mettre rapidement à température ambiante, et essuyez-le bien. Cassez-y le jaune de l'œuf que vous avez réservé et incorporez-y une cuillerée à soupe rase de mayonnaise tournée jusqu'à ce que le mélange prenne. Continuez à incorporer le reste, quelques gouttes à la fois au départ, puis en filet mince.

VARIANTES : pour une mayonnaise à l'ail, plus douce que le véritable aïoli, à servir avec de l'agneau et du poisson froid, ajoutez dès le départ, dans le bol contenant les jaunes d'œufs et les autres ingrédients, 1 ou 2 belles gousses d'ail pilées.

Pour une mayonnaise pimentée, moins forte que la rouille ci-contre, ajoutez un peu d'ail pilé et un soupçon de harissa (la valeur d'une très, très petite noisette). Dès que la mayonnaise est prise, incorporez-y une cuillerée à café de concentré de tomate. Relevez de paprika ou de cayenne.

Pour une sauce rémoulade à servir avec du porc froid, ajoutez au contenu du bol une cuillerée à café supplémentaire de moutarde forte. La mayonnaise terminée, incorporez-y une cuillerée à soupe de moutarde à l'ancienne. Pour qu'elle soit croquante, ajoutez des cornichons hachés menu, une à deux cuillerées à café de câpres égouttées et quelques brins d'herbes ciselées.

ROUILLE

C'est probablement la plus pimentée du répertoire. On la sert traditionnellement avec la bouillabaisse (page 78), mais elle peut escorter des crudités avec des croûtons.

Pour 4 personnes
Préparation : 1 heure pour le trempage des piments, si besoin est,
plus 15 minutes de mise au frais

2 petits piments-oiseaux
mie de pain émiettée trempée dans du lait, la valeur d'une tranche
2 à 3 gousses d'ail frais pilées
1 gros jaune d'œuf
1 cuillerée à café de concentré de tomate (facultatif)
15 cl d'huile d'olive
harissa, si vous le souhaitez
sel

1 Si ce sont des piments-oiseaux séchés, faites-les tremper une heure dans l'eau. Égouttez-les ; retirez tiges et graines et broyez les piments.

2 Dans un bol, mélangez intimement mie de pain, ail, jaune d'œuf, piments et concentré de tomate, le cas échéant. Salez légèrement.

3 Calez le bol sur une épaisseur de papier absorbant humecté. Avec un batteur électrique, incorporez quelques gouttes d'huile, comme pour la mayonnaise (page 36). Versez-la ensuite en filet très mince, tout en fouettant jusqu'à ce que la sauce prenne.

4 Rectifiez l'assaisonnement, en relevant de harissa, si vous aimez la rouille très pimentée. Délayez-la avec une cuillerée à soupe d'eau froide. Couvrez et mettez au frais 15 minutes ou jusqu'au moment de servir.

SAUCE GRIBICHE

Cette mayonnaise piquante de texture irrégulière, dite gribiche (qui, étymologiquement signifie *méchante femme*) est excellente avec la viande froide et la tête de veau pochée. Les lecteurs de Proust se souviennent peut-être que dans *Du côté de chez Swann*, le jeune héros parle de sa recette de sauce gribiche, plus recherchée que lui-même dans les dîners mondains.

Pour 4 personnes
Cuisson : 10 minutes (pour l'œuf)
Préparation : 15 minutes,
plus 15 minutes de mise au frais

1 gros œuf dur
1 grosse cuillerée à café de moutarde de Dijon
30 cl d'huile d'arachide
2 à 3 cuillerées à café de vinaigre de vin rouge ou blanc
6 à 7 petits cornichons hachés menu
Quelques brins d'herbes fraîches ciselés : persil, cerfeuil, estragon, ciboulette
sel et poivre du moulin

1 Séparer le jaune et le blanc de l'œuf dur ; réservez le blanc. Écrasez le jaune dans un bol, ajoutez la moutarde et assaisonnez bien.

2 Calez le bol sur une épaisseur de papier absorbant humecté. Avec un batteur électrique, incorporez l'huile goutte à goutte, comme pour la mayonnaise (page 36). Versez-la ensuite en filet très mince, tout en fouettant jusqu'à ce que la sauce prenne, puis augmentez légèrement le débit.

3 Dès que toute l'huile est incorporée, ajoutez le vinaigre, les cornichons et les herbes ciselées. Rectifiez l'assaisonnement.

4 Hachez le blanc d'œuf et mélangez-le à la sauce. Couvrez et mettez au frais 15 minutes ou jusqu'au moment de servir.

BEURRE DE MONTPELLIER

Préparation intermédiaire entre le beurre composé et la mayonnaise, cette réjouissante sauce verte est excellente avec les grillades et le poisson poché.

Pour 4 à 6 personnes
Cuisson : 10 minutes pour faire durcir l'œuf
Préparation : 20 minutes,
puis 1 heure minimum de mise au frais

85 g de l'assortiment de feuilles ci-après, selon leur disponibilité : d'épinards ou d'oseille, de cresson, persil, cerfeuil, estragon et ciboulette
4 filets d'anchois à l'huile, égouttés et hachés
2 petits cornichons hachés
1 cuillerée à soupe de câpres égouttées
1 gousse d'ail pilée
100 g de beurre coupé en petits morceaux
1 jaune d'œuf dur, plus 1 jaune d'œuf cru
3 cuillerées à soupe d'huile d'olive
1 cuillerée à soupe de vinaigre de vin
sel et poivre du moulin

1 Faites bouillir de l'eau. Mettez les feuilles et les herbes dans une casserole. Salez légèrement, couvrez d'eau bouillante et faites blanchir une minute sur feu moyen.

2 Égouttez-les dans une passoire et passez-les sous l'eau fraîche. Appuyez dessus pour en exprimer le maximum d'eau. Étalez-les entre 2 doubles épaisseurs de papier absorbant et épongez-les. Le cas échéant, changez le papier et recommencez.

3 Mettez les feuilles et les herbes égouttées dans un robot, avec les anchois, les cornichons, les câpres, l'ail et la moitié du beurre. Poivrez et mixez rapidement.

4 Avec une spatule, râclez cette purée verte des parois du récipient. Ajoutez les jaunes d'œufs et le reste de beurre. Travaillez de nouveau brièvement le tout. Râclez la sauce qui adhère aux parois.

5 Sans éteindre l'appareil, versez l'huile en filet. Arrêtez le robot dès que l'huile est intégralement absorbée.

6 Rectifiez l'assaisonnement et versez le vinaigre. Couvrez et mettez au frais une heure minimun, afin que les saveurs se mêlent.

SAUCE HOLLANDAISE

La hollandaise ne souffre pas que l'on s'arrête : le point de non retour est atteint dès que vous commencez à fouetter. Utilisez des œufs extra-frais et ne forcez pas le feu, sinon les œufs cuisent et la sauce coagule. Cette émulsion intraitable vaut bien chaque minute d'angoisse que vous vivez tout au long de sa préparation. Elle métamorphose le saumon poché, les asperges, les légumes nouveaux cuits à l'eau, et habille divinement les œufs pochés.
Pour la rendre mousseuse, incorporez à la sauce terminée 2 blancs d'œufs battus en neige à peine ferme. Pour une sauce mousseline à servir avec le poisson et les fruits de mer, enrichissez-la de 2 cuillerées à soupe de crème fraîche légèrement fouettée. On peut aussi la parfumer avec un trait de jus d'orange.

Pour 4 personnes
Préparation : 5 minutes
Cuisson : moins de 15 minutes

3 petits jaunes d'œufs très frais
1 cuillerée à soupe de jus de citron
125 g de beurre premier choix raffermi et coupé en dés
sel et poivre du moulin

1 Faites bouillir de l'eau dans un grand récipient sur lequel vous pourrez poser un bol (ou un petit saladier) en inox, ou une casserole plus petite. Laissez refroidir l'eau.

2 Sur feu doux, placez le récipient contenant l'eau chaude, qui doit être à peine frémissante. Hors du feu, dans un bol ou une petite casserole, mettez les jaunes d'œufs, la moitié du jus de citron et 2 cuillerées à café d'eau. Assaisonnez légèrement et fouettez jusqu'à ce que le mélange soit lisse.

3 Placez au-dessus de la vapeur — l'eau doit juste frissonner — et montez au fouet pour épaissir le mélange.

4 En fouettant et en maintenant l'eau frémissante, incorporez le beurre morceau par morceau. N'ajoutez le suivant que si le précédent est absorbé. Une fois le beurre incorporé, vous aurez une belle émulsion crémeuse. Si la sauce tourne, retirez le récipient de la vapeur, plongez-en le fond dans l'eau froide et fouettez vigoureusement.

5 Rectifiez l'assaisonnement, incorporez un peu de jus de citron et une cuillerée à soupe d'eau chaude. Servez aussitôt. La hollandaise se garde quelques minutes au-dessus d'un saladier d'eau tiède.

SAUCE BÉARNAISE

Moins compliquée à préparer que la hollandaise, cette riche émulsion s'accorde de façon splendide avec la viande rouge grillée. Si vous la destinez à de l'agneau, parfumez-la avec de la menthe fraîche ciselée. Pour la transformer en sauce choron, colorez-la avec 2 cuillerées à soupe de concentré de tomate épais, affinez-la au chinois et servez tiède.

Pour 4 personnes
Préparation : 10 minutes
Cuisson : 20 minutes

4 échalotes hachées menu
plusieurs feuilles d'estragon finement ciselées
4 cuillerées à soupe de vin blanc sec
2 cuillerées à soupe de vinaigre de vin blanc
2 jaunes d'œufs extra-frais
125 g de beurre premier choix raffermi et coupé en dés
quelques brins de cerfeuil finement ciselés
1 cuillerée à café de jus de citron
sel et poivre du moulin

1 Mettez les échalotes et la moitié de l'estragon dans une petite casserole à fond épais, avec le vin et le vinaigre. Placez sur feu modéré et faites réduire à petite ébullition jusqu'à ce que le mélange soit sirupeux — comptez 10 minutes environ — en remuant régulièrement.

2 Entre-temps, faites bouillir de l'eau dans un grand récipient, sur lequel vous pourrez poser la casserole avec la réduction. Laissez refroidir l'eau quelques minutes.

3 Affinez la réduction en la passant dans un chinois posé sur une tasse. Vous obtiendrez 2 cuillerées à soupe de liquide. Remettez dans la petite casserole.

4 Sur feu doux, placez le récipient contenant l'eau chaude — qui doit être à peine frémissante. Hors du feu, ajoutez les jaunes d'œufs à la réduction d'échalotes, avec une cuillerée à soupe d'eau. Assaisonnez légèrement et fouettez jusqu'à ce que le mélange soit homogène.

5 Posez maintenant la petite casserole au-dessus de la vapeur du grand récipient où l'eau frissonne. Montez la sauce au fouet jusqu'à ce qu'elle soit mousseuse. En fouettant, incorporez le beurre morceau par morceau. N'ajoutez le suivant que lorsque le précédent est complètement absorbé et que la sauce est onctueuse. Soulevez la casserole de temps en temps pour éviter que la sauce soit au contact d'une chaleur trop vive. Si elle tourne, ôtez la casserole de la vapeur, plongez-en le fond dans l'eau froide et fouettez vigoureusement.

6 Le beurre incorporé, vous aurez une sauce dont la texture est proche de celle de la mayonnaise. Rectifiez l'assaisonnement, ajoutez le reste d'estragon et le cerfeuil. Incorporez le jus de citron au fouet.

7 Servez dès que possible. La béarnaise se garde un petit moment au-dessus d'un saladier d'eau tiède. Mieux vaut encore la manger tiède que d'essayer de la réchauffer.

Troisième chapitre

LES ŒUFS

Dans toute cuisine bien pourvue qui se respecte, on trouve, en réserve, au moins une demi-douzaine d'œufs dans le réfrigérateur. Les œufs sont les vedettes incontestées de la scène culinaire : ils épaississent une sauce, lient une farce, aident une pâte à dorer, font prendre une crème et rendent une glace fondante... Si on leur donne la première place, en quelques minutes, ils se transforment en mets qui comptent parmi les plus gratifiants et les moins onéreux de tous les festins.

À GAUCHE
Des cassolettes aux crevettes, servies avec des croissants, font un petit-déjeuner aussi délicieux qu'inhabituel, ou un en-cas à s'offrir à toute heure.

CASSOLETTES AUX CREVETTES

Préparez d'abord les crevettes, afin de vous consacrer, l'esprit libre, aux œufs brouillés, que vous remuerez sur feu très doux pour les rendre crémeux à souhait. On parvient au résultat désiré en y incorporant des noix de beurre, peu à peu, ce qui a pour effet de ralentir la cuisson et d'enrichir le plat. Une autre solution consiste à ajouter le dernier œuf (ou 1 de plus) lorsque les autres sont pratiquement prêts — remède qui a fait ses preuves si la brouillade est trop cuite. Des champignons forestiers, sautés au beurre dans une poêle frottée d'ail, font également une délicieuse garniture.

Pour 4 personnes
Préparation : 5 minutes
Cuisson : 20 minutes

12 belles crevettes roses crues
ou cuites et décortiquées
55 g de beurre
1 petite pincée de Cayenne
1 petite pincée de paprika
8 œufs, extra-frais à température ambiante
1 cuillerée à café de jus de citron
1 grosse cuillerée à soupe de crème fraîche
quelques brins d'herbes fraîches :
cerfeuil, ciboulette, estragon et aneth
sel et poivre du moulin

POUR SERVIR :
fines tranches de pain de seigle

1 Si les crevettes sont crues, mettez-les dans une casserole d'eau bouillante salée et laissez-les cuire 3 minutes sur feu moyen. Égouttez-les, rincez-les à l'eau froide, égouttez à nouveau et décortiquez-les.

2 Mettez 15 g de beurre dans une petite poêle et faites-les fondre sur feu doux. Ajoutez les crevettes, le Cayenne et le paprika. Laissez-les dorer quelques minutes, en les remuant pour qu'elles soient bien enrobées de beurre et d'épices.

3 Entre-temps, commencez les œufs brouillés : battez-les rapidement dans un saladier et assaisonnez-les légèrement. Dans une poêle à fond épais, faites fondre la moitié du beurre qui reste sur feu doux. Inclinez le récipient pour bien en enduire le fond et les parois. Coupez le reste de beurre en petits morceaux.

4 Versez les œufs dans la poêle et laissez-les cuire lentement, en remuant souvent avec une cuillère en bois. Maintenez la flamme très basse. Si les œufs cuisent trop vite, ôtez le récipient du feu quelques secondes. Au fouet, incorporez 2 à 3 morceaux de beurre.

5 Citronnez les crevettes, ajoutez la crème et mélangez bien.

6 Dès que les œufs ont le moelleux souhaité, répartissez dessus le reste de beurre. Fouettez légèrement et ôtez de la chaleur. Salez modérément et poivrez bien.

7 Répartissez les œufs brouillés dans quatre assiettes préchauffées. Dressez au centre 3 crevettes, avec un peu de leur jus. Ciselez des herbes fraîches sur les cassolettes et servez sans attendre, avec du pain de seigle.

À déguster avec un vin Vouvray demi-sec.

ŒUFS BROUILLÉS AU BOUDIN

Œufs brouillés et boudin noir s'accordent à merveille. Présentez le boudin, en rondelles, au milieu des œufs ou disposez-le à la cuillère tout autour. Leur texture et leur saveur s'apprécient mieux côte-à-côte qu'en mélange.

Pour 2 personnes en plat principal
(ou 3 en entrée)
Préparation : 5 minutes
Cuisson : 30 minutes

200 g de boudin noir
2 cuillerées à café d'huile
55 g de beurre (ou plus selon le goût)
5 gros œufs extra-frais
à température ambiante
sel et poivre du moulin

POUR SERVIR :
pain, grillé ou non

1 Faites cuire le boudin : coupez-le d'abord en quatre morceaux.

2 Sur feu moyen, faites chauffer l'huile dans une poêle. Baissez la flamme, ajoutez 15 g environ de beurre et inclinez le récipient le temps qu'il fonde. Mettez-y le boudin à revenir doucement. Tournez-le au bout de 5 minutes environ et continuez la cuisson 5 minutes encore. Ce n'est pas grave si le boudin s'effrondre un peu à la cuisson. Ôtez la poêle du feu, couvrez et réservez tel quel le temps que vous fassiez cuire les œufs.

3 Dans un saladier, battez rapidement les œufs (ils ne doivent pas être mousseux). Assaisonnez très légèrement.

4 Dans une poêle à fond épais placée sur feu doux, faites fondre la moitié du beurre, en inclinant le récipient pour bien en enduire le fond et les parois. Coupez le reste de beurre en petits morceaux.

5 Versez les œufs dans la poêle et laissez-les cuire lentement, en remuant souvent avec une cuillère en bois. Maintenez la flamme très basse — en gardant un œil sur le mélange le temps que vous finissez de préparer le boudin.

6 Retirez la peau du boudin. Émiettez grossièrement celui-ci à la fourchette et poivrez-le un peu. Couvrez et tenez au chaud.

7 Si les œufs cuisent trop vite, ôtez la poêle du feu quelques secondes. Ajoutez 2 ou 3 morceaux de beurre et fouettez légèrement. Dès que les œufs ont le moelleux souhaité, répartissez dessus le reste de beurre et incorporez-le au fouet. Ôtez du feu, salez modérément et poivrez bien.

8 Transférez les œufs brouillés sur un plat de service préchauffé et disposez le boudin au centre. Servez sans attendre avec du pain, grillé ou non.

OMELETTE BRAYAUDE

L'omelette est un mets classique de la cuisine du terroir. À mesure que les bords de votre omelette cuisent, rabattez-les vers le centre. Cela permet aux œufs battus de dorer uniformément à l'envers, tandis que le cœur de l'omelette reste délicieusement moelleux.

Pour 4 personnes
Préparation : 10 minutes
Cuisson : 15 minutes

85 g de pommes de terre à chair ferme, épluchées et coupées en dés de 1,5 cm
2 cuillerées à café d'huile
5 gros œufs extra-frais, à température ambiante
1 cuillerée à soupe de lait ou de crème liquide
1 tranche épaisse de jambon (55 g) coupée en dés
1 cuillerée à soupe rase de fromage comté fraîchement râpé (ou d'un autre à pâte dure fort en saveur)
30 g de beurre
quelques brins de ciboulette finement ciselés
sel et poivre du moulin

1 Faites cuire les pommes de terre dans de l'eau bouillante légèrement salée. À petite ébullition, sur feu moyen, comptez 5 à 8 minutes de cuisson, jusqu'à ce qu'elles soient juste tendres. Égouttez-les.

2 Dans une petite poêle placée sur feu moyen, avec l'huile bien chaude, étalez les pommes de terre et faites-les sauter 3 minutes en secouant le récipient et en remuant.

3 Fouettez les œufs avec le lait ou la crème. Assaisonnez légèrement. Ajoutez les pommes de terre sautées, le jambon et le fromage.

4 Coupez le beurre en quatre morceaux égaux. Mettez une poêle de 18 cm de diamètre sur feu modéré et, dès qu'elle est chaude, faites-y fondre 2 morceaux de beurre. Quand il ne mousse plus et avant qu'il brunisse, mettez-y les œufs.

5 Laissez cuire sur feu modéré, en secouant la poêle et en rabattant les bords de l'omelette vers le centre dès qu'ils commencent à cuire ; aidez-vous d'une spatule pour faire cela. Préchauffez un plat de service (plus grand que la poêle) et gardez-le à portée de main.

6 Dès que les œufs ne sont plus liquides, mais encore moelleux d'aspect, parsemez d'herbes, assaisonnez légèrement et laissez cuire quelques secondes encore. Posez le plat de service sur la poêle et renversez l'omelette dessus, pour la présenter sur le côté doré.

7 Faites fondre un morceau de beurre dans la poêle, glissez-y l'omelette et laissez cuire l'autre face 20 secondes environ. Remettez l'omelette sur le plat de service, déplacez le dernier morceau de beurre dessus le temps qu'il fonde et servez aussitôt.

À déguster avec un vin de pays rosé.

VARIANTES : pour une omelette moins rustique, agrémentez-la d'ingrédients blanchis ou sautés, comme du lard, des oignons, des aubergines, des poivrons ou des courgettes détaillés en petits morceaux (de 1,5 cm maximum). Taillez le fromage en lamelles fines, émiettez-le ou râpez-le.

PIPERADE

Pour le degré de cuisson, ce mets basque se situe entre l'omelette et les œufs brouillés. Le poivron rouge et le coulis de tomate (cuits jusqu'à la fin de l'étape 3) donnent une très bonne sauce qui s'adoucit lorsqu'on la fait réchauffer lentement.

Pour 4 personnes
Préparation : 10 minutes
Cuisson : 35 minutes

1 poivron rouge
1 poivron vert
2 cuillerées à soupe d'huile d'olive
ou de graisse d'oie
2 oignons blancs doux,
ou 1 oignon jaune, hachés menu
2 gousses d'ail pilées
4 tomates mûres
origan et sauge séchés
(1 pincée de chaque)
1 cuillerée à café de sucre
2 tranches de jambon de Bayonne,
de Serrano ou tout autre jambon de pays
6 gros œufs extra-frais,
à température ambiante
sel et poivre du moulin

1 Préchauffez le gril au maximum. Coupez les poivrons en 2, dans le sens de la longueur, épépinez-les et ôtez le cœur et les parties blanches. Aplatissez-les avec la main et passez sous le gril, jusqu'à ce que la peau se boursoufle et noircisse. Laissez-les tiédir afin de pouvoir les manipuler, pelez-les et taillez les lanières.

À GAUCHE
Piperade servie avec du riz créole au basilic (page 150).

2 Dans une grande poêle avec l'huile d'olive ou la graisse d'oie chaude, faites suer l'oignon et l'ail quelques minutes sur feu doux, en remuant une fois ou deux. Profitez, pendant ce temps, pour ébouillanter les tomates, les peler, les épépiner et les concasser.

3 Mettez-les dans la poêle, avec les herbes, le sucre et les poivrons. Assaisonnez légèrement, laissez cuire vingt bonnes minutes, en remuant de temps en temps, jusqu'à ce que vous obteniez un mélange grossier et épais.

4 Roulez et émincez le jambon au-dessus de la poêle. Remuez bien.

5 Dans un saladier, battez à la fourchette les œufs salés et poivrés légèrement (voir les conseils donnés pour l'omelette page 48).

6 Versez-les dans la poêle et remuez légèrement pour bien les mélanger aux légumes. Laissez cuire quelques minutes sur feu modéré, en remuant souvent, jusqu'à ce qu'ils soient cuits mais pas caoutchouteux.

7 Servez immédiatement, dans la poêle.

À déguster avec un vin rosé Irouléguy.

Savoir-faire

L'OMELETTE AUX FINES HERBES

Pour 2 personnes
Préparation : 5 minutes
Cuisson : 5 minutes

4 gros œufs extra-frais,
à température ambiante
1 cuillerée à soupe de lait ou de crème liquide
45 g de beurre
1 bonne cuillerée à soupe de persil ciselé,
additionné d'une autre (ou de 2) herbe(s)
fraîche(s) parmi :
estragon, ciboulette et cerfeuil
(en prévoir un peu plus pour servir, facultatif)
sel et poivre du moulin

Baveuse… voici l'adjectif qui qualifie la bonne omelette, d'un beau jaune doré, souple mais juste ce qu'il faut moelleuse au centre. La seule évocation suffit à vous faire saliver à l'avance !

Dans sa version classique, l'omelette est pliée et désarmante de simplicité, puisqu'on la sert le plus souvent nature. Quand on la garnit, c'est en privilégiant la légèreté : la valeur d'une cuillerée à dessert de fines herbes, une grosse pincée de gruyère râpé, quelques quartiers de tomates pelées, des champignons émincés sautés au beurre, des pointes d'asperges blanchies, des épinards ou de l'oseille fondus au beurre ou une poignée de lardons croustillants. Prévoyez une cuillerée à soupe de garniture par personne (la moitié pour les fines herbes, dont il vaut mieux user avec discrétion).

Réussir une omelette dépend de la poêle utilisée, laquelle devrait être réservée à cet usage exclusif. Comme ce n'est pas toujours possible dans une cuisine, prenez une poêle à fond épais et bien lisse (sans rayures), munie d'une poignée fixe que vous aurez bien en main. Vous vous faciliterez la vie si l'intérieur est antiadhésif. Quelle taille ? Pour 2 ou 3 œufs (une omelette pour une personne), prenez une poêle de 15 cm de diamètre ; pour 4 ou 5 œufs, de 20 cm maximum et pour 6 œufs, de 24 cm. Lavez-la avec soin après usage.

Comptez 2 œufs par convive — 3 si les œufs sont petits et que vos invités sont affamés. Personnellement, je ne peux pas faire une omelette de plus de 6 œufs dans une seule poêle. Pour vous exercer, commencez avec une omelette de 4 œufs, pour 2 personnes. Le volume est adéquat pour se faire la main. Laissez toujours les œufs à température ambiante avant de les cuire.

FAITES ENTRER UN MAXIMUM D'AIR DANS LES ŒUFS EN LES BATTANT.

1 Cassez les œufs dans un saladier, salez-les et poivrez-les. Ajoutez le lait ou la crème. Avec une fourchette, battez vivement le tout, pendant 20 secondes environ (à ce stade, il s'agit de faire pénétrer de l'air dans le mélange). Laissez en attente.

2 Dans la poêle déjà chaude, mettez 20 g environ de beurre et nappez-en le fond et les parois le temps qu'il fonde. Placez sur feu modéré. Dès que le beurre ne mousse plus et avant qu'il ne brunisse, il s'en dégagera une odeur de noisette, ce qui signifie qu'il est à la bonne température et que c'est le moment de verser les œufs, au milieu de la poêle.

DÈS QU'ILS COMMENCENT À PRENDRE, RABATTEZ LES BORDS DE L'OMELETTE VERS LE CENTRE.

3 Secouez le récipient d'une main et, de l'autre, avec une spatule (en bois, par exemple), rabattez vers le centre les bords de l'omelette, dès qu'ils commencent à prendre.

4 Pour cuire une omelette de 4 œufs, comptez 3 minutes environ. Ayez le plat de service préchauffé à portée de main. Prenez la moitié du beurre qui reste sur la spatule. Dès que vous remarquez que les œufs ne sont plus liquides, arrêtez de remuer et comptez jusqu'à 5, tout en ajoutant les fines herbes (ou toute autre garniture légère), au centre.

INCLINEZ LA POÊLE VERS LE BAS ET REPLIEZ UN TIERS DE L'OMELETTE

5 Glissez sous l'omelette la moitié du beurre réservée sur la spatule. Retirez la spatule et inclinez la poêle, côté poignée, et laissez l'omelette glisser et mordre un peu sur la paroi. Repliez un tiers de l'omelette vers le milieu. Inclinez la poêle de l'autre côté et laissez l'omelette glisser de la même façon. Avec la spatule, rabattez un autre tiers vers le milieu. Faites-la glisser tout doucement sur le plat de service.

6 Pour en lustrer la surface, passez le reste de beurre dessus. Assaisonnez légèrement.

À déguster avec un vin blanc Côte de Gascogne ou un Gamay frais.

VARIANTE : pour obtenir une omelette soufflée, montez, dans un bol à part, 1 blanc d'œuf en neige ferme — comptez 2 blancs pour 6 œufs. Incorporez aux œufs battus et faites l'omelette comme décrit ci-dessus.

CI-DESSOUS
L'omelette aux fines herbes, d'un beau jaune doré, sera moelleuse au centre, juste ce qu'il faut pour la qualifier de *baveuse*.

ŒUFS À L'OSEILLE

Les œufs en cocotte peuvent se préparer d'une multitude de façons, avec la méthode proposée ci-après. On a l'habitude d'associer l'acidité de l'oseille aux œufs et aux poissons à chair blanche. Épinards fondus au beurre, herbes fraîches, gruyère fraîchement râpé, roquefort émietté, lardons blanchis et sautés, lanières de jambon fumé, tous s'accordent admirablement avec les œufs, le beurre et la crème fraîche. En mettant les ramequins au frais avant utilisation, vous éviterez aux œufs d'attacher à la cuisson.

Pour 4 personnes
Préparation : 10 minutes
Cuisson : 20 minutes

55 g de beurre
une poignée de jeunes feuilles d'oseille, parées et ciselées grossièrement
muscade fraîchement râpée
4 gros œufs extra-frais, à température ambiante
4 cuillerées à soupe de crème fraîche épaisse ou liquide
sel et poivre du moulin

POUR SERVIR :
mouillettes beurrées, de pain ou de pain brioché grillé

1 Coupez le beurre en quatre. Faites-en fondre 3 morceaux dans une petite casserole, sur feu doux. Répartissez le beurre dans 4 ramequins, assez grands pour contenir un œuf, la garniture et la crème. Avec un pinceau à pâtisserie, badigeonnez l'intérieur des ramequins de beurre. Mettez 5 minutes environ au frais.

2 Préchauffez le four à 190° C. Entre-temps, sur feu doux, faites fondre le dernier morceau de beurre dans une petite poêle, où vous ferez suer l'oseille 1 minute en remuant doucement. Étalez-la sur une double épaisseur de papier absorbant et épongez-la avec une autre feuille de papier.

3 Sortez les ramequins du réfrigérateur et garnissez-les d'oseille. Salez légèrement et poivrez bien. Muscadez un peu.

4 Cassez un œuf dans une tasse, puis transférez-le dans un ramequin. Faites de même pour les 3 autres. Ajoutez une cuillerée à soupe de crème par ramequin et assaisonnez à nouveau.

5 Faites bouillir de l'eau dans une bouilloire et garnissez un grand plat à gratin (pouvant contenir les 4 ramequins) de quelques feuilles de papier journal. Posez les ramequins dessus et versez de l'eau bouillante jusqu'à mi-hauteur.

6 Faites cuire 8 à 10 minutes environ au bain-marie jusqu'à ce que les œufs aient le degré de cuisson souhaité (les jaunes doivent être un peu liquides).

7 Servez dès que possible avec des mouillettes chaudes et beurrées.

OMELETTE GARNIE PÉRIGOURDINE

Cette exquise omelette qui fleure bon la graisse d'oie s'inspire de la tradition culinaire du Sud-Ouest. Si vous êtes l'heureux possesseur d'une truffe, voici comment déguster votre merveille : laissez-la avec vos œufs pendant 2 ou 3 jours — grâce à leur coquille poreuse, ils s'imprègneront de son puissant arôme — et vous aurez une magnifique omelette, sans avoir entamé votre truffe.

Pour 3 personnes
Préparation : 15 minutes
Cuisson : 10 minutes

1 gousse d'ail coupée en deux
2 cuillerées à soupe de graisse d'oie
350 g de champignons sauvages (ou un assortiment de champignons sauvages et de champignons de Paris), parés et émincés s'ils sont gros
1 cuillerée à soupe bombée de persil et de ciboulette finement ciselés
6 beaux œufs extra-frais, à température ambiante
2 cuillerées à soupe de lait ou de crème liquide
1 cuillerée à soupe bombée de gruyère, fraîchement râpé
45 g de beurre
sel et poivre du moulin

1 Préparez d'abord les champignons : frottez d'ail l'intérieur d'une poêle ou d'une sauteuse, que vous ferez chauffer sur feu modéré avant d'y mettre une et demie cuillerée à soupe de graisse d'oie. Inclinez le récipient au-dessus de la flamme, afin que la graisse s'y étale.

2 Mettez-y les champignons, légèrement assaisonnés, et faites-les revenir 3 à 4 minutes, en remuant souvent. Transférez-les sur une assiette garnie d'une double épaisseur de papier absorbant. Couvrez-les d'une autre feuille de papier et épongez-les afin de les assécher. Essuyez le récipient de cuisson et

remettez-y les champignons. Assaisonnez légèrement et ajoutez une cuillerée à café d'herbes. Tenez au chaud.

3 Fouettez les œufs avec le lait ou la crème. Assaisonnez un peu et ajoutez le gruyère, avec une cuillerée à café d'herbes.

4 Faites chauffer le reste de graisse dans une poêle de 24 cm de diamètre, ajoutez la moitié du beurre et placez sur feu modéré. Dès que le beurre ne mousse plus et avant qu'il ne brunisse, versez les œufs.

5 Laissez cuire sur feu modéré, en secouant la poêle et en rabattant les bords vers le centre dès qu'ils commencent à prendre — aidez-vous d'une spatule résistant à la chaleur. Mettez les champignons sur feu doux. Préchauffez un plat de service.

6 Dès que les œufs ne sont plus liquides, mais encore moelleux d'aspect, comptez quelques secondes de plus de cuisson. Soulevez l'omelette avec la spatule, glissez-y la moitié du beurre qui reste et reposez l'omelette. Penchez la poêle d'un côté et laissez glisser l'omelette afin d'en replier un quart avec la spatule. Inclinez le récipient de l'autre côté et faites de même.

7 Ainsi repliée, transférez-la sur le plat de service. Incisez-la au milieu sur toute la longueur et garnissez-la de champignons chauds, que vous laisserez largement déborder. Lustrez la surface avec le beurre qui reste et parsemez d'herbes. Assaisonnez légèrement et servez immédiatement.

À déguster avec un vin blanc Gaillac.

OMELETTE SOUFFLÉE AU HADDOCK

Les omelettes soufflées sont d'exquises préparations, qui cuisent plus vite que les soufflés classiques. Utilisez un plat à gratin profond.

Pour 4 à 6 personnes
Préparation : 25 minutes
Cuisson : 20 minutes

30 cl de lait
10 cl de vin blanc sec
1 bouquet garni
225 g de haddock fumé
3 cuillerées à soupe de crème fraîche
6 beaux œufs extra-frais, à température ambiante
1 demi-cuillerée à café de thym séché (ou de curry doux en poudre)
poivre de Cayenne
3 cuillerées à café de jus de citron
30 g de beurre
sel et poivre du moulin

1 Mélangez le lait et le vin dans une sauteuse, ou dans une casserole assez grande pour contenir le poisson. Ajoutez le bouquet garni et une hauteur d'eau supplémentaire de 1,5 cm. Portez à petite ébullition sur feu moyen. Mettez le poisson et laissez pocher 5 minutes à petits frémissements, ou jusqu'à ce que le poisson se détache à la fourchette. Sortez-le, égouttez-le et laissez-le tiédir quelques minutes.

2 Réservez 3 à 4 cuillerées à soupe de liquide de cuisson et retirez le reste. Mettez la crème dans le récipient et faites chauffer sur feu doux.

3 Effeuillez le poisson à la fourchette, en jetant la peau et les arêtes. Assaisonnez avec le thym (ou le curry), une pointe de Cayenne et du poivre. Ajoutez 2 cuillerées à café de jus de citron. Transférez dans le récipient et mélangez bien à la crème.

4 Préchauffez le four à 190 °C. Beurrez généreusement un plat à gratin assez grand. Sortez deux saladiers, un grand et un de taille moyenne. Cassez les œufs : mettez les blancs dans le premier et les jaunes dans le second.

5 Battez les jaunes d'œufs, ajoutez le haddock à la crème et mélangez bien. Rectifiez l'assaisonnement.

6 Ajoutez aux blancs d'œufs une petite pincée de sel et le reste de jus de citron ; montez-les en neige pas trop ferme. Incorporez-en un quart aux jaunes d'œufs et au haddock, puis transférez dans le saladier de blancs montés en neige. Incorporez délicatement le tout, de façon homogène, en soulevant la masse.

7 Mettez dans le plat à gratin et passez 20 minutes environ au four, jusqu'à ce que l'omelette soit gonflée et dorée. Servez immédiatement.

À déguster avec un vin Pinot d'Alsace.

ŒUFS À LA LORRAINE

La cuisine lorraine aime les œufs et le lard. Plutôt que frits à la poêle, les œufs sur le plat sont peut-être meilleurs cuits au four, à température moyenne, dans un plat beurré et préchauffé. Les blancs d'œufs en seront fermes et crémeux et les jaunes habillés d'une petite pellicule brillante, d'où leur autre appellation, *œufs au miroir*. On peut aussi les cuire à feu doux, de préférence à couvert, dans un poêlon ou une casserole.
Une savoureuse recette d'œufs au plat nous vient de la Bresse : faites brièvement revenir une échalote hachée menu dans un plat beurré, ajoutez du foie de volaille émincé et laissez dorer. Mettez quelques champignons finement émincés et faites cuire deux minutes. Cassez l'œuf et laissez-le cuire sur feu doux. Servez avec une salade verte et du pain de campagne.

Pour 2 personnes
Préparation : 10 minutes
Cuisson : 10 minutes

2 tranches épaisses de lard fumé découenné
15 g de beurre
2 gros œufs extra-frais, à température ambiante
2 grosses cuillerées à soupe de crème fraîche
45 g de gruyère détaillé en fines lamelles
poivre de Cayenne
sel et poivre du moulin

1 Préchauffez le four à 190 °C. Faites bouillir un peu d'eau dans une casserole et mettez-y le lard à blanchir une minute sur feu modéré. Égouttez-le et épongez-le entre 2 doubles épaisseurs de papier absorbant.

2 Répartissez le beurre dans 2 plats à œufs individuels (ou un plus grand). Passez au four jusqu'à ce qu'il soit fondu.

3 Mettez une tranche de lard dans chaque plat. Faites-les dorer sur feu doux. Retournez-les au bout d'une ou deux minutes pour faire dorer l'autre face.

4 Étalez une cuillerée à café de crème sur chaque tranche. Ajoutez un soupçon de Cayenne. Cassez un œuf dans une tasse et transférez-le délicatement dans le plat. Assaisonnez légèrement le blanc. Faites de même avec le deuxième. Répartissez les lamelles de fromage sur les œufs, nappez du reste de crème et assaisonnez un peu.

5 Passez 3 à 4 minutes au four, jusqu'à ce que le fromage soit gratiné.

À déguster avec un vin blanc Bergerac.

À DROITE
Les œufs à la lorraine font un délicieux déjeuner, accompagnés d'une salade de mâche aux noix (page 131).

LE SOUFFLÉ AU GRUYÈRE

Pour 4 à 5 personnes
Préparation : 25 minutes
Cuisson : 35 minutes

20 cl de lait
1 demi-oignon jaune haché menu
1 feuille de laurier
1 cuillerée à café de thym séché
noix de muscade fraîchement râpée
poivre de Cayenne
45 g de beurre, plus de quoi graisser le moule
45 g de farine
4 gros œufs extra-frais, à température ambiante
1 demi-cuillerée à café de moutarde forte
100 g de gruyère, de comté ou de fromage à pâte dure, fort en saveur
sel et poivre du moulin

Le soufflé est « le grand méchant loup » de la gastronomie. Sa nature rebelle effraie tellement nombre de maîtresses de maison, qu'elles ne se sont jamais risquées à l'inclure dans leur répertoire. Elles ne sont pas les seules. Même les photographes qui nous mettent l'eau à la bouche et nous font rêver devant les mets qu'ils éclairent comme des stars de cinéma d'une autre époque, fuient les soufflés comme la peste. Je les comprends, car le soufflé se laisse intimider par l'appareil et devient une masse informe si vous le faites attendre. Les chefs aussi le traitent bizarrement, soit ils l'ignorent, soit ils le transforment en « spécialité de la maison ».

PORTEZ À ÉBULLITION LE LAIT AVEC LES AROMATES. RETIREZ-LE DU FEU ET LAISSEZ-LE TIÉDIR.

En vérité, si l'on ne cuisine pas pour une douzaine de clients et si l'on se moque de la chaleur des projecteurs pour la photo, préparer un soufflé n'est pas sorcier. Deux facteurs sont à respecter : ne pas retirer l'air emprisonné dans les blancs d'œufs battus en neige, lorsque vous les incorporez à la sauce, et enfourner à bonne température.

SUR FEUX DOUX, AJOUTEZ LA FARINE AU BEURRE FONDU. REMUEZ POUR BIEN MÉLANGER.

1 Laissez d'abord le lait infuser (ce n'est pas obligatoire mais cela relève la saveur du soufflé) : portez-le à ébullition avec les aromates, Cayenne, sel et poivre compris. Retirez-le du feu et laissez-le tiédir. Passez-le et jetez les aromates.

2 Faites un roux blond dans une grande casserole à fond épais : sur feu doux, ajoutez la farine au beurre fondu et remuez une minute. Assaisonnez légèrement. Au fouet, incorporez le lait peu à peu. Chauffez jusqu'aux premiers frémissements, en remuant vivement et continuellement, puis baissez la flamme et laissez frémir doucement 10 minutes environ, en remuant régulièrement (pour un soufflé, la béchamel doit être épaisse et onctueuse).

METTRE LES JAUNES D'ŒUFS, UN À UN, DANS LA BÉCHAMEL, TOUT EN REMUANT.

3 Retirez-la du feu et laissez-la refroidir 5 minutes minimum, en remuant

TOUT D'ABORD MÉLANGEZ UN PEU DE BLANCS D'ŒUFS MONTÉS EN NEIGE À LA SAUCE PRÉPARÉE.

souvent. Prenez deux saladiers pour casser les œufs : un petit pour les jaunes et un grand pour les blancs. Après quoi, mettez les jaunes, un à un, dans la béchamel et remuez au fur et à mesure.

4 Dès que vous les avez tous incorporés, rectifiez l'assaisonnement, en ajoutant la moutarde, une autre pincée de muscade, puis le fromage, peu à peu. À ce stade, vous pouvez réserver la préparation. Si nécessaire, couvrez-la et mettez-la au frais, mais réchauffez-la avant de terminer votre soufflé.

5 Préchauffez le four à 200 °C (s'il cuit vite, réglez-le sur 190 °C et s'il cuit lentement, mettez-le sur 220 °C). Beurrez généreusement un moule à soufflé de 20 cm de diamètre (ou un moule d'une contenance de 1 litre et demi). Pour le nombre d'œufs utilisés ici, un diamètre de 22 cm suffit.

PUIS TRANSFÉREZ CE MÉLANGE, BIEN DÉLAYÉ, DANS LE RESTE DES BLANCS D'ŒUFS MONTÉS EN NEIGE.

6 Environ 40 minutes avant de passer à table — c'est le point de non retour —, fouettez les blancs avec une pincée de sel, jusqu'à ce qu'ils forment une mousse ferme, mais pas sèche. Si vous préférez votre soufflé plus mousseux que crémeux, ajoutez un blanc d'œuf supplémentaire.

7 À la spatule, ou avec une grande cuillère en métal, incorporez délicatement à la sauce un quart des blancs montés en neige, puis transférez ce mélange dans le saladier de blancs en neige. À ce stade, il importe de ne pas les affaisser. Plongez la cuillère ou la spatule au milieu et soulevez délicatement la masse, en tournant le saladier d'un quart de tour, dans le sens des aiguilles d'une montre. Travaillez le tout avec légèreté, jusqu'à ce que vous ayez fait un tour complet. Terminez maintenant de les incorporer à la sauce, toujours en soulevant afin d'emprisonner le maximum d'air. Évitez de trop travailler le mélange.

À L'AIDE D'UNE GRANDE CUILLÈRE EN MÉTAL, TRAVAILLEZ LE TOUT AVEC LÉGÈRETÉ, JUSQU'AU TOUR COMPLET.

8 Versez dans le moule, lissez la surface et enfournez immédiatement. Laissez cuire 30 à 35 minutes environ (sans ouvrir la porte pendant les 18 premières minutes), jusqu'à ce qu'il soit doré et bien gonflé, mais encore moelleux à l'intérieur.

9 Demandez à vos convives de se tenir prêts à goûter, dans un silence recueilli, votre chef-d'œuvre doré, à sa sortie du four.

VARIANTES : remplacez le gruyère par 100 g de champignons, 55 g de jambon dégraissé et 2 échalotes, tous finement émincés.
Faites revenir quelques minutes au beurre les champignons et les échalotes et égouttez-les sur du papier absorbant. Mélangez-les au jambon, avec une cuillère à soupe de madère, puis ajoutez à la sauce (étape 4) dès que vous avez incorporé les jaunes.
Pour un soufflé au roquefort : au fouet, incorporez à la béchamel 85 g de roquefort émietté additionné d'une grosse cuillerée à soupe de crème fraîche. Laissez le fromage fondre de façon homogène avant d'ôter la sauce du feu.
Les purées de légumes aromatiques (asperges, petits pois et épinards cuits, mixés et asséchés sur feu vif dans un peu de beurre) donnent des soufflés légers. Utilisez le même poids de légumes cuits que vous utiliseriez de fromage et, pour la sauce, remplacez une partie du lait par du bouillon ou un peu de vin blanc. Si les légumes sont fades, ajoutez du parmesan ou du gruyère râpé.
Pour 2 personnes, divisez les quantités par 2 et prenez un moule de 15 cm de diamètre (60 cl environ de contenance). Réduisez le temps de cuisson de 10 minutes environ.

À déguster avec un vin Graves blanc.

ŒUFS EN GELÉE À L'ESTRAGON

Les œufs pochés (page 58) s'apprêtent aussi en aspic, mais les œufs mollets sont plus jolis à l'œil et plus savoureux au palais. Cette entrée, délicate à préparer, vous libère de toute contrainte avant le repas. Servez-la avec du pain grillé beurré, taillé en bâtonnets et une salade verte aux fines herbes, peu assaisonnée.
Avec des épinards ou de la laitue braisée, les œufs mollets chauds font un bon dîner. Pour un déjeuner, accompagnez-les d'une salade aux lardons (page 126).

Pour 6 personnes
Préparation et cuisson : 1 heure et demie
par à-coups de 5 à 10 minutes,
puis une heure minimum au frais

6 œufs extra-frais (gros ou moyen),
à température ambiante
25 cl de gelée alimentaire du commerce,
préparée selon le mode d'emploi porté
sur l'emballage
4 cuillerées à soupe de madère
(ou 10 cl de vin doux réduit de moitié
par ébullition)
plusieurs brins d'estragon effeuillés
12 lanières fines de jambon fumé premier choix
(ou de jambon au torchon)
sel et poivre du moulin

1 Premièrement préparez les œufs mollets : portez à ébullition 1 litre d'eau environ, dans une grande casserole pouvant accueillir un panier métallique où vous mettrez les œufs.

2 Immergez le panier et les 6 œufs dans l'eau bouillante et laissez cuire sur feu moyen. Au bout de 3 minutes, sortez le panier, tournez les œufs pour que le jaune cuise uniformément et replongez-les dans l'eau. À pleine ébullition, continuez la cuisson 2 à 3 minutes encore, selon la grosseur et la fraîcheur des œufs. Ôtez le panier et plongez les œufs quelques minutes dans l'eau froide.

3 Écalez les œufs : prenez un œuf et tapotez-en doucement la coquille avec le manche d'une fourchette. Dès que la coquille est brisée, détachez-la du blanc, ainsi que la menbrane, en travaillant sous un filet d'eau froide. Placez les œufs écalés sur du papier absorbant (ou dans de l'eau froide légèrement salée, si vous ne les utilisez pas tout de suite).

4 Dans une petite casserole, mélangez les 25 cl de gelée avec le madère, ou le vin réduit. Sur feu moyen, chauffez jusqu'au premiers frémissements et laissez tiédir. Rectifiez l'assaisonnement.

5 Dès que le mélange commence à épaissir, versez-en une fine couche dans 6 ramequins pouvant accueillir un œuf, plus de la gelée. Inclinez chaque ramequin afin que l'intérieur soit uniformément chemisé de gelée. Mettez 15 à 20 minutes à prendre au frais. Si votre gelée se gélifie trop vite dans la casserole, remettez-la une minute sur feu doux.

6 Au fond de chaque ramequin, sur la gelée, disposez quelques feuilles d'estragon. Couvrez de gelée et faites prendre au frais.

7 Disposez, en croix, deux lanières de jambon sur la gelée. Si vous avez le temps et vous vous en sentez la patience, couvrez le jambon de gelée et remettez au frais. Dans le cas inverse, posez un œuf sur le jambon et assaisonnez légèrement. Remplissez le ramequin de gelée et mettez une heure minimum au frais, voire toute la nuit si c'est possible.

8 Pour démouler vos œufs en gelée, passez la lame d'un petit couteau pointu tout autour du ramequin, ou plongez-en le fond dans l'eau chaude, pendant 1 seconde. Retournez le ramequin sur une assiette, en secouant délicatement les deux, jusqu'à ce que l'œuf se démoule. Servez sans attendre.

VARIANTES : en procédant exactement de la même façon, prenez de l'aneth, de la ciboulette et des rubans de saumon fumé pour remplacer l'estragon et le jambon.

À déguster avec un vin Cabernet d'Anjou sec.

ŒUFS AU VIN ROUGE

Les œufs pochés dans du vin rouge, appelés œufs en meurette, font tout naturellement partie du répertoire bourguignon. Une autre façon, moins alcoolisée, de servir des œufs pochés consiste à les présenter sur du pain brioché grillé, avec quelques cuillerées de yaourt velouté agrémenté de fines herbes et de paprika.
Ils sont infiniment meilleurs chauds — ils resteront tièdes un moment si vous les immergez dans de l'eau chaude, non bouillante et légèrement salée.

Pour 4 personnes
Préparation : 10 minutes
Cuisson : 40 minutes

1 demi-bouteille de vin rouge de Bourgogne (ou un vin rouge corsé)
2 échalotes hachées menu
1 bouquet garni
quelques grains de poivre noir
4 tranches de pain de campagne de la veille
1 gousse d'ail coupée en deux
4 œufs extra-frais, à température ambiante
55 g de beurre
1 cuillerée à soupe rase de farine
sel et poivre du moulin

1 Préparez le liquide de pochage : dans une casserole à fond épais, allongez le vin de 25 cl d'eau environ, ajoutez les échalotes, le bouquet garni et le poivre, et portez à ébullition sur feu moyen. Couvrez, baissez la flamme et laissez frémir 15 minutes.

2 Frottez le pain d'ail et faites-le légèrement griller. Tartinez-le avec un peu de beurre, placez-le sur un plat de service préchauffé et tenez-le au chaud.

3 Pochez les œufs, en deux fois : cassez chaque œuf dans une petite louche et plongez-le dans le liquide qui doit à peine frémir. Couvrez et laissez pocher 2 à 3 minutes sur feu très doux. Retirez les œufs avec une écumoire, égouttez-les et disposez-les sur une tranche de pain. Si besoin est, égalisez le bord des œufs avec des ciseaux — ils doivent être aussi présentables que possible. Réservez au chaud.

4 Dès que le pochage des œufs est terminé, augmentez la flamme et portez le liquide à pleine ébullition. Couvrez à demi et laissez réduire d'un tiers à gros bouillons.

5 Entre-temps, faites un beurre manié en travaillant en pommade le beurre qui reste et la farine, puis divisez en quatre petits morceaux.

6 Posez une passoire fine ou un chinois sur un pichet et passez le liquide de pochage réduit. Remettez-le dans la casserole.

7 Sur feu modéré à vif, au fouet, incorporez le beurre manié au liquide frémissant. Laissez la sauce épaissir 2 minutes, en fouettant sans arrêt. Assaisonnez selon le goût et incorporez le reste de beurre. Nappez les œufs de sauce et servez immédiatement.

À déguster avec un vin Beaujolais-Village ou un Bourgogne rouge.

ŒUFS MIMOSA

Ce mets est tout à fait à sa place sur un buffet estival. Les œufs durs n'ont pas besoin d'être extra-frais — il suffit qu'ils aient moins de deux semaines.

Pour 4 personnes
Cuisson des œufs : 10 minutes
Préparation : 10 minutes

4 gros œufs à température ambiante
6 filets d'anchois à l'huile, égouttés
12 petites câpres égouttées
1 cuillerée à soupe de persil ciselé
2 grosses cuillerées à soupe de mayonnaise (page 36)
poivre du moulin
mesclun ou salade de tomates pour servir

1 Portez à ébullition un litre environ d'eau dans une grande casserole. Faites-y durcir les œufs 10 minutes, sur feu modéré. Sortez-les et passez-les sous l'eau froide, ou plongez-les dans de l'eau froide, afin de pouvoir les écaler. Tapotez-en les deux extrémités sur un plan de travail, roulez-les sous la paume de la main et commencez à les écaler, côté arrondi.

2 Avec un couteau pointu, coupez délicatement les œufs en deux, dans le sens de la longueur. Prélevez-en le jaune à la petite cuillère. Réservez-en un seul et mettez les autres dans un petit saladier.

3 Détaillez en morceaux 2 des filets d'anchois et coupez les autres en deux. À la fourchette, broyez les jaunes d'œufs avec les morceaux d'anchois et 8 câpres ; mélangez bien. Aromatisez avec la moitié du persil, ajoutez la mayonnaise et mélangez intimement le tout.

4 Avec une petite cuillère, garnissez-en les demi-blancs d'œufs. Si ceux-ci ne tiennent pas droits sur le plat, coupez la partie bombée à la base.

5 Sur chaque œuf, disposez 2 lanières d'anchois en croix. Posez une câpre au centre et poivrez légèrement.

6 Dressez sur le plat de service, accompagné de mesclun et de tomates en salade. Au-dessus des œufs garnis, écrasez le jaune réservé au travers d'une passoire fine. Parsemez avec le reste de persil et mettez au frais jusqu'au moment de servir.

ŒUFS VERTS

Tant que le jaune reste un peu coulant au milieu, ce n'est pas grave si vos œufs mollets ont une consistance proche de celle de l'œuf dur. Nappez-les à la dernière minute. Si vous voulez vous avancer, placez les œufs écalés dans un récipient d'eau froide.

Pour 6 personnes
Préparation : le temps de monter la mayonnaise
Cuisson : 10 minutes, plus mise au frais

6 œufs, moyens ou gros, extra-frais et à température ambiante
1 beau bouquet de cresson, tiges retirées
3 à 4 cuillerées à soupe de crème fraîche épaisse ou liquide, additionnée de 2 cuillerées à café de jus de citron
12,5 cl de mayonnaise épaisse (page 36)
3 cuillerées à soupe d'herbes finement ciselées : persil, ciboulette et cerfeuil
sel et poivre du moulin

1 Préparez les œufs mollets et écalez-les (voir œufs en gelée à l'estragon, page 57, étapes 1 à 3).

2 Faites bouillir de l'eau légèrement salée dans une casserole. Mettez-y le cresson à blanchir une minute, égouttez-le bien et placez-le sur une assiette garnie d'une double épaisseur de papier absorbant. Épongez-le bien. À votre gré, réservez-en 6 belles feuilles pour décorer les œufs.

3 Étalez le cresson sur une planche en bois et hachez-le finement — j'utilise un hachoir à main, à deux poignées, mais un couteau pointu fait aussi bien l'affaire.

4 Incorporez à la mayonnaise la crème fraîche citronnée. Ajoutez les herbes et le cresson et mélangez bien le tout. La sauce doit être parsemée de petites taches vertes. Rectifiez l'assaisonnement.

5 Dressez les œufs sur un plat de service et nappez-les de sauce verte. Mettez le reste dans une coupelle et présentez à table. À votre gré, décorez chaque œuf avec une belle feuille de cresson.

À déguster avec un vin Bourgogne aligoté ou un Pinot gris d'Alsace.

Quatrième chapitre

LES QUICHES ET LES PÂTISSERIES SALÉES

On a souvent tendance à classer les tartes salées et les préparations en croûte dans les entrées chaudes, où elles côtoient un certain nombre de mets à base d'œufs, traités au chapitre précédent. Jadis, lorsque les repas étaient plus conséquents et structurés de façon quasi protocolaire, on les servait après le hors-d'œuvre et avant le plat principal. Rétrospectivement, cela semble un problème de riches ! Tartes et tourtes sont suffisamment copieuses et distinguées pour faire un plat unique inoubliable, éventuellement complétées d'une salade verte. Miniaturisées, elles deviennent d'exquises bouchées à offrir lors d'un buffet composé de canapés chauds.

À GAUCHE
Une tourte aux lardons et aux pommes de terre (page 62) constitue un plat principal copieux, servie avec des courgettes poêlées à l'estragon (page 138).

TOURTE AUX LARDONS ET AUX POMMES DE TERRE

Pour 6 personnes
Préparation : 35 minutes
Cuisson : une heure à 1 heure 15

450 g de pâte brisée (voir quiche lorraine, page 64), ou de pâte brisée, toute prête du commerce
beurre pour le moule
farine pour le moule
900 g de pommes de terre à chair ferme, épluchées et coupées en deux si elles sont grosses
2 cuillerées à café d'huile
250 g de poitrine de porc fumée, détaillée en lardons, blanchis et bien égouttés
250 g de gros oignons blancs débités en rondelles fines
3 cuillerées à soupe de persil finement ciselé
2 cuillerées à café de thym séché
1 gros jaune d'œuf pour dorer la pâte
6 grosses cuillerées à soupe de crème fraîche
sel et poivre du moulin

1 Réservez un tiers de la pâte. Abaissez le reste et garnissez-en un moule à manqué (page 7) de 25 cm de diamètre, préalablement beurré et fariné. Laissez la pâte déborder souplement tout autour. Abaissez la pâte qui reste de sorte à obtenir un rond du diamètre du moule. Piquez ce « couvercle » à la fourchette, ainsi que la pâte qui garnit le moule. Mettez-les au frais pendant que vous préparez la garniture.

2 La garniture : faites cuire les pommes de terre 15 minutes dans de l'eau bouillante légèrement salée, sur feu moyen. Égouttez-les, passez-les sous l'eau froide et égouttez-les à nouveau.

3 Pendant que les pommes de terre cuisent, préchauffez le four à 200 °C. Faites chauffer l'huile dans une poêle placée sur feu modéré. Mettez-y les lardons à dorer 2 minutes, puis ajoutez les oignons. Baissez la flamme et remuez pendant 3 minutes jusqu'à ce que les oignons soient tendres et aient pris couleur. Ôtez du feu.

4 Émincez finement les pommes de terre et mettez-les dans la poêle. Mélangez délicatement, puis ajoutez la valeur d'une cuillerée à soupe de persil et de thym. Salez à peine et poivrez bien.

5 Transférez cette garniture dans le moule préparé. À l'aide du rouleau à pâtisserie, enlevez le surplus de pâte tout autour. Avec un pinceau, badigeonnez légèrement la bordure avec un peu de jaune d'œuf délayé dans de l'eau. Posez le couvercle de pâte sur la garniture et soudez-en les bords en pinçant la pâte entre votre index et le manche d'une fourchette. À votre gré, striez le couvercle avec une fourchette. Badigeonnez légèrement la pâte de jaune d'œuf. Avec un couteau pointu, découpez une cheminée au centre et mettez-y un petit entonnoir.

6 Enfournez 20 minutes. Sortez la tourte du four : si le dessus est bien doré, couvrez-le de papier sulfurisé et remettez au four pendant 35 à 40 minutes. Ce délai écoulé, retirez du four et regardez si le fond de la tourte est cuit.

7 Passez délicatement la lame d'un couteau pointu tout autour du couvercle, afin de le décoller. Soulevez-le doucement avec une spatule, nappez la garniture de crème, assaisonnez légèrement et parsemez de persil. Reposez le couvercle et enfournez 5 minutes encore. Laissez refroidir quelques minutes dans le four éteint et servez chaud ou tiède.

VARIANTE : de la même façon, confectionnez une superbe tourte avec un reste de bœuf bourguignon (page 121). Divisez par deux la quantité de pommes de terre, d'oignons et de lardons et préparez-les comme ci-dessus. Mélangez-y ensuite les 450 g de bœuf bourguignon cuit. Agrémentez de 3 cuillerées à soupe de crème en fin de cuisson.

À déguster avec un vin Bergerac.

PETITS CROISSANTS AUX ANCHOIS

N'espérez pas obtenir des croissants réguliers et irréprochables comme ceux d'un professionnel. Les miens sont généralement biscornus et, dans chaque fournée, un ou deux sont raplapla. Ils sont malgré tout appétissants et le feuilletage au beurre souligne agréablement la garniture aux anchois toute simple. Ils sont excellents avec les soupes et en apéritif. Pour la garniture, on peut préférer du fromage râpé. Quant aux enfants, ils adorent jouer les chefs pâtissiers en les fourrant avec de la confiture.

Pour 16 petits croissants
Préparation : 15 minutes
Cuisson : 20 minutes

8 petits filets d'anchois à l'huile (ou 4 gros), bien égouttés
15 g de beurre, plus de quoi graisser la plaque de cuisson
225 g de pâte feuilletée prête à abaisser
1 gros jaune d'œuf légèrement battu avec 2 cuillerées à café d'eau et une petite pincée de sel
un peu de farine
poivre du moulin

1 Préparez les anchois : partagez chaque filet en deux, par le milieu (s'ils sont gros, partagez encore chaque moitié en deux). Enrobez-les d'un peu de beurre et poivrez-les légèrement.

2 Préchauffez le four à 220 °C (ou à 200 °C si vous savez que votre four chauffe fort). Beurrez légèrement une grande plaque de cuisson. Farinez un rouleau à pâtisserie et un plan de travail froid.

3 Abaissez la pâte feuilletée de sorte à obtenir un carré de 30 cm de côté. Avec un couteau très pointu ou une roulette à pâtisserie, divisez-le en 4 carrés égaux. Faites 2 triangles dans chaque carré et partagez chacun d'eux en 2 triangles encore plus petits.

4 Mettez un morceau d'anchois au centre, à la base de chaque triangle, et roulez la pâte vers la pointe du triangle. Recourbez chaque extrémité l'une vers l'autre, en forme de croissant.

5 Pour que la pointe des croissants adhère à la pâte en dessous, passez-y un peu d'œuf étendu d'eau. Au pinceau, dorez-en toute la surface avec le reste de jaune d'œuf.

6 Enfournez 12 à 15 minutes, jusqu'à ce que les croissants soient gonflés et dorés. Éteignez le four, retournez-les et réservez-les au chaud jusqu'au moment de servir, ou au moins quelques minutes.

PISSALADIÈRE

Cette spécialité provençale à l'oignon et aux anchois n'a rien à voir avec sa cousine du Nord, la tarte à l'oignon (page 67). Servez-la en petits carrés ou en rectangles à l'apéritif, en parts pour une entrée ou étoffée d'une salade pour un plat unique léger.

Pour 6 à 8 personnes
Préparation : 1 heure
Cuisson : 25 minutes

POUR LA PÂTE

350 g de farine, plus de quoi fariner la plaque de cuisson
170 g de beurre coupé en petits morceaux
4 cuillerées à soupe de crème fraîche ou de petits-suisses
30 à 45 g de parmesan fraîchement râpé
sel et poivre du moulin

POUR LA GARNITURE

3 cuillerées à soupe d'huile d'olive, plus de quoi graisser la plaque
900 g d'oignons blancs doux finement émincés
14 filets d'anchois à l'huile, égouttés
2 cuillerées à café de sucre
2 gousses d'ail pilées
2 cuillerées à café de thym séché
1 cuillerée et demie à café d'origan
3 tomates ébouillantées, pelées, épépinées et concassées
9 olives noires dénoyautées et hachées
plusieurs feuilles de basilic ciselées grossièrement
1 cuillerée à soupe d'huile d'olive fruitée vierge extra, pour arroser avant de servir

1 Faites d'abord la pâte : dans le robot ménager équipé de la lame à pétrir, en métal, travaillez ensemble la farine et le beurre, avec une pincée de sel, jusqu'à ce que le mélange soit friable. Ajoutez la crème (ou les petits-suisses) et poivrez. Malaxez en 2 à 3 coups rapides, jusqu'à ce que vous obteniez une boule de pâte qui se tienne. Enveloppez-la de film alimentaire et mettez-la au frais 30 minutes minimum.

2 Entre-temps, préparez la garniture : dans une grande sauteuse avec 2 cuillerées à soupe d'huile d'olive chaude, mettez les oignons et remuez-les quelques minutes sur feu doux. Couvrez, baissez la flamme et laissez-les fondre 30 minutes environ jusqu'à ce qu'ils aient blondi. Secouez le récipient de temps en temps et remuez 2 ou 3 fois.

3 Hachez finement 8 des filets d'anchois et coupez les autres en lanières fines. Ajoutez aux oignons la cuillerée à soupe d'huile qui reste, avec le sucre, l'ail, les herbes et les anchois hachés. Goûtez et rectifiez l'assaisonnement. Faites cuire le tout 10 minutes sur feu doux, en remuant de temps en temps.

4 Préchauffez le four à 190 °C et huilez une grande plaque de cuisson (la pissaladière couvrira un carré de 30 cm de côté).

5 Farinez un rouleau à pâtisserie et un plan de travail froid. Abaissez la pâte finement et étalez-la sur la plaque de cuisson huilée. Piquez-la à la fourchette en plusieurs endroits et répandez du parmesan. Appuyez dessus pour l'incruster dans la pâte. Couvrez avec la garniture aux oignons, que vous étalerez en couche mince à la spatule, jusque près du bord.

6 Enfournez 20 à 25 minutes, puis ôtez du four et réglez la température sur 200 °C. Répartissez tomates et olives sur les oignons. Disposez les lanières d'anchois en croisillon, poivrez légèrement et enfournez 10 minutes encore.

7 Laissez quelques minutes dans le four éteint. Sortez votre pissaladière et laissez-la tiédir quelques minutes. Décorez-la de basilic et arrosez-la avec un peu d'huile d'olive avant de la servir, chaude ou à température ambiante.

À déguster avec un vin Bandol rosé.

Savoir-faire

LA QUICHE LORRAINE

Pour 6 personnes
Préparation : 30 minutes,
puis mise au frais de la pâte
Cuisson : 55 minutes

POUR LA PÂTE BRISÉE
250 g de farine, plus de quoi fariner le plan de travail et les ustensiles
1 grosse pincée de sel
1 cuillerée à café rase de sucre
125 g de beurre raffermi coupé en petits morceaux, plus de quoi beurrer le moule
1 cuillerée à soupe de crème fraîche épaisse
2 à 3 cuillerées à soupe d'eau glacée

POUR LA GARNITURE
250 g de poitrine de porc fumée, ou de lard pas trop gras
1 cuillerée à café d'huile
30 g de beurre
4 œufs extra-frais à température ambiante
17,5 cl de crème fraîche
noix de muscade râpée
sel et poivre du moulin

La Lorraine, blottie contre l'Alsace au nord-est de notre hexagone, nous a donné la plus réputée des tartes salées. De nos jours, la quiche lorraine, garnie d'une préparation simple à base de crème fraîche, d'œufs et de lardons, est le plus souvent cuite dans un fond de pâte brisée. Jadis, selon des recettes nancéennes, on la faisait avec de la pâte à pain ordinaire, comme d'autres tourtes campagnardes. La recette expliquée ci-après est une application de la méthode moderne, puisqu'on emploie une pâte brisée croustillante. Toutefois, la trahison s'arrête là, car elle ne contient pas de fromage. Le gruyère modifie la saveur d'une quiche, en lui donnant un arrière-goût salé et, de ce fait, le palais en apprécie moins la crémeuse simplicité. Mais ne soyons pas puristes. À chacun son goût... reportez-vous aux variantes si vous aimez sentir le fromage dans la vôtre.

Côté saveur, la qualité du lard utilisé importe certainement plus que la présence ou non de fromage. Prenez de la poitrine de porc fraîche, salée ou fumée, que vous détaillerez en lardons. Faites d'abord blanchir le lard, il sera plus moelleux, moins salé, le cas échéant, et les lardons auront moins tendance à se racornir.

VERSEZ DE L'EAU GLACÉE, PEU À LA FOIS, DANS LE MÉLANGE FRIABLE.

1 Faites la pâte : mettez la farine dans un saladier, avec le sel et le sucre. Ajoutez le beurre et incorporez-le légèrement à la farine, en travaillant vivement du bout des doigts.

2 Quand le beurre est bien réparti et enrobé de farine, ajoutez la crème. Mélangez bien (si vous préférez ne pas mettre de crème, utilisez 1 à 2 cuillerées à soupe supplémentaire(s) d'eau glacée, ou un blanc d'œuf). Versez l'eau glacée, peu à peu en malaxant la pâte jusqu'à ce qu'elle se rassemble en une masse de texture irrégulière. Farinez-la et posez-la sur un plan de travail froid, également fariné.

AVEC LE BAS DE LA MAIN, APLATISSEZ LA PÂTE.

3 Aplatissez la pâte en l'écrasant 2 ou 3 fois du bas de la main, tout en la poussant vers l'avant et en la repliant vers vous. Travaillez vite et ne la pétrissez pas car elle durcirait. Enveloppez-la de papier d'aluminium, de film alimentaire ou de papier sulfurisé et mettez-la 30 minutes au frais.

4 Farinez un plan de travail et un rouleau à pâtisserie. Avec le bas de votre main, aplatissez la boule de pâte raffermie. Commencez à l'abaisser au rouleau, vers l'avant, en appuyant de façon uni-

forme à mesure que vous déplacez le rouleau. Tournez un peu la pâte à chaque fois, jusqu'à ce que vous obteniez une abaisse fine.

GARNISSEZ LE FOND DE TARTE DE PAPIER SULFURISÉ ET DE HARICOTS SECS.

5 Beurrez et farinez un moule à fond amovible de 26 cm de diamètre. Disposez-y l'abaisse, que vous plaquerez à l'intérieur avec le plat de la main. Laissez-la déborder légèrement tout autour. Piquez-en le fond à la fourchette et mettez-la au frais jusqu'au moment de l'utiliser.

6 Préchauffez le four à 200 °C. Garnissez le fond de tarte de papier d'aluminium ou de papier sulfurisé et recouvrez de haricots secs. Faites cuire 10 à 15 minutes à blanc, en veillant à ce que la pâte ne dore pas trop vite : si c'est le cas, masquez-la de papier d'aluminium. Sortez-la du four, laissez-la un peu refroidir et ôtez les haricots et le papier. Rognez la pâte du pourtour.

7 Une heure avant de servir la quiche, préparez la garniture : préchauffez le four à 190 °C. Faites bouillir un peu d'eau dans une casserole. Découennez la poitrine de porc et taillez-la en tranches de 5 mm d'épaisseur. Mettez-les à blanchir une minute dans l'eau bouillante. Égouttez-les et asséchez-les entre 2 doubles épaisseurs de papier absorbant. Débitez-les en lardons de 2 cm.

FAITES BLANCHIR LE LARD UNE MINUTE AFIN D'EN AFFINER LA SAVEUR ET LA TEXTURE.

8 Huilez une poêle en la frottant avec du papier absorbant imbibé d'huile. Coupez le beurre en 3. Détaillez 2 des morceaux obtenus en dés. Placez la poêle sur feu moyen et faites-y fondre le morceau de beurre entier. Mettez-y les lardons à revenir 2 à 3 minutes, en les remuant et ne les tournant pour qu'ils dorent uniformément. Laissez-les refroidir un petit instant et répartissez-les sur le fond de tarte.

9 Dans un saladier, battez ensemble les œufs et la crème, comme pour une omelette. Salez, le cas échéant (le lard est parfois assez salé), poivrez généreusement et ajoutez une pincée de muscade râpée.

10 Vérifiez la cuisson du fond de tarte : si la pâte est souple, enfournez-le quelques minutes encore. Une autre astuce consiste à le badigeonner de blanc d'œuf avant de le garnir. Versez les œufs et la crème, pas jusqu'à ras bords, car la garniture gonflera à la cuisson. Répartissez des noisettes de beurre sur le dessus.

11 Enfournez 20 minutes, puis vérifiez votre quiche : si elle gonfle par endroits seulement, piquez-la avec une fourchette ; si elle dore trop vite, protégez-la avec du papier sulfurisé. Remettez-la 5 à 10 minutes au four et vérifiez la cuisson de la garniture : elle est cuite lorsque la pointe d'un couteau ressort propre. Laissez votre quiche dans le four éteint, porte ouverte, pendant 5 à 10 minutes. Servez-la chaude ou tiède.

À déguster avec un vin blanc Pinot d'Alsace ou un vin blanc de Savoie.

RÉPARTISSEZ LES LARDONS DANS LE FOND DE TARTE ET VERSEZ LES ŒUFS ET LA CRÈME.

VARIANTES : si vous tenez à mettre du gruyère, parsemez 30 g de gruyère râpé sur les œufs battus, avant de disposer les noisettes de beurre.

Remplacez la moitié de la crème fraîche par des petits-suisses ou du fromage blanc de campagne, avant de l'incorporer aux œufs. Supprimez la moitié des lardons et complétez avec des fragments de saumon poché ou fumé, surtout si vous employez du fromage blanc. Pour les végétariens, remplacez les lardons par 300 g environ d'épinards blanchis (de jeunes feuilles) et bien égouttés avant d'être ajoutés aux œufs. Parsemez de fromage râpé comté.

TARTE À L'OIGNON

Pour cette tarte, il faut aimer le goût prononcé de l'oignon, mais le lait concentré est là pour l'atténuer. Selon le goût, on peut ajouter 100 g environ de lardons blanchis et revenus à la poêle (voir quiche lorraine page 64).

Pour 6 personnes
Préparation : le temps de faire le fond de tarte, plus 1 heure de réserve au frais
Cuisson : 20 minutes

1 fond de tarte en pâte brisée cuit (voir quiche lorraine page 64) de 26 cm de diamètre

POUR LA GARNITURE
1 cuillerée et demie à soupe de saindoux ou d'huile
900 g d'oignons jaunes finement émincés
1/4 de cuillerée à café de noix de muscade râpée
1 cuillerée à café de sauge émiettée
1 cuillerée à soupe de farine
3 œufs extra-frais, à température ambiante
15 cl de lait concentré
3 à 4 cuillerées à soupe de crème fleurette
sel et poivre du moulin

1 Garniture : dans une sauteuse ou une grande poêle, faites chauffer le saindoux ou l'huile. Mettez-y les oignons, couvrez à demi et laissez-les fondre 40 minutes, sur feu doux, jusqu'à ce qu'ils aient à peine blondi et en les remuant de temps en temps.

2 Préchauffez le four à 190 °C. Salez légèrement les oignons, poivrez-les bien et muscadez-les. Ajoutez la sauge et la farine. Remuez, augmentez un peu la flamme et laissez cuire 5 minutes.

3 Fouettez légèrement les œufs, le lait et la crème. Assaisonnez selon le goût et incorporez aux oignons. Transférez cette préparation dans le fond de tarte, en y répartissant les oignons uniformément avec une cuillère.

4 Enfournez 20 minutes, jusqu'à ce que la tarte soit doré. Vérifiez au bout de 15 minutes de cuisson et couvrez-la éventuellement de papier sulfurisé si elle dore trop vite. Servez chaud ou tiède et non brûlant.

À déguster avec un vin Gamay de Touraine.

FLAMICHE AUX POIREAUX

Originaire du nord de la France et des Flandres, cette spécialité salée se fait aussi avec du potiron — asperges et épinards sont également d'excellentes garnitures. Si le maroilles et le munster, trop tendres pour être râpés, ont une odeur trop puissante à votre goût, employez du gruyère ou un autre fromage à pâte dure.

Pour 6 à 6 personnes
Préparation : 5 minutes, plus le temps de confectionner le fond de tarte
Cuisson : 1 heure

1 fond de tarte en pâte brisée cuit (voir quiche lorraine page 64) de 26 cm de diamètre

POUR LA GARNITURE
45 g de beurre
1 kg de poireaux finement émincés
25 cl de crème fraîche épaisse
5 cuillerées à soupe de lait
3 œufs extra-frais, à température ambiante
2 tranches fines de jambon au torchon (ou fumé), dégraissées et taillées en petits morceaux (facultatif)
30 g minimum de maroilles ou de munster coupé en lamelles (ou de gruyère, en lamelles ou râpé)
1 pincée de noix de muscade râpée (uniquement si vous employez du gruyère)
sel et poivre du moulin

1 Pendant que le fond de tarte cuit, faites la garniture : sur feu doux, dans une sauteuse avec le beurre fondu, mettez les poireaux émincés, remuez une minute, assaisonnez légèrement et couvrez. Laissez cuire 15 à 20 minutes, en secouant souvent le récipient et en remuant de temps en temps, jusqu'à ce que les poireaux soient tendres. Ôtez le couvercle et laissez refroidir quelques instants, en remuant une ou deux fois. Laissez le four sur 190 °C.

2 Réservez 2 cuillerées à soupe de poireaux et mettez le reste dans un robot ménager, avec la crème, le lait et les œufs. Assaisonnez légèrement et réduisez en purée.

3 Au-dessus d'un saladier, affinez au chinois cette purée, en écrasant les ingrédients à la cuillère en bois. Ajoutez les poireaux réservés et, le cas échéant, le jambon. Rectifiez l'assaisonnement.

4 Transférez cette garniture dans le fond de tarte préparé, répartissez le fromage dessus, muscadez si vous utilisez du gruyère, et donnez 1 à 2 tours de moulin à poivre. Enfournez 35 à 40 minutes environ jusqu'à ce que la flamiche soit cuite et dorée.

5 Laissez refroidir avant de servir : cette tarte s'apprécie mieux chaude que brûlante.

À déguster avec un vin Bourgueil.

FEUILLETÉS AU FROMAGE

Un feuilletage léger et croustillant forme un bel écrin pour les garnitures au fromage. Pour ces mini-friands, préparez une version rapide de la pâte feuilletée classique, ou bien achetez de la pâte feuilletée de bonne qualité, soit prête à abaissez, soit sous forme de fond de tarte prêt à l'emploi.

Pour 8 personnes
Préparation : 20 minutes, plus 1 heure au frais
Cuisson : 25 minutes

POUR UNE PÂTE DEMI-FEUILLETÉE FAITE MAISON :
225 g de farine, plus de quoi fariner les ustensiles
1 pincée de sel
2 cuillerées à soupe de crème fraîche sortie du réfrigérateur
200 g de beurre raffermi coupé en dés
10 cl d'eau glacée
1 gros œuf pour dorer la pâte

POUR LA GARNITURE AU ROQUEFORT :
150 g de roquefort émietté
2 grosses cuillerées à soupe de fromage blanc bien égoutté
2 cuillerées à café de crème fraîche
1 cuillerée à café de madère
quelques ciboulettes
1/4 de cuillerée à café de muscade fraîchement râpée
poivre du moulin

POUR LA GARNITURE AU FROMAGE DE CHÈVRE :
150 g de fromage de chèvre non frais (bûchette ou autre), à température ambiante, pellicule extérieure enlevée
2 grosses cuillerées à soupe de fromage blanc, bien égoutté
4 olives noires dénoyautées et hachées
thym, origan et sarriette séchés (1/4 de cuillerée à café de chaque), ou plusieurs feuilles de basilic frais finement ciselées
poivre de Cayenne

1 Équipez le robot ménager de la lame à pétrir, en métal. Travaillez brièvement ensemble la farine, le sel, le beurre, la crème et l'eau glacée, jusqu'à ce que la pâte se rassemble en boule et commence à se décoller des parois du bol-mélangeur.

2 Farinez un plan de travail et un rouleau à pâtisserie. Posez la pâte sur le plan de travail et roulez-la délicatement de manière à obtenir une abaisse plus ou moins rectangulaire, de 1 cm environ d'épaisseur sur toute la surface. Repliez le tiers supérieur du rectangle vers le centre, puis faites de même avec le tiers inférieur. Appuyez doucement dessus afin de souder la pâte et mettez au frais 20 minutes. Recommencez encore, deux fois de suite, à abaisser la pâte, à la plier et à la mettre au frais.

3 Lorsqu'elle sera pour la dernière fois au réfrigérateur, préparez les garnitures. Pour celle au roquefort, écrasez le fromage dans une jatte, à la fourchette. Incorporez le fromage blanc, la crème et le madère. Ciselez les ciboulettes sur les ingrédients, remuez, muscadez et poivrez. Pour celle au chèvre, écrasez le fromage dans une jatte, de sorte à obtenir une pommade. Incorporez-y le fromage blanc, puis les olives, les herbes et le Cayenne.

4 Préchauffez le four à 220 °C (ou à 200 °C si, d'expérience, vous savez qu'il chauffe fort). Partagez la pâte en deux. Abaissez l'un des morceaux de sorte à obtenir un rectangle de 20 × 40 cm environ sur une épaisseur maximum de 5 mm. Taillez cette abaisse en 16 rectangles identiques. Sur 8 d'entre eux, répartissez la garniture au roquefort, sans en mettre jusqu'au bord. Dans une tasse, battez l'œuf avec quelques gouttes d'eau. Au pinceau, badigeonnez-en la bordure de pâte, autour de la garniture. Avec un couteau, sur les 8 rectangles qui restent, tracez des lignes parallèles entrecroisées. Posez-les sur les précédents et soudez les bords en pinçant la pâte. Dorez-en la surface à l'œuf, en veillant à ce qu'il n'en coule pas de chaque côté.

5 Étendez le reste de pâte de sorte à obtenir une abaisse circulaire de 5 mm maximum d'épaisseur. Avec un emporte-pièce rond, découpez-y 16 ronds de pâte, en utilisant les chutes, si besoin est. Sur 8 d'entre eux, répartissez la garniture au chèvre, sans en mettre jusqu'au bord. Dorez à l'œuf le pourtour de chaque rond de pâte. Avec un couteau, tracez des lignes entrecroisées sur les 8 ronds qui restent et posez-les sur les précédents. Soudez les bords en pinçant la pâte et, au pinceau, dorez-en la surface à l'œuf, en veillant à ce qu'il n'en coule pas de chaque côté.

6 Enfournez les feuilletés 10 minutes environ, puis ouvrez le porte du four et laissez cuire 5 à 8 minutes encore, ou jusqu'à ce que le dessous soit cuit. Servez chaud.

À DROITE
Les feuilletés au fromage font de copieuses et délicieuses gourmandises salées.

PETITS CHOUX POUR L'APÉRITIF

Ce sont d'agréables gourmandises à servir lors d'un lunch ou d'un apéritif.

Pour 6 personnes
Préparation : 30 minutes
Cuisson : 40 minutes

POUR LA PÂTE À CHOUX :
100 g de beurre coupé en dés
150 g de farine tamisée
4 ou 5 œufs extra-frais,
à température ambiante, plus 1 jaune d'œuf
pour dorer la pâte
sel et poivre du moulin

POUR LA GARNITURE AUX CREVETTES :
85 g de crevettes roses cuites et décortiquées
15 cl de sauce béchamel épaisse (page 32)
3 cuillerées à soupe de crème fraîche,
épaisse ou liquide
1 cuillerée à café de paprika

POUR LA GARNITURE AUX CHAMPIGNONS :
30 g de beurre
200 g de petits champignons de Paris, essuyés
(ou lavés) et émincés finement
1 cuillerée à café de grains de coriandre moulus
20 cl de sauce béchamel épaisse
2 cuillerées à café de vinaigre de xérès
1 cuillerée à soupe de crème fraîche,
épaisse ou liquide

PAR LA GARNITURE AU JAMBON :
1 tranche épaisse de jambon premier choix,
dégraissée et taillée en petits fragments
2 tranches fines de jambon fumé,
taillées en petits fragments
1 cuillerée à café de sauge séchée émiettée
1 cuillerée à soupe de madère
15 cl de sauce béchamel épaisse
3 cuillerées à soupe de crème fraîche,
épaisse ou liquide

1 Commencez par la pâte à choux : dans une casserole à fond épais placé sur feu moyen, portez à ébullition 25 cl d'eau, avec le beurre et une cuillerée à café rase de sel. Ôtez du feu dès que le liquide est à pleine ébullition.

2 Ajoutez la farine en une seule fois. Avec une spatule ou une cuillère en bois, mélangez rapidement le tout, jusqu'à ce que la farine soit complètement absorbée. Remettez sur le feu et remuez vigoureusement 1 à 2 minutes, jusqu'à obtention d'une masse très épaisse, un peu collante, qui se détache des parois du récipient. Retirez celui-ci du feu.

3 Ajoutez les œufs, un à un, en remuant, en attendant que chacun soit totalement incorporé avant d'ajouter le suivant. Au moment d'incorporer le dernier, battez-le légèrement dans un bol — peut-être vous en faudra-t-il seulement un peu pour obtenir une pâte brillante et molle qui sera néanmoins souple et malléable de texture. Continuez à la malaxer 1 à 2 minutes pour qu'elle se tienne et brille. Salez-la légèrement et poivrez bien.

4 Préchauffez le four à 200 °C et chemisez une plaque de cuisson de papier sulfurisé, ou bien beurrez-la. Avec une cuillère à soupe humectée, répartissez dessus des petits tas de pâte (les plus ronds possibles), que vous espacerez de 2,5 cm minimum. Délayez un peu de jaune d'œuf avec quelques gouttes d'eau et, avec un pinceau à pâtisserie, badigeonnez-en les choux.

5 Enfournez 20 à 25 minutes, jusqu'à ce que les choux soient gonflés et dorés. Sortez-les du four, percez-les avec une brochette et remettez la plaque dans le four éteint. Laissez-les sécher 5 bonnes minutes.

6 Pendant ce temps, préparez la ou les garniture(s) (chaque garniture pourra fourrer 12 choux — comptez 2 grosses cuillerées à dessert par choux) :
Pour celle aux crevettes : épongez ces dernières entre 2 doubles épaisseurs de papier absorbant, pour éliminer toute trace d'humidité. Hachez-les grossièrement. Dans une jatte, mélangez les crevettes, la béchamel, la crème et une pincée de paprika. Assaisonnez.
Pour celle aux champignons : dans une poêle avec le beurre fondu, faites revenir ceux-ci quelques minutes avec la coriandre, sur feu modéré. Dans une jatte, mélangez-les à la béchamel, au vinaigre et à la crème ; rectifiez l'assaisonnement.
Pour celle au jambon : dans un jatte, mélangez tous les ingrédients et assaisonnez selon le goût.

7 Pour fourrer les choux : avec un couteau, ouvrez-les en deux et fourrez-les à la cuillère avec un peu de garniture. Reposez les chapeaux et dressez les choux les uns sur les autres, en pyramides, sur un plat de service. Tenez-les au chaud dans le four éteint, ou à chaleur très réduite. Consommez dans les deux heures.

À déguster avec du champagne ou tout autre vin blanc mousseux.

GOUGÈRE

Les gougères, faites avec une simple pâte à choux classique, sont originaires de Bourgogne où on les sert froides aux dégustateurs de vins.
Pour cette recette, on dispose des choux au fromage pour obtenir une gougère en forme de couronne. Si vous préférez des gougères individuelles, espacez les boules de pâte de 2,5 cm minimum lorsque vous les coucherez sur la plaque de cuisson et enfournez 5 à 10 minutes de moins.

Pour 6 à 8 personnes
Préparation : 30 minutes
Cuisson : 40 minutes

100 g de beurre coupé en dés
150 g de farine tamisée
4 ou 5 œufs extra-frais,
à température ambiante,
plus 1 jaune d'œuf pour dorer la pâte
125 g d'emmenthal, de comté ou de beaufort
taillé en lamelles
sel et poivre du moulin

1 Dans une casserole à fond épais placée sur feu modéré, portez à ébullition 25 cl d'eau, avec le beurre et une cuillerée à café rase de sel. Ôtez du feu dès que le liquide est en pleine ébullition.

2 Ajoutez la farine en une seule fois. Avec une spatule ou une cuillère en bois, mélangez rapidement le tout, jusqu'à ce que la farine soit complètement absorbée. Remettez sur le feu et remuez vigoureusement une à deux minutes, jusqu'à obtention d'une masse très épaisse, un peu collante, qui se détache des parois du récipient. Retirez celui-ci du feu.

3 Ajoutez les œufs, un à un, en remuant et en attendant que chacun soit totalement incorporé avant d'ajouter le suivant. Au moment d'incorporer le dernier, battez-le légèrement dans un bol — peut-être vous en faudra-t-il seulement un peu pour obtenir une pâte brillante et molle qui sera néanmoins souple et malléable de texture. Continuez à la malaxer 1 à 2 minutes pour qu'elle se tienne et brille. Enrichissez-la de fromage et poivrez bien.

4 Préchauffez le four à 200 °C et chemisez une plaque de cuisson de papier sulfurisé, ou bien beurrez-la. Avec une cuillère à soupe humectée, couchez dessus des cuillerées de pâte — arrondies, de préférence — les unes à côté des autres, de sorte à former une couronne. Espacez-les, au plus, de 2 cm. À votre gré, utilisez une poche à douille munie d'un embout rond. Délayez un peu de jaune d'œuf avec quelques gouttes d'eau et, avec un pinceau à pâtisserie, badigeonnez-en la gougère.

5 Enfournez 30 minutes ou jusqu'à ce que la pâte soit gonflée et dorée. Sortez du four. Perforez chaque chou avec une brochette et remettez la couronne dans le four éteint. Laissez-la sécher 5 bonnes minutes. Retirez-la du four et servez-la chaude, tiède ou froide, le jour même.

GNOCCHI À LA PARISIENNE

On peut préparer les gnocchi à l'avance et les mettre à gratiner à la dernière minute. L'accompagnement classique en est la béchamel, mais il n'est pas interdit d'innover en les apprêtant d'une sauce au roquefort (voir feuilletés au fromage page 68), d'une purée d'épinards à la crème ou d'une sauce piperade (page 47). Vous pouvez aussi les ajouter, en fin de cuisson, aux viandes en cocotte, ou les servir avec des noisettes de beurre, pour remplacer des pommes de terre.

Pour 6 personnes
Préparation : 40 minutes
Cuisson : 25 minutes

25 cl de lait
120 g de beurre coupé en dés,
plus de quoi graisser le moule
150 g de farine tamisée
4 ou 5 œufs extra-frais, à température ambiante
noix de muscade fraîchement râpée
30 g de parmesan fraîchement râpé
50 cl de sauce béchamel (page 32)
2 grosses cuillerées à soupe de crème fraîche
55 g de comté râpé
sel et poivre du moulin

1 Dans une casserole à fond épais placée sur feu modéré, portez à ébullition le lait avec 90 g de beurre (réservez les 30 g qui restent) et une cuillerée à café de sel. Retirez du feu dès que le liquide est à pleine ébullition.

2 Ajoutez la farine en une seule fois. Avec une spatule ou une cuillère en bois, remuez rapidement, jusqu'à ce que la farine soit complètement incorporée au lait. Remettez sur le feu et mélangez vigoureusement une à deux minutes jusqu'à obtention d'une masse très épaisse, un peu collante, qui se détache des parois du récipient. Retirez la casserole du feu.

3 Ajoutez les œufs, un à un, en remuant bien et en attendant que chacun soit totalement incorporé avant d'ajouter le suivant. Au moment d'incorporer le dernier, battez-le légèrement dans un bol — peut-être vous en faudra-t-il seulement un peu pour obtenir une pâte brillante et molle, qui sera néanmoins souple et malléable de texture. Continuez à la malaxer une à deux minutes pour qu'elle se tienne et brille. Parfumez-la avec une bonne pincée de muscade et le parmesan ; poivrez bien.

4 Dans une grande casserole, sur feu moyen, portez à ébullition de l'eau légèrement salée. Avec une poche à douille munie d'un embout rond de 1 cm et remplie de pâte à gnocchi, déposez des fragments de pâte dans l'eau bouillante ; sectionnez-les avec un couteau dès qu'ils ont 2,5 cm de long.

5 Laissez cuire les gnocchi jusqu'à ce qu'ils remontent à la surface. Retirez-les avec une écumoire et égouttez-les bien sur un linge propre ou une double épaisseur de papier absorbant.

6 Préchauffez le four à 200 °C et beurrez légèrement un moule à gratin. Dans une jatte, mélangez la béchamel, la crème et la moitié du fromage comté. Ajoutez un soupçon de muscade, remuez bien et rectifiez l'assaisonnement.

7 Étalez un peu de béchamel dans le moule. Disposez les gnocchi dessus, couvrez avec le reste de sauce, répartissez le beurre réservé et le fromage comté qui reste sur l'ensemble. Poivrez encore un peu et, selon le goût, ajoutez de la muscade. Enfournez 20 à 25 minutes jusqu'à ce que le dessus soit gratiné.

À déguster avec un vin Sauvignon de Touraine.

Cinquième chapitre

LES POISSONS ET LES FRUITS DE MER

Le vendredi, l'étal des poissonniers brille de l'éclat argenté d'un large assortiment de poissons. Il est vrai, que de longue date, c'est le jour du poisson. Comme dans les autres pays catholiques, chez nous, la consommation régulière de poisson a commencé au Moyen Âge, lorsque l'Église de Rome ordonna à ses fidèles de ne pas manger de viande les jours de jeûne. Cette coutume perdure, même si elle est plus ou moins suivie. Pour les amateurs de bonne chère que nous sommes, un repas sans viande n'a jamais été synonyme d'abstinence. Les jours maigres, à la cour des rois et sur la table des dignitaires, figurait une profusion de poissons et de fruits de mer. La preuve en est, ce menu servi chez l'Archevêque de Paris, au XVIe siècle : « saumon frais et fumé, turbot, homard, morue salée, moules, truite, brochet, carpe, lamproie, écrevisses, harengs, mulets et cuisses de grenouilles... ». Chez les humbles, les plats de poisson, bien que modestes, étaient variés et appétissants. Il est triste de constater, qu'ici comme ailleurs, poissons, coquillages et fruits de mer sont devenus des denrées coûteuses. Nombre de poissonneries ont fermé au cours des dix

À DROITE
Des moules marinière classiques (pages 74 et 76), arrosées de liquide de cuisson et parfumées d'herbes fraîches.

dernières années, mais le poisson a malgré tout gardé sa place au menu familial. En faisant votre marché, achetez les variétés qui vous semblent avoir le meilleur rapport qualité-prix, selon les disponibilités. Le cabillaud et le colin sont les préférés de tous. Sole, limande-sole, rouget, truite, sardines, maquereau, hareng et merlan se trouvent sans difficulté. En entrée, beaucoup adoptent les crevettes grises, servies avec du pain beurré. Pour un repas familial, cuisinez le poisson simplement, poché au court-bouillon, frit à la poêle dans une noix de beurre et relevé d'un filet de citron, ou apprêté en papillotes. Pour une occasion spéciale, choisissez un poisson plus fin — ou peut-être des coquillages —, voire un mets plus élaboré, comme une terrine de sole, du poisson en papillotes nappé d'une sauce crémée ou un poisson entier cuit au four.

MOULES FARCIES

Les moules farcies avec un beurre aromatisé et odorant sont irrésistibles en entrée. Suivez la même méthode pour farcir de gros champignons à chapeau plat, préalablement blanchis quelques minutes à l'eau bouillante, égouttés et enduits de beurre fondu ou d'huile d'olive.

Pour 4 personnes
Préparation : 15 minutes,
plus le temps de trempage des moules
Cuisson : 20 minutes

1 litre de grosses moules fraîches,
préalablement mises à tremper et bien grattées
(jetez celles qui sont ouvertes)
1 cuillerée à soupe d'huile
2 échalotes hachées menu
20 cl de vin blanc sec
persil et romarin (quelques brins de chaque)
1 cuillerée à café de thym séché
1 feuille de laurier
quelques grains de poivre noir
30 g de mie de pain de la veille
sel et poivre du moulin

POUR LA FARCE
2 gousses d'ail pilées
quelques brins de persil à feuilles plates,
ciselés grossièrement
quelques ciboulettes ciselées grossièrement
2 cuillerées à café de zeste d'orange
ou de citron finement râpé
1 cuillerée à café de moutarde de Dijon
85 g de beurre fragmenté
2 cuillerées à café de cognac
poivre de Cayenne

1 Dans une grande sauteuse, sur feu modéré, mettez l'huile et inclinez le récipient de manière à bien l'enduire. Baissez la flamme et faites-y revenir les échalotes 2 minutes.

2 Versez le vin blanc et ajoutez les herbes et le poivre. Augmentez la flamme et portez à ébullition. Mettez les moules, couvrez hermétiquement et laissez-les cuire 4 à 8 minutes en secouant souvent le récipient, jusqu'à ce qu'elles s'ouvrent.

3 Avec une écumoire, retirez-les de leur liquide de cuisson. Jetez celles qui sont restées fermées et laissez refroidir les autres, afin de pouvoir les manipuler. Audessus d'un pichet, passez le liquide de cuisson et réservez-le.

4 Préparez la farce pendant que les moules cuisent et refroidissent : dans un robot ménager, mixez quelques secondes l'ail, le persil, la ciboulette et le zeste. À la spatule, râchez les parois du bol-mélangeur, puis ajoutez la moutarde, le beurre, le cognac et 1 cuillerée à soupe de liquide de cuisson. (Utilisez le reste dans une autre recette.) Travaillez le tout quelques secondes encore, jusqu'à obtention d'une pommade tachetée de vert. Relevez selon le goût avec du sel, du Cayenne et du poivre.

5 Préchauffez le gril à chaleur maximum. Détachez la demi-coquille vide des moules et jetez-la. Avec une petite cuillère, farcissez chaque coquillage. Aplatissez un peu la farce avec le dos de la cuillère et parsemez de mie de pain.

6 Mettez les moules farcies dans un plat à gratin, réduisez légèrement la température du gril et passez-y les moules quelques minutes, jusqu'à ce que la mie soit dorée.

7 Servez chaud, avec beaucoup de pain. À votre gré, servez-les tièdes en entrée. (Passez le liquide de cuisson qui reste et réservez-le comme court-bouillon, par exemple.)

À déguster avec un vin rouge Coteaux d'Aix-en-Provence.

VARIANTES : pour faire des moules marinière, suivez la recette jusqu'à la fin de l'étape 3, en ajoutant une gousse d'ail pilée au échalotes. Dressez les moules dans des assiettes creuses préchauffées. À votre gré, enrichissez le liquide de cuisson passé d'une cuillerée à soupe de crème fraîche. Nappez-en les moules, parsemez de ciboulette et servez chaud.

COQUILLES SAINT-JACQUES AU BEURRE BLANC

Vous pouvez faire à l'avance le court-bouillon et la réduction d'échalotes destinée au beurre blanc — après, il n'est plus permis de s'arrêter.

Pour 4 personnes
Préparation : 15 minutes
Cuisson : 5 minutes,
plus le temps de faire la sauce

25 cl de vin blanc sec
1 échalote hachée menu
2 oignons nouveaux hachés
1 bouquet garni
2 cuillerées à café de thym séché moulu
(ou une branche de thym frais)
quelques grains de poivre vert ou noir
8 à 12 coquilles Saint-Jacques fraîches,
retirées de leur coquille et nettoyées
100 g de beurre blanc (page 34)
2 cuillerées à café de zeste d'orange
finement râpé (facultatif)
quelques brins d'estragon effeuillés
sel et poivre du moulin

1 Le court-bouillon : dans une casserole, versez une hauteur d'eau de 6 cm et portez à ébullition. Ajoutez le vin, l'échalote, les oignons, les herbes et le poivre. Faites reprendre l'ébullition et assaisonnez légèrement. Laissez frémir 10 minutes sur feu moyen.

2 Passez le court-bouillon au-dessus d'un pichet, jetez les aromates et remettez dans la casserole. Sur feu doux, faites chauffer à petits frémissements.

3 Rincez les Saint-Jacques à l'eau fraîche et séparez le corail de la noix. Selon leur grosseur, coupez les noix en 2 ou 3 médaillons.

4 Faites le beurre blanc et tenez-le au chaud.

5 Avec une écumoire, plongez les noix de Saint-Jacques dans le liquide frémissant et ajoutez ensuite le corail. Faites pocher une à deux minutes en surveillant la flamme et la pendule — les Saint-Jacques durciront en quelques secondes si le liquide approche du point d'ébullition, de même si la cuisson se prolonge.

6 Au fouet, incorporez au beurre blanc préparé 2 cuillerées à soupe de liquide de pochage et, à votre gré, le zeste d'orange.

7 Retirez les Saint-Jacques et égouttez-les bien. Si besoin est, tenez-les au chaud un bref instant, sur une double épaisseur de papier absorbant.

8 Disposez-les sur 4 assiettes préchauffées, ou dans leurs coquilles grattées et ébouillantées, ou encore dans un plat à gratin individuel. Nappez de beurre blanc, décorez de feuilles d'estragon et servez aussitôt. Présentez le reste de sauce dans une saucière préchauffée.

À déguster avec un vin Vouvray sec.

BRANDADE DE MORUE

Au Portugal, on dit qu'il y a autant de recettes de morue salée que de jours dans l'année. La France en a moins, mais notre brandade fait partie du patrimoine national. La vraie brandade, purée grossière aillée et un peu pâteuse, ne contient ni crème fraîche ni pommes de terre. Toutefois, leur présence peut aider les palais fraîchement convertis à apprécier ce mets au goût tranché. Pour l'apéritif, étalez votre brandade sur des croûtes chaudes.
Elle est délicieuse et légèrement moins blanche, si on la laisse refroidir et la réchauffe 15 minutes à four moyen, dans un plat à gratin beurré.

Pour 4 personnes
Préparation : le temps de faire dessaler la morue (12 heures minimum), ensuite 5 minutes
Cuisson : 40 minutes

680 g de morue salée
3 (ou davantage) gousses d'ail pilées
20 cl d'huile d'olive fruitée,
plus 2 cuillerées à soupe

POUR FINIR :
17,5 cl de lait
1 grosse pomme de terre, cuite dans sa peau, puis épluchée (facultatif)
3 à 4 cuillerées à soupe de crème fraîche (facultatif)
poivre du moulin
croûtons aillés pour servir (page 10)
beurre pour réchauffer, éventuellement

1 Commencez par bien faire dessaler la morue : rincez-la et mettez-la dans un grand volume d'eau froide ; couvrez et laissez 3 heures environ au frais. Égouttez-la, rincez-la et renouvelez l'eau. Faites ceci trois fois au moins, jusqu'à ce qu'elle ait perdu son goût salé.

2 Mettez-la dans une casserole, couvrez-la d'eau fraîche et chauffez jusqu'aux premiers frémissements, sur feu moyen. Réduisez la chaleur dès que ce seuil est atteint. Laissez pocher doucement 8 à 10 minutes, ou jusqu'à ce que le poisson s'effeuille à la fourchette.

3 Ôtez-le du récipient, rincez-le et égouttez-le bien. Laissez refroidir pour le manipuler. Retirez la peau et les arêtes.

4 Mettez la morue dans un saladier, avec l'ail. Effeuillez-en la chair en pâte fine à la fourchette, en l'écrasant et en la mêlant à l'ail. Poivrez.

5 Rincez le récipient de cuisson et versez-y les 2/3 de l'huile d'olive. Placez sur feu très doux. Dans une autre casserole, également sur feu très doux, faites chauffer le lait.

6 Éloignez du feu la casserole avec l'huile d'olive et mettez-y la morue aillée. Avec une grande fourchette, une cuillère en bois ou une spatule, travaillez le tout ensemble, énergiquement. Remettez sur feu doux et continuez à malaxer. Incorporez, en filet, le reste d'huile, tout en battant.

7 Peu à peu, incorporez maintenant le lait tiède — comptez plusieurs minutes pour cela, après quoi, vous devez avoir une purée blanche, plutôt pâteuse. Si elle est trop souple, ou si vous la voulez plus neutre en saveur, ajoutez-y, par petites cuillerées, la pulpe de pomme de terre. Travaillez sur feu doux.

8 Pour finir : incorporez les 2 cuillerées à soupe d'huile d'olive et/ou la crème et bien poivrer. Servez chaud avec des croûtons aillés, si le cœur vous en dit.

À déguster avec un vin Corbières ou un Minervois (par exemple, un Fitou ou un Saint-Chinian), ou un Pécharmant.

Savoir-faire

LA MOUCLADE

Pour 4 personnes
Préparation : 15 minutes,
plus le temps de faire dégorger les moules
Cuisson : 20 minutes

2 litres de moules dégorgées et bien grattées
(jetez celles qui sont ouvertes)
45 g de beurre
4 échalotes hachées
25 cl de vin blanc sec allongé
avec 35 cl d'eau
quelques brins de persil plat
1 feuille de laurier
poivre de Cayenne
1 gros jaune d'œuf
5 cuillerées à soupe de crème fraîche
2 petites (ou une grosse) gousse(s) d'ail pilée(s)
1 demi-cuillerée à café de paprika
1 demi-cuillerée à café de safran en poudre
sel et poivre du moulin

POUR SERVIR :
quelques brins de ciboulette ou de cerfeuil
pain grillé, ou juste passé au four

Ce mets parfumé est une spécialité de la côte bretonne atlantique, jusqu'à La Rochelle. Pas compliqué à préparer, c'est une version plus élégante et plus raffinée des moules à la marinière.

JETEZ LES MOULES ENCORE FERMÉES ET LAISSEZ REFROIDIR LÉGÈREMENT LES AUTRES.

1 Faites chauffer un grand récipient sur feu moyen, puis mettez-y les moules, 1/3 du beurre, les échalotes et le vin allongé d'eau. Ajoutez un peu de persil, le laurier, du sel, du poivre et un soupçon de Cayenne. Sur feu plus vif, portez à ébullition. Couvrez hermétiquement et laissez cuire les moules 4 à 8 minutes ou jusqu'à ce qu'elles soient ouvertes. Secouez le récipient à plusieurs reprises.

PASSEZ LE LIQUIDE DE CUISSON DANS UNE PASSOIRE GARNIE D'UN LINGE PROPRE PLIÉ EN DEUX.

2 Avec une écumoire, retirez-les, jetez celles qui sont fermées et laissez les autres refroidir légèrement, afin de pouvoir les manipuler. Avec une passoire, ou un chinois, garni(e) de mousseline, passez le liquide de cuisson afin d'en éliminer les aromates et les impuretés. Réservez-le dans un pichet. (Si vous vous en tenez là et servez les moules avec un peu de jus de cuisson et d'herbes ciselées, vous aurez des moules marinière classiques — voir pages 72-73.)

3 Pendant la cuisson des moules, mélangez le jaune d'œuf et la crème dans un petit bol, en fouettant légèrement jusqu'à ce qu'ils soient liés. Dans un autre bol, écrasez à la fourchette le reste de beurre avec l'ail et les épices. Assaisonnez légèrement.

MÉLANGEZ JAUNE D'ŒUF AVEC CRÈME FRAÎCHE ET ÉCRASEZ L'AIL AVEC LE RESTE DE BEURRE.

4 Décortiquez les moules, en réservant 12 environ dans leurs coquilles, parmi les plus belles. Répartissez les moules décortiquées dans 4 assiettes creuses, ou des bols à soupe, préchauffés. Tenez-les au chaud dans le four réglé au minimum. Si vous préparez votre mouclade

à l'avance, mouillez les moules avec un peu de jus de cuisson et réservez-les une à deux heures jusqu'au moment de terminer le mets. Faites-les ensuite réchauffer très doucement, en évitant de les cuire une seconde fois, ce qui les durcirait. Un micro-ondes est parfait pour cela.

AJOUTEZ UN PEU DE LIQUIDE DE CUISSON À LA LIAISON JAUNE-CRÈME, AVANT DE L'INCORPORER À LA SAUCE POUR L'ÉPAISSIR.

5 Rincez le récipient et mettez-le sur feu doux à modéré. Faites-y fondre le beurre aromatisé. Dès qu'il grésille, versez le jus de cuisson réservé et remuez quelques secondes. Chauffez jusqu'aux premiers frémissements, en remuant. Prélevez-en quelques cuillerées et incorporez-les à la liaison jaune-d'œuf-crème. Versez maintenant celle-ci dans le récipient et remuez une à deux minutes le temps que votre sauce soit chaude et onctueuse. Rectifiez l'assaisonnement.

6 Arrosez les moules avec cette sauce. Décorez avec celles que vous avez réservées, ciselez des fines herbes et servez aussitôt, avec du pain grillé ou passé au four.

À déguster avec un vin Muscadet.

VARIANTES : : remplacez le safran par un curry en poudre de bonne qualité, mélangé à une cuillerée à café de coriandre moulue et une demi-cuillerée à café de cumin. Ciselez des feuilles de coriandre fraîche sur votre mouclade.

PETITE BOUILLABAISSE

Dans le Midi, c'étaient les pêcheurs qui, à l'origine, préparaient la bouillabaisse avec les invendus de la pêche du jour. Comme tous les mets faits exclusivement avec des ingrédients disponibles localement, la bouillabaisse authentique voyage mal. Celle-ci en est une version modeste, pas fade ni effacée pour autant. Elle a cela d'authentique avec la vraie — assemblage de poissons réunis au hasard —, qu'elle est faite avec une profusion d'aromates parfumés et que chacun est libre de la mitonner avec l'assortiment de poissons de son choix. Le saumon est exclu, mais une tranche de thon frais s'y marie bien. Prenez surtout des poissons à chair ferme — si vous utilisez des variétés à chair tendre et délicate, ajoutez-les seulement au moment du pochage. Confectionnez le fumet avec des parures de poissons non gras (page 10), pendant que les ingrédients sont en train de mariner.

Pour 4 à 6 personnes
Préparation : 20 minutes, plus le temps de faire mariner
Cuisson : 20 minutes

5 cuillerées à soupe d'huile d'olive fruitée
1 oignon jaune haché menu
4 tomates ébouillantées, pelées, épépinées et concassées
quelques tiges de fenouil séché (ou un demi-bulbe de fenouil, petit, paré et coupé en petits morceaux)
2 cuillerées à café de graines de fenouil
4 gousses d'ail pilées
quelques brins de persil
quelques petites branches de thym frais ou séché
1 feuille de laurier
3 lanières d'écorce d'orange
1 demi-cuillerée à café de safran en poudre
un doigt de pastis (facultatif)
1/2 litre de moules dégorgées et bien grattées (jetez celles qui sont ouvertes)
900 g d'un assortiment de poissons, en filets ou entiers, préalablement nettoyés et coupés en tronçons, avec, entre autres, un morceau de morue dessalée et un poisson à la saveur prononcée
350 g de grosses crevettes roses crues
30 cl de vin blanc sec
60 cl de fumet de poisson (page 10)
sel et poivre du moulin

POUR SERVIR :
quelques brins de persil ciselés grossièrement
croûtons aillés (page 10)
rouille (page 39)
pommes de terre cuites à l'eau (facultatif)

1 Dans une grande marmite, faites chauffer 2 cuillerées à soupe d'huile d'olive. Mettez-y à revenir quelques minutes, sur feu moyen, les oignons et les tomates légèrement assaisonnés. Ajoutez tous les aromates et la moitié seulement du safran. Le cas échéant, aromatisez avec le pastis. Remuez, baissez la flamme et laissez cuire quelques minutes, en remuant de temps en temps.

2 Retirez du feu et laissez refroidir. Ajoutez les moules et disposez le poisson dessus. Couvrez avec les crevettes. Arrosez avec le reste d'huile d'olive et saupoudrez avec le restant de safran. Couvrez et laissez mariner quelques heures dans un endroit frais.

3 Une demi-heure environ avant de passer à table, versez le vin blanc, le fumet et un volume d'eau suffisant pour couvrir les ingrédients. Assaisonnez légèrement. Portez à ébullition sur feu moyen, baissez la flamme et laissez pocher 8 à 10 minutes.

4 Pour servir, répartissez le poisson, les moules et les crevettes dans des assiettes préchauffées et mouillez avec une louche de liquide de cuisson passé. Parsemez de persil et servez immédiatement. Présentez le reste de bouillon passé dans une soupière préchauffée et proposez à chaque convive des croûtons aillés et de la rouille. À votre gré, accompagnez de pommes de terre cuites à l'eau.

À déguster avec un vin rosé Côtes de Provence.

À DROITE
Petite bouillabaisse servie dans la tradition, avec de la rouille (page 39), des croûtons aillés (page 10) et des pommes de terre à l'eau.

LA TERRINE DE POISSONS

Pour 8 à 12 personnes
Préparation : 1 heure, plus mise au frais
Cuisson : 1 heure, plus refroidissement et mise au frais

30 g de beurre, plus de quoi graisser
3 belles soles (mais pas énormes), dépouillées et levées en filets
700 g de filets de saumon, dépouillés et arêtes ôtées
au moins 30 belles feuilles entières d'épinards ou d'oseille
sel et poivre du moulin

POUR LA FARCE :
25 cl de lait
45 g de mie de pain fraîche
500 g de merlan ou de brochet, dépouillé et arête ôtée
140 g de beurre
2 gros œufs extra-frais, plus 1 jaune d'œuf en extra
50 cl de crème fraîche sortie du réfrigérateur
jus et zeste râpé d'un demi-citron : une demi-cuillerée à café de chaque
1 pincée de poivre de Cayenne
1/4 de cuillerée à café de muscade en poudre

POUR LA SAUCE VERTE D'ACCOMPAGNEMENT :
1 cuillerée à soupe de crème fraîche
1 cuillerée à soupe de jus de citron
55 cl de mayonnaise (page 36)
herbes fraîches suivantes, ou un assortiment (quelques brins de chaque) : persil et ciboulette, cerfeuil, estragon ou aneth
1 petit bouquet de cresson (facultatif)

Réservée aux grandes occasions, cette terrine demande pas mal de travail, mais elle agrémentera élégamment un buffet ou ouvrira un repas de fête. Servez-la avec un vin Riesling. Les préparatifs peuvent se faire la veille de la réception, voire 2 jours avant, si cela vous arrange. La sauce sera meilleure si vous la faites le jour même.

BLANCHISSEZ LES FEUILLES POUR LES ASSOUPLIR. RAFRAÎCHISSEZ-LES ET ÉPONGEZ-LES.

AVEC UN COUTEAU POINTU, ÔTEZ LES QUEUES ET LES CÔTES FIBREUSES.

1 La farce : mettez à rafraîchir un grand saladier. Faites bouillir le lait dans une petite casserole et mettez-y la mie. Laissez-la gonfler et s'assécher, sur feu moins fort, en remuant. Faites refroidir.

2 Sur feu doux, faites fondre 15 g de beurre dans une poêle. En procédant 2 par 2 et, si besoin est, en ajoutant du beurre, faites cuire les filets de sole et de saumon 2 minutes de chaque côté, en les tournant délicatement avec une spatule à poisson. La chair se raidira et deviendra opaque. En veillant à ne pas casser les filets, retirez-les du récipient et réservez-les côte-à-côte sur un plat. Assaisonnez légèrement.

3 Préparez un saladier d'eau fraîche. Dans une casserole d'eau bouillante légèrement salée, sur feu moyen, faites blanchir quelques secondes les épinards ou l'oseille. Égouttez-les et plongez-les aussitôt dans l'eau froide pour en arrêter la cuisson. Étalez-les sur un linge propre, ou deux épaisseurs de papier absorbant. Équeutez les feuilles sans trop les abîmer.

FAITES REVENIR LES FILETS DE POISSON DES DEUX CÔTÉS, LE TEMPS DE LES RAIDIR.

TRAVAILLEZ MERLAN OU BROCHET AVEC LE BEURRE, LES ŒUFS ET LA MIE TREMPÉE. METTEZ AU FRAIS.

PLACEZ LE SALADIER DE FARCE SUR DE LA GLACE PILÉE ET INCORPOREZ LA CRÈME FRAÎCHE, PEU À PEU.

CITRONNEZ AVEC LE JUS ET LE ZESTE, SALEZ ET RELEVEZ DE CAYENNE ET DE MUSCADE. REMUEZ BIEN.

4 Finissez la farce : mettez le merlan ou le brochet dans un robot ménager et mixez-les ; ajoutez le beurre, les œufs avec le jaune d'œuf en extra et la mie trempée. Travaillez le tout de façon homogène. Transférez dans le saladier rafraîchi et mettez au frais 20 minutes.

5 Placez le saladier, dans un plus grand, rempli de glace pilée et incorporez la crème rafraîchie, peu à peu. Citronnez, jus et zeste et salez légèrement. Relevez d'une pointe de Cayenne et de muscade.

6 Préchauffez le four à 200° C et beurrez un moule à cake (2 litres de contenance).

7 Assemblez la terrine : chemisez le moule avec une épaisseur de feuilles, que vous laisserez déborder sur le pourtour. Couvrez le fond avec une couche de filets de sole, retaillés, si besoin est. Nappez-les d'une bonne épaisseur de farce. Tapotez le moule contre le plan de travail, afin d'éliminer les poches d'air et lissez avec une spatule. Disposez une couche de filets de saumon sur la farce. Ajoutez une couche de verdure. Réservez le reste pour la sauce verte.

8 Continuez avec une seconde couche de sole, assaisonnez légèrement et cognez à nouveau le moule. Étalez deux couches consécutives de farce. Rabattez les feuilles sur la terrine et ajoutez-en d'autres pour combler les trous. Tapotez le moule 1 ou 2 fois, afin de bien tasser les ingrédients.

SI BESOIN, ROGNEZ LES FILETS DE SOLE ET POSEZ-LES SUR LA VERDURE AVEC UNE SPATULE.

NAPPEZ D'UNE BONNE ÉPAISSEUR DE FARCE, PUIS DISPOSEZ DESSUS DES FILETS DE SAUMON.

POSEZ LE MOULE SUR DU PAPIER JOURNAL DANS UN PLAT À FOUR. VERSEZ L'EAU BOUILLANTE JUSQU'À MI-HAUTEUR.

COUVREZ DE PAPIER D'ALUMINIUM ET POSEZ DES POIDS DESSUS AVANT DE METTRE AU FRAIS.

9 Faites bouillir de l'eau et garnissez un grand plat à four de papier journal plié. Mettez la terrine au centre et versez de l'eau bouillante jusqu'à mi-hauteur du moule. Enfournez le tout une heure environ, jusqu'à ce que le dessus de la terrine soit ferme.

10 Retirez-la du four et laissez-la légèrement refroidir. Couvrez-la d'une double épaisseur de papier d'aluminium et répartissez des poids dessus. Laissez refroidir complètement, puis mettez au frais de 3 à 48 heures.

11 La sauce verte : incorporez la crème et le jus de citron à la mayonnaise. Ciselez dedans le reste de verdure, les herbes et, le cas échéant, le cresson. Remuez bien pour obtenir une sauce tachetée de vert uniformément, à la saveur un peu aigrelette. Rectifiez l'assaisonnement. Transférez dans une saucière. Couvrez et mettez au frais.

12 Pour servir : retournez la terrine sur un plat plat et retirez délicatement le moule. À votre gré, entourez-la de brins d'herbes fraîches ou de cresson.

DARNES DE CABILLAUD À LA MOUTARDE CITRONNÉE

Les darnes de cabillaud, s'apprêtent d'une multitude de façons. Préférez le pochage si vous êtes soucieux des calories et, si aucune des suggestions proposées ci-après ne vous emballe, faites-le en papillotes (page 88). Les anchois et le citron agrémentent joliment la sauce à la moutarde veloutée, laquelle s'accorde aussi parfaitement bien avec le thon frais, les sardines, le haddock fumé, les maquereaux et le saumon. Relevez-en davantage le goût avec d'autres câpres et des anchois, mais ne masquez pas la moutarde.

Pour 2 personnes
Préparation : 10 minutes,
plus 30 minutes dans la marinade
Cuisson : moins de 20 minutes

2 darnes de cabillaud frais
(de 175 g et de 2,5 cm d'épaisseur chacune)
2 à 3 brins de persil ou de cerfeuil
2 cuillerées à soupe d'huile d'olive
1 cuillerée à café rase de thym séché
(ou une demi-cuillerée à café respectivement
de thym et de marjolaine, ou d'origan)
2 cuillerées à café de jus de citron
1 feuille de laurier, partagée en 2
sel et poivre du moulin

POUR LA SAUCE :
25 g de beurre doux
2 cuillerées à café de fécule
13 cl de fumet de poisson (page 10),
de lait ou d'eau
1 échalote hachée menu
1 gros filet d'anchois, égoutté
et coupé fin (ou 1 cuillerée à café
de bonne crème d'anchois)
1 cuillerée à café de câpres, égouttées (facultatif)
1 jaune d'œuf
1 cuillerée à soupe de jus de citron,
davantage, selon le goût
2 cuillerées à soupe de crème fraîche
2 cuillerées à café de moutarde de Dijon

1 Faites mariner les darnes 30 minutes avant la cuisson : dans un bol, mélangez l'huile d'olive, les herbes et le citron. Assaisonnez légèrement. Avec un pinceau, badigeonnez-en le cabillaud et posez un morceau de laurier sur chaque darne. Couvrez et laissez dans un endroit frais, jusqu'au moment de les cuire.

2 Commencez la sauce : dans une petite casserole à fond épais, faites fondre le beurre sur feu doux. Ajoutez la fécule, laissez cuire le roux une minute en remuant, puis versez le fumet, le lait ou l'eau. Assaisonnez légèrement et remuez 2 à 3 minutes jusqu'aux premiers frémissements. Baissez la flamme, ajoutez l'échalote, l'anchois, les câpres (éventuellement) et laissez frémir doucement 5 à 10 minutes. Entre-temps, dans un bol, mélangez le jaune d'œuf, le citron et la crème. Rectifiez l'assaisonnement de la sauce, passez-la au-dessus d'un pichet préchauffé et réservez au chaud.

3 Préchauffez le gril à chaleur vive. Mettez-y le poisson à griller et baissez un peu la température dès qu'il a commencé à cuire. À la spatule, retournez-le délicatement au bout de 3 à 4 minutes. Réduisez encore la température et laissez cuire 4 à 5 minutes jusqu'à ce qu'il soit cuit au cœur.

4 Remettez la sauce dans sa casserole, sur feu doux. Ajoutez la moutarde et remuez le temps qu'elle chauffe.

5 Ajoutez 2 cuillerées à soupe de sauce chaude à la liaison œufs-crème et remuez. Incorporez-la ensuite à la sauce dans la casserole et rectifiez l'assaisonnement. Si la sauce est trop épaisse, allongez-la avec 2 à 3 cuillerées à café d'eau chaude, ajoutées l'une après l'autre. Si vous l'aimez plus citronnée, ajoutez un filet de jus.

6 Nappez les darnes de sauce et présentez le reste en saucière que vous aurez préchauffée. À votre gré, décorez de persil ou de cerfeuil ciselé.

VARIANTES : : vous pouvez cuire le poisson à la poêle. Reportez-vous aux étapes 1 à 4 des soles meunières (page 89), en retournant le poisson délicatement. Ne rincez pas la poêle. Pour pocher le poisson, reportez-vous à l'étape 3 des paupiettes de poisson (page 88). À l'aide d'une grande spatule, transférez les darnes sur des assiettes préchauffées et réservez au chaud pendant que vous terminez la sauce.

À déguster avec un vin Côtes-du-Rhône.

RAIE AU BEURRE NOIR

Le nom donné à ce mets classique est quelque peu erroné, puisque la raie dite au beurre noir est servie avec un beurre fondu couleur noisette, et non noirci, ce qui serait une hérésie. Ce plat est rapide et facile à préparer, sauf que vous devez avoir l'œil, en même temps, sur la raie et le beurre, afin qu'ils soient juste comme il faut. Les ailes de raie méritent un beurre surchoix — leur chair charnue, mêlée à une pointe d'acidité et au goût de noisette du beurre, peut-être, tout simplement, extraordinaire.

Pour 4 personnes
Préparation : 10 minutes
Cuisson : 10 minutes

5 cuillerées à soupe de vinaigre de vin rouge ou blanc (en prévoir 1 de plus pour finir)
quelques branches de thym
quelques brins de persil et 2 cuillerées à soupe de persil haché
1 ciboule hachée
4 ailes de raie (de 200 g chacune), rincées
100 g de beurre surchoix
3 cuillerées à soupe de câpres
sel et poivre du moulin
1 citron coupé en quartiers pour servir

1 Pour pocher le poisson : faites bouillir un grand volume d'eau. Dans un grand récipient, mettez le vinaigre, le thym, le persil et la ciboule. Couvrez avec une hauteur d'eau bouillante de 9 cm environ et assaisonnez légèrement. Chauffez jusqu'aux premiers frémissements.

2 Mettez la raie dans le récipient et, à la chaleur moins vive, laissez pocher 8 à 10 minutes ou jusqu'à ce que la chair se détache légèrement du cartilage. L'eau doit frémir imperceptiblement pendant toute la cuisson.

3 Au bout de 5 minutes de pochage environ, faites fondre le beurre dans une casserole, sur feu très doux.

4 Avec une spatule à poisson, sortez la raie du récipient. Égouttez-la, débarrassez-la de la peau et épongez la chair avec du papier absorbant. Dressez sur des assiettes préchauffées et tenez au chaud.

5 Augmentez légèrement la flamme sous le beurre, jusqu'au moment où il prend une coloration mordorée et qu'une odeur de noisette s'en dégage. Versez-le sur la raie.

6 Mettez les câpres dans la casserole, avec la cuillerée de vinaigre et la moitié du persil haché, et remuez une minute sur feu moyen. Répartissez sur la raie, décorer avec le reste de persil et servez immédiatement avec du citron.

À déguster avec un vin Sancerre blanc.

TRUITES À LA GRECQUE

Pour ce plat estival, prenez de petites truites. Si elles sont grosses, doublez le temps de cuisson et comptez une truite par convive. Si elles sont en filets, retirez-les du feu dès les premiers frémissements du liquide.
La truite est délicieuse en papillote (page 89, en comptant 35 minutes à 190° C) si elle est grosse, ou cuite meunière comme la sole — notamment si vous ajoutez dans les dernières minutes de cuisson, une cuillerée à soupe d'amandes effilées, de pignons ou de cerneaux de noix brisés.

Pour 4 personnes
Préparation : 10 minutes
Cuisson : 15 minutes, plus refroidissement et une nuit au frais
8 petites truites nettoyées et vidées, ou 16 filets
5 cuillerées à soupe d'huile d'olive fruitée
5 cuillerées à soupe de vin blanc sec
4 petites lanières de zeste d'orange
2 gousses d'ail émincées en lamelles fines
12 graines de coriandre concassées
12 grains de poivre vert concassés
2 feuilles de laurier
le bulbe de 2 belles ciboules, coupé en rondelles
1 petit citron taillé en fines rondelles, en prévoir un second pour servir (facultatif)
romarin et thym (2 à 3 brins de chaque)
sel et poivre du moulin

1 Rincez le poisson et épongez-le. Dans un grand plat à four en métal, rangez les truites tête-bêche, sans les faire se chevaucher.

2 Dans un pichet, mélangez l'huile d'olive, le vin, le zeste, l'ail, la coriandre et le poivre. Salez et poivrez les truites et arrosez-les du mélange aromatisé. Ajoutez, ici et là, le laurier, la ciboule, les rondelles de citron, le romarin et le thym.

3 Mettez le plat sur feu doux, chauffez jusqu'à ce que le liquide frémisse, baissez la flamme et laissez cuire 5 minutes. Au besoin, déplacez le plat sur le brûleur de temps en temps, afin que le poisson cuise uniformément.

4 Laissez refroidir complètement, couvrez et mettez une nuit au réfrigérateur. Avant de servir, laissez le poisson revenir à température ambiante.

5 Servez directement dans le plat, mais, au préalable, retirez quelques aromates (pas tous) et rectifiez l'assaisonnement. À votre gré, relevez chaque truite d'un filet de citron et d'un peu de poivre moulu, avant de la savourer.

À déguster avec un vin Sauvignon de Touraine.

À DROITE
Les truites à la grecque — ici, ce sont des filets — après une cuisson légère, sont idéales pour un pique-nique.

SAUMON RÔTI AUX AROMATES

Sur la table, le saumon est en passe de devenir aussi populaire que le poulet. Tout comme celui-ci, c'est une denrée facilement disponible, à la portée de toutes les bourses et susceptible de plaire — quasiment à coup sûr — à tous les palais. Pour pousser le parallèle plus loin, ajoutons que sa chair se laisse magnifiquement rôtir, à chaleur vive, sur un lit d'herbes aromatiques. Si vous le cuisinez entier, comptez 225 g par convive et demandez à votre poissonnier d'ôter l'arête et de le lever en deux beaux filets. Vous pouvez aussi acheter un côté sans arête d'un gros saumon, ou la queue levée en filets — comptez 170 g environ par personne. Les tranches plus épaisses devront cuire quelques minutes de plus. Cette méthode simple s'applique aussi parfaitement à la truite saumonnée entière, au rouget et au thon en tranches. Il est prudent de sortir le poisson du four quelques minutes avant la fin de son temps de cuisson normal — et non l'inverse.

Pour 8 personnes
Préparation : 5 minutes,
plus 30 minutes dans la marinade
Cuisson : 15 à 20 minutes

1 gousse d'ail coupée en deux
2 à 3 cuillerées à soupe d'huile d'olive fruitée
quelques brins de romarin et de ciboulette,
en prévoir aussi pour garnir (facultatif)
1 petit saumon ou une truite saumonnée
(de 2 kg), étêté(e), sans arête
et coupé(e) en deux
le bulbe de 3 belles ciboules finement émincé
1 demi-cuillerée à café rase de safran en poudre
(ou 1 demi-cuillerée à café bombée
de gingembre moulu)
30 g de beurre coupé en dés
le jus d'un petit citron
sel et poivre du moulin

1 Frottez la peau du poisson avec une demi-gousse d'ail. Badigeonnez l'intérieur de la lèchefrite d'huile d'olive et, au centre, disposez du romarin et des ciboulettes, sur lesquels vous coucherez le poisson, après les avoir également enduits d'huile d'olive. Mettez le poisson côté chair vers le haut. Huilez-la, puis répartissez dessus les ciboules, des fragments de romarin et de la ciboulette ciselée. Salez, poivrez et saupoudrez de safran (ou de gingembre). Laissez mariner 30 minutes environ dans un endroit frais.

2 Préchauffez le four à 220° C. Répartissez la moitié du beurre sur le poisson, arrosez avec la moitié du jus de citron et assaisonnez à nouveau.

3 Faites rôtir le poisson 12 à 18 minutes jusqu'à ce qu'il ait le degré de cuisson souhaité.

4 À l'aide d'une spatule à poisson, ou d'un couteau-palette, transférer délicatement le saumon (ou la truite) sur un plat de service préchauffé et tenez au chaud.

5 Mettez la lèchefrite sur feu moyen, ou versez le jus de cuisson dans une petite casserole. Ajoutez le reste de beurre et de jus de citron, remuez et filtrez la sauce au-dessus du poisson. À votre gré, ciselez quelques ciboulettes et servez sans attendre.

À déguster avec un vin Mercurey ou un Montagny.

À GAUCHE
Saumon rôti aux aromates, accompagné de pâtes fraîches à l'alsacienne (page 151).

LOTTE AU FOUR EN PAPILLOTE

La cuisson en papillote convient bien à la chair fine et charnue de la lotte. Pour la servir en matelote, mélangez le jus de cuisson et des champignons poêlés à une sauce bourguignonne (page 30). Si vous trouvez la sauce trop lie-de-vin par rapport à la blancheur du poisson, éclaircissez-la avec 1 cuillerée à café de concentré de tomate. Accompagnée d'une sauce poulette (page 30), avec sa garniture de champignons, la lotte devient une appétissante blanquette de la mer.

Pour 4 personnes
Préparation : 10 minutes
Cuisson : 25 minutes

1 queue de lotte (de 800 g), dépouillée, arête centrale retirée et détaillée en 16 morceaux
poivre de Cayenne
le bulbe de 2 belles ciboules, hachés
quelques brins de persil
6 grains de poivre noir
2 feuilles de laurier partagée en deux
4 à 6 lanières de zeste de citron
45 g de beurre détaillé en lamelles
thym séché et sarriette (1 cuillerée à café de chaque)
1 cuillerée à soupe d'huile
300 g de petits champignons de Paris, essuyés (ou lavés), puis émincés
sel et poivre du moulin

1 Préchauffez le four à 190° C. Rincez la lotte et épongez-la avec une double épaisseur de papier absorbant. Saupoudrez légèrement de Cayenne, salez et poivrez.

2 Préparez 2 feuilles de papier d'aluminium superposées, assez grandes pour que le poisson n'y soit pas trop serré. Au centre, mettez les ciboules, la moitié du persil, le poivre, 2 fragments de laurier et la moitié du zeste. Posez la lotte sur ce lit d'aromates et répartissez dessus 30 g environ de beurre. Terminez avec le thym, la sarriette, le laurier et le zeste qui restent. Relevez le papier d'aluminium et roulez-le pour le façonner en papillote hermétique, mais pas trop serrée autour du poisson.

3 Enfournez 20 à 25 minutes jusqu'à ce que le poisson soit souple sous le doigt.

4 Pendant qu'il est au four, poêlez les champignons : sur feu moyen, mettez l'huile dans une sauteuse et inclinez celle-ci afin de bien l'enduire. Ajoutez le beurre qui reste et, dès qu'il ne mousse plus, faites-y revenir les champignons, salés et poivrés, 5 minutes en remuant souvent.

5 Sortez le poisson de sa papillote et transférez-le sur un plat de service préchauffé, garni des champignons. Filtrez le liquide de cuisson au-dessus d'un pichet et versez sur les ingrédients.

VARIANTES : : pour une lotte à la provençale, remplacez le beurre par 2 cuillerées à soupe d'huile d'olive, à peine citronnée, et mettez, dans la papillote, 1 ou 2 gousses d'ail pilées, un brin de romarin et 2 tomates mûres concassées.

PAUPIETTES DE POISSON À L'ESTRAGON ET À LA CRÈME

Selon votre budget et les suggestions de votre poissonnier en fonction de l'arrivage, voici une recette qui s'applique au turbot, à la sole ou au merlan. Du cidre peut remplacer le vin blanc et des crevettes, sautées à part au beurre, donneront un petit plus à ce mets.

Pour 4 personnes
Préparation : 15 minutes
Cuisson : 15 minutes

2 cuillerées à café d'huile
30 à 45 g de beurre, plus de quoi graisser le papier sulfurisé
200 g de petits champignons de Paris, finement émincés
plusieurs brins d'estragon effeuillés
8 filets de poisson blanc (de la sole, par exemple — voir ci-dessus), soit 550 g au total
10 cl de vin blanc sec
15 cl de fumet de poisson (page 10)
5 grosses cuillerées à soupe de crème fraîche
1 gros jaune d'œuf
1 cuillerée et demie à soupe de jus de citron
sel et poivre du moulin

1 Dans une sauteuse préchauffée, mettez l'huile et étalez-la bien avec du papier absorbant. Faites-y fondre le beurre sur feu moyen. Mettez-y les champignons préparés et assaisonnez. Laissez-les revenir un bref instant, en remuant, et ajoutez la moitié des feuilles d'estragon. Laissez cuire quelques minutes encore. Avec une spatule, transférez les champignons sur un plat garni de papier absorbant. Ne rincez pas la poêle.

2 Les paupiettes : humectez la lame d'un grand couteau et aplatissez légèrement les filets. Salez et poivrez chacun d'eux et posez un peu de champignons au milieu — il vous en restera encore pas mal pour finir le mets. En partant de la pointe, roulez chaque filet autour de la garniture. Maintenez avec 1 ou 2 bâtonnets en bois ou du fil.

3 Faites bouillir de l'eau. Versez le vin et le fumet dans une sauteuse placée sur feu moyen. Complétez avec une hauteur d'eau bouillante suffisante pour couvrir les paupiettes, lorsqu'elles seront dans le récipient. Amenez le liquide à petite ébullition et baissez la flamme. Avec une spatule, mettez les paupiettes dedans, attendez que le liquide frémisse et baissez encore la flamme. Pochez 2 à 3 minutes, voire un peu plus si les paupiettes sont grosses.

4 Sortez-les avec la spatule et mettez-les sur un plat préchauffé. Ôtez délicatement les bâtonnets ou le fil. Parsemez-les de champignons à l'estragon et tenez au chaud, au four, sous une feuille de papier sulfurisé légèrement beurrée.

5 À feu plus vif, faites réduire le liquide, afin d'en obtenir 18 cl environ. Remettez sur feu doux et incorporez-y la crème. Chauffez, sans laisser frémir, tout en remuant.

6 Dans une tasse, mélangez le jaune d'œuf avec le jus de citron. Incorporez cette liaison à la sauce, en fouettant une à deux minutes sur feu doux. Rectifiez l'assaisonnement.

7 Versez cette sauce sur les paupiettes et les champignons, décorez d'estragon et servez aussitôt.

À déguster avec un vin blanc Graves ou un cidre brut de Normandie.

SOLES MEUNIÈRE

La sole est un poisson sensible qu'il convient de traiter avec un minimum de bonnes manières. *À la meunière* en est le mode de préparation classique, qui lui sied bien. On la farine — l'apport du meunier —, on la fait revenir et on l'agrémente de beurre persillé. Si vous ne tassez pas vos soles dans une trop petite poêle et ne laissez pas le beurre devenir âcre, vous aurez un mets parfait en 15 minutes. Pour 4 personnes, doublez les proportions et prenez deux poêles, à moins que vous en ayez une pour une famille nombreuse, qui chauffe uniformément.
L'autre solution consiste à ne pas cuire complètement les 2 premières soles et à les mettre à four moyen pendant que vous cuisez les deux autres. Éteignez le four au bout d'une minute.

Pour 2 personnes
Préparation : 10 minutes
Cuisson : moins de 15 minutes

1 cuillerée à soupe de farine
20 cl de lait
2 petites soles, nettoyées, vidées et dos dépouillé
1 cuillerée et demie à soupe d'huile
55 g de beurre
1 cuillerée et demie à soupe de jus de citron
1 cuillerée et demie à soupe de persil ciselé
sel et poivre du moulin

1 Salez légèrement la farine et poivrez-la bien. Mettez-la dans une passoire fine. Versez le lait dans une assiette et salez-le. Passez les soles dans le lait et placez-les sur une assiette propre, côté dépouillé vers le haut. Saupoudrez-les de farine.

2 Dans une grande poêle préchauffée, mettez l'huile et penchez le récipient afin de bien l'enduire. Sur feu moyen, mettez-y la moitié du beurre. Dès qu'il grésille, ajoutez les soles, sur leur côté fariné. Laissez-les cuire 4 minutes environ, toujours sur feu moyen.

3 Farinez l'autre côté des soles. Avec une spatule, retournez-les délicatement. Laissez cuire 4 à 5 minutes encore, en baissant la flamme vers la fin. Le poisson doit être cuit près de l'arête.

4 Avec la spatule, transférez-le, côté dépouillé en haut, sur des assiettes préchauffées et tenez-le au chaud. Jetez la graisse de la poêle et essuyez-la avec du papier absorbant.

5 Remettez-la sur feu moyen et faites-y fondre le reste de beurre. Éliminez l'écume blanche, ajoutez la moitié du persil et citronnez. Laissez cuire quelques secondes et versez ce beurre persillé sur les soles. Décorez avec le persil qui reste, rectifiez l'assaisonnement et servez aussitôt.

À déguster avec un vin Beaujolais frais.

Sixième chapitre

LES VOLAILLES ET LES GIBIERS

« Je veux qu'il n'y ait si pauvre paysan en mon royaume qu'il n'ait tous les dimanches sa poule au pot ». Beaucoup pourraient citer presque par cœur cette phrase que les manuels d'histoire attribuent à Henri IV. Quatre siècles plus tard, la volaille est toujours aussi prisée et revêt une importance quasi symbolique sur la table familiale. À côté des découpes standardisées offertes dans tous les supermarchés, on trouve une industrie de volaille florissante : pour un repas de fête, on commande à son fournisseur attitré poulets, pintades et canards des jours à l'avance, voire des semaines, lorsqu'il s'agit de la dinde, du chapon ou de l'oie de Noël. Les contrôles de qualité sont rigoureux et les marchés farouchement protégés. Les modes de cuisson ont une coloration régionale : la matière grasse du cru — beurre, saindoux, graisse d'oie ou huile d'olive — et les vins y sont largement mis en valeur.

À GAUCHE
Caneton aux petits navets (page 92) servi avec des carottes Vichy (page 135).

CANETON AUX PETITS NAVETS

Voici une façon rapide et savoureuse de préparer le canard. Le lit de navets et d'oignons ayant servi à la cuisson absorbe une partie de la graisse du volatile. Des oignons grelots peuvent compléter les petits navets et être glacés de la même manière.

Pour 4 personnes
Préparation : 15 minutes
Cuisson : 1 heure

1 canard (de 2 kg), en morceaux
1 cuillerée et demie à soupe d'huile
75 g de beurre
800 g de petits navets bien sains et épluchés
1 oignon jaune haché
20 cl de vin blanc sec, ou un mélange de vin blanc et d'eau
1 à 2 cuillerées à café de sucre
sel et poivre du moulin

1 Épongez les morceaux de canard avec du papier absorbant et assaisonnez-les bien. Dans une grande cocotte, faites chauffer l'huile avec 15 g de beurre et mettez-y le canard à dorer sur toutes les faces, sur feu moyen.

2 Ôtez-le de la cocotte et videz la graisse. Prenez un tiers des navets (les moins parfaits) et coupez-les en fines rondelles, dont vous tapisserez la cocotte. Ajoutez l'oignon haché et posez les morceaux de canard sur les légumes. Mouillez avec le vin (ou le mélange vin-eau), couvrez hermétiquement et laissez mijoter 40 minutes environ sur feu moyen à doux.

3 Pendant que le canard cuit, glacez le reste des navets. Faites bouillir de l'eau. Dans une casserole à fond épais, disposez les navets sur une seule couche, saupoudrez de sucre, assaisonnez et couvrez d'eau bouillante. Répartissez dessus la moitié du beurre qui reste et mettez l'autre au frais.

4 Posez un couvercle légèrement de côté, ou couvrez souplement de papier d'aluminium, et laissez cuire sur feu moyen, jusqu'à ce que l'eau se soit évaporée et que les navets soient juste tendres (le temps exact dépend des navets — comptez au moins 15 minutes).

5 Découvrez les navets et, sur feu plus vif, laissez-les dorer, en secouant le récipient régulièrement.

6 Ajoutez les navets glacés au canard qui se trouve dans la cocotte, couvrez et laissez cuire, sur feu doux, 15 minutes encore. Laissez tel quel un bref instant, dans la cocotte couverte.

7 Transférez le canard et les navets sur un plat de service chaud. Avec une écumoire, sortez et jetez les légumes ayant servi à la cuisson.

8 Augmentez la flamme et faites réduire un peu le jus de cuisson, en remuant bien. Rectifiez l'assaisonnement. Coupez en dés le beurre raffermi et incorporez-le à la sauce, de sorte qu'elle soit veloutée et brillante. Filtrez-la au-dessus du canard et servez immédiatement.

À déguster avec un vin Chinon.

CANARD AUX PÊCHES

Canard et pêches vont bien ensemble. Mais pour que le mariage soit véritablement heureux, la peau du canard rôti doit être croquante, la chair moelleuse et les pêches, quant à elles, doivent être encore fermes. La pulpe sucrée du fruit absorbe et complète le jus gras de la volaille. Il est préférable d'utiliser des pêches fraîches : couvrez-les d'eau et pochez-les jusqu'à ce qu'elles se pèlent aisément — comptez 5 à 10 minutes selon leur degré de maturité. Prenez un peu de liquide de pochage pour déglacer le récipient de cuisson. Comme la saison des pêches est courte, le reste de l'année, rabattez-vous sur des pêches au naturel de premier choix (les pêches au sirop sont trop sucrées).

Pour 4 personnes
Préparation : 10 minutes
Cuisson : 1 heure 45

8 pêches blanches au naturel, bien égouttées (réservez 1 cuillerée à soupe de leur jus) et coupées en deux
2 cuillerées à café de miel liquide
1 cuillerée à café d'huile d'arachide ou de tournesol
1 cuillerée à café de poivre vert, égoutté et pilé
1 demi-cuillerée à café de quatre-épices
1 canard prêt à rôtir (de 1,8 kg), bien essuyé et à température ambiante
2 cuillerées à soupe de crème fraîche
2 cuillerées à soupe de cognac
sel et poivre du moulin

1 Préchauffez le four à 220° C. Dans une tasse, mélangez le jus des pêches et le miel. Ajoutez l'huile et les aromates. Salez bien et poivrez plus modérément.

2 Salez et poivrez l'intérieur du canard. Mettez-y de la crème fraîche et du cognac (une cuillerée à soupe de chaque). Avec un pinceau à pâtisserie à poils durs, badigeonnez la peau du canard avec la marinade au miel. Posez-le sur la poitrine, sur une grille placée dans un plat à rôtir en métal.

3 Enfournez 30 minutes. Retirez le canard du four, retournez-le, arrosez-le et assaisonnez-le à nouveau. Remettez 10 minutes au four et réglez la température sur 160° C. Continuez la cuisson 50 minutes encore, en arrosant plusieurs fois. Mettez les pêches dans le plat et faites cuire 10 minutes. En fin de cuisson, percez une des cuisses de canard avec une brochette pour voir si le jus en sort clair.

4 Dressez les pêches sur un plat de service préchauffé. Avec une cuillère, recueillez le jus crémeux à l'intérieur du canard et mettez-le dans le plat de cuisson. Disposez le canard sur le plat de service et laissez tel quel au chaud pendant que vous faites la sauce.

5 Placez le plat de cuisson sur feu vif, versez 4 à 5 cuillerées à soupe d'eau et, en remuant, laissez réduire un bref instant, jusqu'à épaississement. Incorporez le reste de cognac, baissez la flamme et remuez. Enrichissez avec le reste de crème, rectifiez l'assaisonnement et passez cette sauce dans une saucière chaude. Servez sans attendre, avec le canard.

À déguster avec un vin Pinot gris d'Alsace.

MAGRETS DE CANARD À L'ORANGE

La sauce aigre-douce est aussi excellente avec du poulet, des côtes de porc et des escalopes. Si vous pouvez trouver des bigarades (oranges amères), utilisez le jus d'une (ou plusieurs) petites oranges, à la place de celui de citron vert.

Pour 4 personnes
Préparation : 5 minutes
Cuisson : 20 minutes

2 beaux magrets de canard (de 300 à 350 g chacun)
1 bonne cuillerée à café de thym effeuillé
1/3 de cuillerée à café de quatre-épices
(ou de cannelle en poudre)
1 cuillerée et demie à soupe de fins zestes d'orange,
plus le jus de 2 oranges
le jus de 1 demi-citron vert, ou plus selon le goût
1 cuillerée à soupe de cognac
1 cuillerée à soupe de fécule
3 cuillerées à soupe de Cointreau
15 g de beurre raffermi
sel et poivre du moulin

1 Avec un couteau pointu, faites des incisions parallèles dans la peau des magrets, en plusieurs endroits, en taillant suffisamment profond pour entamer la chair. Salez et poivrez, puis frottez de thym et d'épice.

2 Préchauffez une sauteuse et mettez-y les magrets, côté peau dessous. Sur feu moyen à fort, laissez-les cuire 10 à 12 minutes, en baissant un peu la flamme au bout de 8 minutes de cuisson environ, si la peau noircit trop. Si les magrets sont très gras, jetez un peu de la graisse fondue en cours de cuisson.

3 Entre-temps, dans une petite casserole, faites blanchir 2 à 3 minutes à l'eau bouillante les fragments de zeste d'orange. Égouttez bien. Versez le jus d'orange et de citron dans la casserole et faites chauffer sur feu doux.

4 Arrosez les magrets de cognac. Retournez-les (ils doivent être bien saisis et colorés), baissez la flamme et continuez la cuisson 5 minutes encore ou davantage (tout dépend si vous aimez les magrets rosés ou bien cuits). Retirez-les et tenez-les au chaud sur un plat de service préchauffé, dans le four éteint ou réglé au minimum.

5 Videz une partie de la graisse rendue à la cuisson et incorporez la fécule à celle qui reste dans la sauteuse. Remuez, ajoutez le jus d'agrumes chaud, avec le zeste d'orange blanchi. Remuez 2 à 3 minutes sur feu moyen, jusqu'aux premiers frémissements, puis ajoutez le Cointreau et, si besoin est, poivrez. Incorporez le beurre raffermi. Nappez les magrets de sauce et servez immédiatement.

À déguster avec un vin Bordeaux.

Savoir-faire

LE COQ AU VIN

Pour 4 à 6 personnes
Préparation : 15 minutes
Cuisson : 1 heure,
plus le temps de faire réchauffer

115 g de lard fumé taillé en lardons
1 cuillerée et demie à soupe d'huile
45 g de beurre
8 petits oignons blancs épluchés,
(ou le bulbe de 8 belles ciboules)
2 échalotes hachées menu
1 cuillerée à café de thym séché moulu
1 demi-cuillerée à café de sauge émiettée
1 gros poulet fermier en morceaux
4 cuillerées à soupe de cognac,
plus 2 cuillerées à café pour terminer la sauce
1 cuillerée à soupe bombée de farine
1 bouteille de vin rouge corsé (75 cl)
2 gousses d'ail pilées
1 grosse carotte pelée,
coupée en deux dans la longueur et émincée
30 g de chocolat amer (facultatif, mais recommandé)
quelques brins de persil
1 feuille de laurier
290 g de petits champignons de couche,
essuyés (ou lavés) et émincés
sel et poivre du moulin

Quelle cuisine française n'est pas équipée d'une bonne grosse cocotte en fonte noire ? Avec son fond épais, ses parois hautes et son couvercle parfaitement hermétique, c'est le récipient idéal pour mitonner ragoûts, braisés et autres plats de même nature. On peut y saisir les ingrédients sur feu vif, puis les y laisser mijoter tendrement des heures durant. Elles sont assez grandes pour la préparation des soupes et, comme la chaleur s'y répartit uniformément, on peut aussi y confectionner les sauces.
Les saveurs du coq au vin se mêleront davantage et s'intensifieront, si vous le laissez refroidir et le réchauffez ensuite. Il sera meilleur préparé le matin pour le soir, voire la veille.

1 Faites blanchir les lardons une minute à l'eau frémissante (cela peut aussi être fait dans la cocotte). Égouttez sur du papier absorbant.

SUR FEU MOYEN, FAITES BLONDIR LES LARDONS, LES OIGNONS ET LES ÉCHALOTES.

2 Placez votre cocotte sur feu moyen à vif et ajoutez-y l'huile. Coupez le beurre en 4. Mettez un morceau dans la cocotte et le reste au frais.

3 Dès que la matière grasse grésille, ajoutez les lardons, les oignons et les échalotes. Baissez un peu la flamme et laissez-les prendre légèrement couleur (blonds plutôt que dorés), en remuant souvent. Avec une écumoire, transférez-les sur une double épaisseur de papier absorbant. Réservez.

4 Dans un bol, mélangez le thym et la sauge ; salez et poivrez. Frottez-en les morceaux de poulet. Mettez-les dans la cocotte et faites-les dorer, en les tournant au bout de quelques minutes, afin qu'ils se colorent uniformément. Pensez aussi à secouer le récipient pour que le poulet n'y attache pas.

FAITES DORER LES MORCEAUX DE POULET ASSAISONNÉS, ET VEILLEZ À CE QU'ILS N'ATTACHENT PAS.

5 Dans une petite casserole, faites chauffer le cognac sur feu doux. Dès que le poulet est doré, versez le cognac sur les morceaux et faites flamber (en utilisant une longue allumette). Dès que les flammes ont cessé, prenez une passoire fine pour poudrer le poulet de farine. Laissez cuire une minute en remuant bien. Remettez les lardons et les oignons dans la cocotte.

6 Versez le vin. Remuez et ajoutez l'ail, la carotte et, le cas échéant, le chocolat (il fonce la couleur du coq au vin et en accentue la saveur). Remuez à nouveau et ajoutez le persil et le laurier.

7 Augmentez la flamme et portez le liquide à ébullition, en remuant et secouant la cocotte à plusieurs reprises. Dès que vous voyez que les bulles crèvent le vin à divers endroits, couvrez et réglez sur feu doux. Laissez mijoter 40 minutes, ou jusqu'à ce que le poulet soit cuit, en remuant et en secouant la cocotte de temps en temps.

ARROSEZ DE COGNAC TIÈDE ET FAITES FLAMBER.

8 Pendant qu'il cuit, faites fondre un second morceau de beurre dans une poêle et faites-y suer les champignons quelques minutes. Égouttez-les sur du papier absorbant et ajoutez-les au coq au vin.

9 Rectifiez l'assaisonnement et laissez refroidir complètement, si vous ne servez pas immédiatement. Réchauffez à feu très doux, en allongeant de vin ou d'eau, si besoin est — mais pas trop.

DU CHOCOLAT AMER ACCENTUE LA SAVEUR ET FONCE LA COULEUR DU COQ AU VIN.

10 Au moment de servir, transférez le poulet sur un plat de service préchauffé, ou tenez-le au chaud et remettez-le dans la cocotte dès que vous avez fini la sauce. Jetez persil et laurier. Augmentez la flamme et faites réduire la sauce d'un tiers, en remuant et en râclant avec une cuillère en bois. Coupez le beurre en dés et, au fouet, incorporez-le à la sauce. Parfumez avec le reste de cognac et rectifiez l'assaisonnement.

11 Remettez le poulet dans la cocotte, ou nappez-le de sauce, en râclant la cocotte pour ne rien perdre. Ciselez un peu de persil sur votre coq au vin et servez dès que possible avec, au choix, des pâtes fraîches (page 151), du riz à l'eau, des gnocchi ou des pommes de terre vapeur avec du beurre.

INCORPOREZ LE BEURRE RAFFERMI POUR LIER LA SAUCE ET LA LUSTRER.

VARIANTES : ce mets est meilleur s'il est fait avec un poulet de grain (ou fermier) ou à pattes noires — dont la peau est moins grasse que celle des volatiles élevés au maïs — et avec un vin robuste de bonne qualité, par exemple, un Bourgogne rouge, un Madiran ou, pourquoi

pas, un Shiraz d'Afrique du Sud. En fait — cela peut paraître un luxe —, pour faire un coq au vin beau et généreux, il faut être prêt à dépenser autant pour le vin que pour la volaille. C'est la robe du vin rouge qui donne au mets sa couleur unique. Si vous le cuisinez avec un mélange de vin et d'eau (ou de bouillon), vous aurez un mets en cocotte tout à fait plaisant, mais pas un authentique coq au vin.

Le coq au vin blanc en est une délicieuse variante, apparemment très prisée jadis par le défunt Georges Simenon : madame Maigret cuisine un coq au vin, qui ramène au bercail le commissaire Maigret. Elle utilise un volume égal de Riesling et de bouillon de volaille et ajoute un poireau émincé avec une pincée de la muscade. Elle lie la sauce avec des œufs et de la crème (page 7), puis termine avec une cuillerée à soupe de jus de citron et d'eau-de-vie de prune.

Un cidre fermier brut (mais pas trop sec) peut aussi servir à la cuisson. Flambez au calvados, ajoutez du chou, utilisez le cidre comme le vin et remplacez les champignons (étape 8) par des pommes sautées.

À déguster avec un vin Côte de Beaune, un Montagny ou le vin ayant servi à la cuisson.

GIBELOTTE DE LAPIN

N'hésitez pas à employer un maximum d'herbes aromatiques. Le lapin ne plaît pas à tout le monde : vous aurez un résultat aussi parfumé et agréable de texture avec des cuisses de poulet. Les feuilles de chou évitent le dessèchement, tout comme des champignons ou des tomates en rondelles, couverts d'aluminium à la fin de l'étape 5.

Pour 4 personnes
Préparation : 10 minutes, plus marinage
Cuisson : 1 heure

4 à 6 morceaux de lapin, rincés et épongés
(ou 8 cuisses de poulet)
4 belles feuilles de chou
6 fines tranches de lard maigre
vin blanc sec et bouillon de volaille,
ou eau (5 cuillerées à soupe de chaque)
15 g de beurre ou de crème fraîche
sel et poivre du moulin

POUR LA MARINADE :
2 gousses d'ail pilées
2 échalotes hachées menu
1 cuillerée et demie à soupe de zeste de citron râpé
2 cuillerées à soupe de persil ciselée
1 cuillerée à soupe de basilic ciselé
quelques feuilles de coriandre fraîches ciselées
(ou 1 cuillerée à café de coriandre moulue)
thym et romarin séchés,
(1 demi-cuillerée à café de chaque)
4 cuillerées à soupe d'huile d'olive

1 Mettez tous les ingrédients de la marinade dans un robot ménager et mixez un bref instant pour obtenir une pommade grossière.

2 Dans un grand plat à four, versez la marinade sur le lapin (ou le poulet) et remuez pour bien en enrober les morceaux. Poivrez bien et salez plus modérément. Couvrez et laissez mariner quelques heures dans un endroit frais, ou une nuit au réfrigérateur.

3 Une heure environ avant de passer à table, préchauffez le four à 200 °C. Faites bouillir de l'eau dans une casserole placée sur feu moyen.

4 Mettez-y le chou à blanchir 2 minutes et égouttez-le sur du papier absorbant. Dans l'eau encore frémissante, faites blanchir le lard 30 secondes et égouttez-le sur du papier absorbant.

5 Tournez les morceaux de lapin (ou de poulet) et assaisonnez à nouveau. Couvrez avec le chou égoutté et enfournez 30 minutes ; sortez du four.

6 Arrosez avec le jus de cuisson et mouillez avec la moitié du vin et du bouillon. Disposez les tranches de lard sur le chou et remettez au four, réglé sur 180 °C, pendant 20 à 30 minutes encore, ou jusqu'à ce que la chair soit tendre. Laissez quelques minutes dans le four éteint.

7 Pour servir : disposez le chou sur un plat de service préchauffé, puis le lapin ou le poulet dessus. Taillez le lard en lardons et répartissez-les sur l'ensemble. Tenez au chaud.

8 Versez le liquide de cuisson dans une petite casserole, ajoutez le reste de vin et de bouillon et laissez frémir 2 minutes sur feu doux. Rectifiez l'assaisonnement, enrichissez de beurre ou de crème et versez, en filtrant ou non, sur les morceaux.

À déguster avec un vin Chardonnay, un Gamay de Touraine, un cidre de Normandie.

VARIANTE : remplacez le vin blanc de la sauce par du cidre sec ou de la bière blonde.

LE LAPIN À LA MOUTARDE

Ce mets classique s'accommode de bien des variantes, mais deux erreurs peuvent lui être fatales : il ne résiste pas à l'excès de moutarde qui, dès les premiers stades de la cuisson, masque la saveur de la viande, ni à l'excès de chaleur, laquelle nuit à la consistance et au goût du plat final.

L'accord est parfait entre moutarde à l'ancienne et crème fraîche, mélange moins surchargé que l'habituelle moutarde forte enrichie de beurre.

Pour cuisiner ce mets à l'avance, préparez tout jusqu'à l'étape 5, en diminuant de 5 à 10 minutes la cuisson. Mettez au frais ou congelez, puis réchauffez doucement et terminez la recette comme indiqué. Si vous n'aimez pas trop le lapin, prenez des noisettes de porc, ou des côtes de porc (temps de cuisson identique pour ces dernières, légèrement réduit pour les noisettes).

Pour 4 personnes
Préparation : 10 minutes
Cuisson : 1 heure

1 cuillerée à soupe rase de thym émietté
4 à 6 morceaux de lapin, rincés et épongés
1 cuillerée à soupe de farine
1 cuillerée et demie à soupe d'huile
30 g de beurre
1 oignon blanc doux haché menu
2 clous de girofle
2 cuillerées à café de moutarde forte
10 cl de vin blanc sec
3 cuillerées à soupe de cognac
4 grosses cuillerées à soupe de crème fraîche
1 à 2 cuillerées à soupe rases de moutarde à l'ancienne
quelques brins de cerfeuil ou de persil pour garnir
sel et poivre du moulin

1 Parsemez le lapin de thym et appuyez sur celui-ci pour l'incruster dans la chair. Salez la farine et poivrez-la bien. Mettez-la dans une petite passoire et poudrez-en les morceaux de lapin.

2 Sur feu moyen, dans une sauteuse avec l'huile et le beurre chauds, faites revenir le lapin avec l'oignon et les clous de girofle, pendant quelques minutes, en tournant les morceaux régulièrement. Baissez la flamme dès qu'ils ont pris couleur.

3 Mélangez la moutarde forte avec le vin blanc. Ajoutez au lapin, remuez, couvrez et laissez cuire 45 minutes environ sur feu doux, jusqu'à ce que la chair soit tendre et se détache à peine (tout dépend de l'âge du lapin utilisé pour le temps de cuisson). Secouez le récipient de temps en temps et tournez les morceaux une fois ou deux, toujours à feu doux.

4 Dès que le lapin est cuit, faites tiédir le cognac et arrosez-en le lapin. Flambez avec une longue allumette (si le cognac refuse de s'enflammer, laissez-le chauffer une minute).

5 Transférez les morceaux de lapin et l'oignon sur un plat de service préchauffé et réservez au chaud le temps de faire la sauce.

6 Dans un bol, mélangez la crème fraîche et la moutarde à l'ancienne. Versez dans la sauteuse et remuez 2 à 3 minutes sur feu doux, jusqu'à ce que cette liaison soit chaude et intimement mêlée au jus de cuisson.

7 Nappez de sauce le dessus du lapin, parsemez de cerfeuil ou de persil ciselé et servez immédiatement.

À déguster avec un vin Chiroubles.

À DROITE
Lapin à la moutarde servi avec des lentilles tièdes à l'huile de noix et au persil (page 150).

Poulet rôti aux aromates, servi avec un accompagnement de gratin dauphinois (page 132).

POULET RÔTI AUX AROMATES

Le choix des herbes est laissé à chacun. Pour ma part, je mets toujours du persil frais et une herbe séchée à la saveur puissante, comme la sarriette ou la sauge. Sur les conseils d'une amie du Sud-Ouest, j'enduis le poulet d'un peu de graisse d'oie — cela rend la peau plus croquante et aide à donner un goût de vrai poulet de ferme à une volaille par ailleurs banale.

Les amateurs d'ail aimeront peut-être savourer leur poulet rôti avec une purée d'ail vite prête. Mettez 4 têtes d'ail frais au milieu d'une grande feuille de papier d'aluminium, arrosez-les d'une à deux cuillerées à café d'huile d'olive, assaisonnez légèrement et fermez, comme une papillote. Faites cuire dans le plat, avec le poulet. Laissez refroidir légèrement et pressez sur chaque gousse d'ail pour en extraire la pulpe. Rectifiez l'assaisonnement de la purée obtenue, ajoutez un soupçon d'huile ou de crème et servez avec le poulet. Cette purée d'ail est également sublime avec le gigot d'agneau (page 118).

Pour 4 personnes
Préparation : 15 minutes
Cuisson : 1 heure et demie
puis 10 minutes tel quel après cuisson

1 cuillerée à café de thym séché
1 demi-cuillerée à café de chaque :
marjolaine ou origan, et sarriette ou romarin séchés
plusieurs brins de persil et de cerfeuil finement ciselés,
plus de quoi agrémenter le jus de cuisson
1 gousse d'ail pilée
1 cuillerée à café de zeste de citron finement râpé
55 g de beurre ramolli
1 poulet élevé au maïs ou de ferme
(de 1,5 kg), préparé et à température ambiante
1 cuillerée et demie à soupe d'huile d'olive
ou de graisse d'oie
6 cuillerées à soupe de vin blanc sec
sel et poivre du moulin

1 Préchauffez le four à 230 °C. Dans une tasse, mélangez les herbes, l'ail et le zeste avec la moitié du beurre. Salez un peu et poivrez bien.

2 Mettez la moitié de cette préparation à l'intérieur du poulet. Au reste de beurre aromatisé, incorporez l'huile d'olive ou la graisse d'oie. Avec une spatule ou un pinceau, enduisez la peau du poulet de cette pommade et assaisonnez à nouveau.

3 Posez la volaille sur le côté, sur une grille placée dans un plat à four en métal. Enfournez 10 minutes, puis tournez le poulet de l'autre côté. Faites-le cuire 10 minutes encore. Posez-le sur le dos et enfournez 10 minutes. Réglez sur 180 °C et laissez-le rôtir une heure et quart environ. Arrosez-le de temps en temps avec le jus de cuisson.

4 Avant d'éteindre le four, percez avec une brochette la partie la plus charnue du pilon, à l'intérieur, pour voir si le jus en ressort clair. Faites glisser le jus de la cavité (lui aussi doit être ambré et transparent) dans le plat de cuisson et laissez le poulet tel quel, en attente, sur un plat de service chaud, le temps de terminer la sauce.

5 Jetez un peu de la graisse rendue par la volaille, mettez le plat de cuisson sur feu vif et versez-y le vin. À gros bouillons, faites réduire d'un tiers et ajoutez 2 cuillerées à soupe d'eau. Parsemez d'herbes ciselées et remuez jusqu'à formation de bulles. Si besoin est, rectifiez l'assaisonnement, ajoutez le beurre qui reste et présentez dans une saucière chaude. Servez le poulet dès que possible.

À déguster avec un vin Beaujolais ou un Gamay de Touraine.

Savoir-faire

LE CHAUD-FROID DE POULET

Pour 8 personnes
Préparation : plusieurs heures (par intermittence), la veille
Cuisson : 1 heure

8 suprêmes de poulet (blancs avec l'aile ou non)
le blanc de 3 poireaux, lavés et émincés
3 échalotes hachées grossièrement
1 demi-oignon haché
quelques brins de persil, de cerfeuil et d'estragon
lanières de zeste de citron et le jus d'un demi-citron
6 grains de poivre noir
30 cl de vin blanc sec
1 sachet (25 g) de gelée alimentaire
55 g de beurre
55 g de farine
17,5 cl de crème fraîche épaisse
sel et poivre du moulin

POUR DÉCORER :
brins de cerfeuil
1 sachet (25 g) de gelée alimentaire
1 cuillerée à soupe de madère, de vin blanc, de jus d'orange ou de citron pour parfumer, le cas échéant

Il s'agit de poulet poché, revêtu d'un habit de fête. Cette entrée nappée d'une sauce blanche, très décorative et peu onéreuse, du plus heureux effet à l'occasion d'un buffet, peut se préparer la veille. Elle sera quasiment prête à poser sur la table et à servir à la dernière minute.

1 La veille de servir votre chaud-froid, mettez les suprêmes dans une grande casserole, une poissonnière ou une cocotte, avec, répartis dessus, le blanc de poireau, les échalotes, l'oignon, du persil, un peu d'estragon, du zeste et du poivre. Versez le vin blanc et complétez avec de l'eau froide, de sorte à couvrir les suprêmes. Salez et poivrez légèrement.

POCHEZ LES SUPRÊMES CÔTE À CÔTE AVEC LES AROMATES ET LE VIN.

2 Portez à ébullition sur feu doux, en écumant, si besoin est. Laissez pocher 20 minutes environ, toujours sur feu doux, puis retirez les suprêmes. Vérifiez qu'ils sont bien cuits — s'ils sont encore rosés, remettez-les quelques minutes dans le liquide de pochage. Laissez refroidir dans le récipient. Faites de la place dans votre réfrigérateur.

3 Dès que vous pouvez manipuler les suprêmes sans vous brûler, sortez-les du récipient où ils ont cuit et égouttez-les. Laissez-les refroidir, puis mettez-les au réfrigérateur jusqu'à l'étape 8.

4 Entre-temps, posez une passoire garnie de mousseline sur une casserole propre, filtrez le bouillon et réservez-le au frais. Il vous servira pour la sauce du chaud-froid.

5 Dégraissez le bouillon refroidi et portez-le à ébullition sur feu doux. Couvrez à demi et laissez réduire à pleine ébullition (il vous en faudra 85 cl environ pour la sauce et la gelée). En utilisant du bouillon réduit, préparez 17,5 cl environ de gelée liquide — reportez-vous au mode d'emploi et aux portions indiqués sur l'emballage.

FILTREZ LE BOUILLON AVEC UNE PASSOIRE GARNIE DE MOUSSELINE

6 Faites la sauce blanche : dans une casserole avec le beurre fondu, ajoutez la farine et laissez cuire 1 minute sur feu doux, en remuant vivement jusqu'à obtention d'un roux blond. Incorporez le reste de bouillon chaud et amenez-le à petite ébullition, en fouettant très souvent. Baissez la flamme et laissez frémir 10 minutes environ en remuant de temps à autre. Rectifiez l'assaisonnement. S'il y a des grumeaux, filtrez votre sauce.

7 Ôtez du feu et attendez qu'elle refroidisse un peu, en la remuant. Incorporez-

y la crème et le jus de citron, puis la gelée liquide, en remuant constamment jusqu'à ce que le mélange soit homogène. Passez au-dessus d'un saladier et laissez refroidir jusqu'à consistance sirupeuse. La texture idéale pour l'étaler est celle du blanc d'œuf cru.

8 Épongez les suprêmes avec du papier absorbant et égalisez-les. Posez-les sur une grille placée dans un grand plat à gratin. Avec une cuillère à ragoût ou une petite louche, enrobez-les délicatement de sauce ; il vous en restera un peu.

INCORPOREZ LA CRÈME DANS LA SAUCE REFROIDIE, PUIS LE JUS DE CITRON ET LA GELÉE.

Mettez le tout au réfrigérateur le temps que cette première couche prenne, puis recommencez à nouveau.

ÉGALISEZ LES SUPRÊMES POUR QU'ILS SOIENT BIEN NETS.

9 Laissez votre chaud-froid au frais plusieurs heures, voire une nuit, jusqu'à ce que la sauce soit gélifiée.

10 Décorez avant de servir : le plus simple est de dresser sur un plat de service et de parsemer d'estragon et de cerfeuil.

11 Pour une présentation plus festive : deux heures minimum avant de servir (ou la veille), préparez un peu de gelée — elle doit avoir une consistance sirupeuse — en suivant les indications portées sur l'emballage, mais parfumez-la avec un madère, du vin blanc ou du jus de citron ou d'orange. Choisissez de beaux brins de cerfeuil, trempez-les dans la gelée et disposez-les sur le poulet. Mettez au frais jusqu'au moment de servir. Rectifiez l'assaisonnement de la gelée, versez-la dans un bol et laissez-la au frais.

12 Pour servir, avec une spatule, transférez délicatement le chaud-froid sur un plat de service. Hachez la gelée et disposez-la joliment tout autour. Décorez de petits brins de cerfeuil. Servez sans attendre.

ENROBEZ LES SUPRÊMES DE SAUCE, EN RECUEILLANT CELLE DU PLAT POUR LA SECONDE COUCHE.

13 Servez avec du riz à grains longs au beurre, chaud, (safrané et agrémenté d'une poignée de pignons) et du mesclun, ou un assortiment de petits légumes cuits *al dente*, asperges, fèves ou haricots verts extra-fins.

À déguster avec un vin Saint-Véran ou un Pouilly-Vinzelles.

VARIANTES : une sauce chaud-froid à base de fumet de poisson ou de fond de veau constitue un apprêt élégant pour le saumon poché et les côtes de veau (faites-les cuire doucement au beurre, sans qu'elles dorent).

CI-DESSOUS
Nappé d'une sauce blanche, décorative et peu onéreuse, le chaud-froid de poulet aura certainement du succès à l'occasion d'un buffet. De plus, il peut être préparé la veille.

PETIT CONFIT DE CUISSES DE POULET

Ce modeste « petit confit » est rapide et facile à réaliser. Vous pouvez doubler les quantités (à votre gré, complétez la graisse d'oie avec du saindoux) et gardez le surplus au réfrigérateur, pour un usage ultérieur. Mettez le poulet cuit dans un bocal ou en pot de grès, propres, couvrez d'une bonne épaisseur de graisse d'oie filtrée (dépourvue de fragments de chair) et consommez dans les 3 semaines. Faites réchauffer doucement à la poêle dans un peu de graisse, jusqu'à ce que le confit soit doré.
La graisse d'oie est une denrée précieuse : filtrez ce qui reste au-dessus d'un bocal propre, couvrez et gardez au frais pour une prochaine fois. Avec une à deux cuillerées à soupe, une omelette, des légumes ou un plat de volaille prendront une tout autre saveur. Essayez-la aussi avec du saumon poêlé ou au four (page 87).

Pour 4 personnes
Préparation : 10 minutes,
plus 36 heures à mariner
Cuisson : 50 minutes

1 cuillerée à soupe de sucre
1 cuillerée à soupe de sel fin
1 cuillerée à café de thym
et de sauge séchés émiettés
1/4 de cuillerée à café de chaque :
muscade râpée et quatre-épices
2 à 3 gousses d'ail pilées
4 cuisses de poulet non surgelées
700 g de graisse d'oie
(ou un mélange de graisse d'oie
et de saindoux de bonne qualité)
poivre du moulin

POUR SERVIR :
450 g de pommes de terre précuites dans leur peau,
puis épluchées et coupées en rondelles
(ou une salade verte avec une pointe d'amertume)

1 Dans un saladier, mélangez le sucre, le sel, les herbes séchées, les épices et l'ail. Avec un couteau pointu, faites 2 à 3 incisions profondes dans chaque cuisse de poulet. Appliquez la marinade dessus, en frottant bien pour que les ingrédients pénètrent dans la chair. Poivrez légèrement.

2 Couvrez le saladier et mettez au frais 36 heures en tournant les morceaux de temps en temps.

3 Essuyez-les avec un linge propre ou du papier absorbant. Dans une casserole à fond épais, faites chauffer la graisse d'oie jusqu'à l'apparition de petites bulles. Mettez le poulet dedans et faites cuire 40 à 45 minutes sur feu doux — vous devez pouvoir percer facilement la chair avec une brochette.

4 Avec une écumoire, retirez délicatement les morceaux de la graisse chaude. Égouttez-les sur du papier absorbant. Tenez au chaud le temps de faire dorer les rondelles de pommes de terre dans la graisse d'oie, jusqu'à ce qu'elles soient croustillantes. Vous pouvez aussi les poêler dans 1 à 2 cuillerées à soupe de graisse. À votre gré, servez le confit froid avec une salade verte un peu amère.

À déguster avec un vin Bergerac ou un Côtes-de-Duras.

TERRINE DE FAISAN

Vous découvrirez que cette longue recette n'est pas si compliquée qu'elle en a l'air. Un week-end hivernal, c'est une manière agréable d'occuper un après-midi, en se cuisinant un bon petit plat. La terrine non entamée se garde une semaine au frais et les restes 2 à 3 jours. À défaut de faisan, vous pouvez prendre une pintade ou un poulet fermier. Servez avec du pain grillé, du beurre, des cornichons et des oignons au vinaigre, ou de la marmelade d'oignons (page 148) avec une salade de saison.

Pour 8 personnes
Préparation : 1 heure
Cuisson : 3 heures au bain-marie
plus une nuit au frais

1 belle poule faisane, filets levés,
reste de chair et foie hachés grossièrement
et os détaillés en tronçons
450 g de travers de porc maigre,
désossés et parés, os concassés et réservés
1 carotte pelée et émincée
1 petit pied de céleri paré et émincé
1 demi-oignon jaune haché
1 cuillerée et demie à soupe d'huile
55 g de foies de volaille,
parés et émincés
2 cuillerées à café de thym séché
2 cuillerées à café de sauge émiettée
1 cuillerée à soupe rase de zeste d'orange,
finement râpé
2 gousses d'ail
3 à 4 cuillerées à soupe de cognac
2 gros œufs (ou 3 petits),
plus les blancs et les coquilles
de 3 œufs pour clarifier le bouillon gélatineux
45 cl de bouillon de volaille ou de fond de veau
30 cl de vin blanc sec
4 cuillerées à soupe de madère
quelques grains de poivre vert égouttés
6 tranches de lard fumé maigre, découennées
115 g de pistaches décortiquées et concassées
sel et poivre du moulin

1 Commencez par faire le bouillon gélatineux qui prendra en gelée : mettez tous les os dans une casserole, avec la carotte, le céleri et l'oignon. Ajoutez l'huile et, sur feu moyen à vif, faites dorer 40 minutes environ en secouant le récipient de temps en temps.

2 Pendant ce temps, avec un robot ménager, hachez fin la chair de faisan (réservez les filets), le foie, la viande de porc et les foies de volaille, auxquels vous aurez ajouté thym, sauge, zeste et ail.

3 Salez modérément ce hachis et poivrez-le bien. Incorporez-y le cognac, puis les œufs, et travaillez bien le tout pour mélanger, de préférence avec les mains. Couvrez et laissez reposer une à deux heures.

4 Avec une écumoire, retirez les os et les aromates de la casserole et posez-les sur une double épaisseur de papier absorbant, pour éliminer l'excès de graisse. Videz le récipient et essuyez-le.

5 Remettez les os et les aromates dedans, ajoutez le bouillon (ou le fond), le vin, le madère et le poivre vert. Couvrez avec 45 cl d'eau froide et portez doucement à ébullition, en écumant. Couvrez à demi et laissez frémir une heure en pensant à écumer de temps à autre.

6 Avec une écumoire, ôtez la plupart des os et des aromates et jetez-les. Filtrez le reste dans une passoire garnie d'une mousseline et posée sur une casserole propre.

7 Pour que la gelée soit translucide, clarifiez ce bouillon : dans un saladier, montez en neige les blancs d'œufs et les coquilles pilées et incorporez le tout au liquide chaud. Filtrez à nouveau avec la passoire et un linge propre. Sur feu vif, faites réduire ce bouillon clarifié, pour obtenir 55 cl environ de gelée sirupeuse. Réservez.

8 Entre-temps, préchauffez le four à 160 °C. Aplatissez les tranches de lard avec un rouleau à pâtisserie enveloppé de film alimentaire, ou avec la lame d'un couteau. Foncez une terrine ou un moule à cake (d'une contenance de un litre trois quart minimum) avec 3 tranches de lard, puis étalez un tiers du hachis dessus. Ajoutez la moitié des pistaches. Taillez les filets en longue lanières et disposez-en la moitié sur le hachis. Couvrez une seconde fois de hachis et disposez le reste des filets des-

sus. Parsemez avec les pistaches qui restent. Terminez avec du hachis et couvrez avec les 3 dernières tranches de lard.

9 Couvrez hermétiquement la terrine. Faites bouillir de l'eau et chemisez un grand plat à gratin de papier journal (une bonne épaisseur). Posez la terrine au milieu et versez de l'eau bouillante jusqu'à mi-hauteur des parois. Enfournez deux bonnes heures, voire trois, en ajoutant de l'eau bouillante, si besoin est. Tournez aussi la terrine de temps en temps pour qu'elle cuise uniformément.

10 Laissez tel quel 20 minutes environ dans le four éteint. Sortez la terrine du four, découvrez-la et attendez plusieurs minutes. Soulevez le lard délicatement.

11 Avec une brochette, percez la terrine profondément en plusieurs endroits. Si le bouillon est trop gélifié, faites-le réchauffer et versez-le sur la terrine. Laissez refroidir complètement et mettez une nuit au frais avant de servir.

À déguster avec un vin Rully ou Chinon.

CI-DESSUS
Servie avec du pain et des cornichons, la terrine de faisan est excellente en entrée ou comme en-cas.

FRICASSÉE DE PINTADE AU VINAIGRE XÉRÈS ET À L'ESTRAGON

L'association volaille et estragon n'est plus à présenter. Quant au vinaigre de xérès, il est entré dans nos mœurs culinaires. Pour cette recette, les morceaux de pintade mijotent au coin du feu dans un bouillon qui fleure bon l'estragon, le tout n'exigeant que quelques minutes de préparation. Servez avec du riz nature et des courgettes poêlées (page 138). Le poulet fermier se prépare de la même façon.

Pour 4 personnes
Préparation : 5 minutes
Cuisson : 50 minutes

1 cuillerée à soupe de farine
1 belle pintade (ou 1 poulet fermier), coupé(e) en 6 à 8 morceaux, ou un assortiment des deux, peau retirée
1 cuillerée et demie à soupe d'huile d'arachide ou de tournesol
30 g de beurre raffermi coupé en dés
2 cuillerées à café de zeste d'orange finement râpé et 4 cuillerées à soupe de jus d'orange
2 cuillerées à café de cognac
1 bouquet d'estragon frais
20 cl de bouillon de volaille
1 cuillerée à soupe de vinaigre de xérès
2 cuillerées à café de crème fraîche
sel et poivre du moulin

1 Assaisonnez la farine avec du sel et la valeur d'un bon tour de moulin à poivre. Avec une passoire, farinez les morceaux de pintade ou de poulet.

2 Chauffez l'huile dans une cocotte pouvant contenir les morceaux côte à côte. Ajoutez un tiers du beurre, puis le zeste d'orange. Sur feu moyen, mettez-y les morceaux à blondir, jusqu'à ce qu'ils soient uniformément colorés, en les tournant 1 à 2 fois.

3 Versez le cognac et remuez bien. Ciselez les feuilles de 5 ou 6 brins d'estragon au-dessus des ingrédients. Secouez le récipient et remuez.

4 Mouillez avec le bouillon, tournez la volaille et remuez à nouveau. Attendez que le liquide frémisse à peine et baissez un peu la flamme. Couvrez et laissez cuire 30 à 40 minutes, en secouant la cocotte de temps en temps et en retournant les morceaux à mi-cuisson.

5 Ôtez les morceaux de la cocotte et réservez-les au chaud sur un plat de service préchauffé.

6 Sur feu plus vif, portez le liquide à ébullition réduite et laissez ainsi quelques minutes, le temps que la sauce réduise et épaississe ; remuez de temps en temps.

7 Sur flamme plus douce, versez le vinaigre et le jus d'orange. Si cela vous arrange, la cuisson à l'avance peut se faire jusqu'à ce stade.

8 Peu de temps avant de servir, enrichissez de crème. Remettez la volaille dans la cocotte et remuez-la dans la sauce crémée. Selon le cas, réchauffez sur feu doux. Rectifiez l'assaisonnement, ciselez un peu d'estragon et remuez.

9 Avec une écumoire, transférez les morceaux sur le plat de service préchauffé. Incorporez le reste de beurre à la sauce, dont vous napperez la volaille. Décorez d'estragon frais ciselé et servez immédiatement.

VARIANTE : pour un poulet au madère, remplacez le vinaigre de xérès, l'orange et l'estragon par une cuillerée à soupe de poivre vert concassé (ajoutez-en la moitié à l'étape 3, le reste à l'étape 7) et 3 cuillerées à soupe de madère (étape 7).

À déguster avec un vin Vouvray demi-sec.

OIE À L'ALSACIENNE

La choucroute est une excellente garniture pour l'oie. Si vous préférez, faites rôtir cette dernière, après l'avoir assaisonnée et généreusement épicée. Comptez facilement 30 minutes par livre, à four moyen, puis 20 minutes en attente dans le four éteint. Dégraissez le jus et arrosez l'oie régulièrement en cours de cuisson pour qu'elle reste moelleuse. Servez sur un lit de choucroute.

Pour 8 personnes
Préparation : 20 minutes
Cuisson : 2 heures et demie

1 jambonneau maigre demi-sel à cuire (de 550 g), préalablement dessalé
1 cuillerée à soupe de graisse d'oie ou d'huile
1 jeune oie de 3 kg, coupée en morceaux
1 oignon jaune haché grossièrement
30 g de farine
70 cl de vin blanc sec allongé de bouillon de volaille
2 feuilles de laurier
2 cuillerées à café de quatre-épices
1 cuillerée à café de baies de genièvre
brins de persil, plus de quoi garnir
1 cuillerée à soupe rase de thym émietté
choucroute au naturel (boîte ou bocal de 1 kg)
30 g de beurre
2 échalotes hachées menu
le bulbe de 3 beaux oignons nouveaux, émincé
8 saucisses de Strasbourg ou de Francfort de bonne qualité (facultatif)
900 g de pommes de terre cuites à l'eau dans leur peau, puis pelées (facultatif)
sel et poivre du moulin

1 Commencez par précuire le jambonneau : mettez-le dans une casserole, couvrez-le d'eau froide et portez à petite ébullition sur feu doux. Laissez frémir 25 minutes environ, à très petit feu. Égouttez-le, laissez-le tiédir pour ne pas vous brûler et ôtez la couenne et l'épaisseur de graisse. Détaillez-le en tranches épaisses, que vous réserverez.

2 Avec du papier absorbant, enduisez une grande cocotte de graisse d'oie ou d'huile. Placez sur feu moyen à vif. Ajoutez les morceaux d'oie et saisissez-les dans la matière grasse de manière à ce qu'ils soient dorés sur toutes les faces.

3 Retirez-les et réservez-les. Mettez l'oignon dans la cocotte et faites-le blondir un bref instant, en remuant souvent. Remettez l'oie, farinez-la et remuez une minute. Mouillez avec le vin allongé de bouillon. Si besoin est, complétez avec de l'eau pour couvrir l'oie à hauteur. Ajoutez tous les aromates et assaisonnez légèrement. Baissez la flamme, couvrez et laissez frémir très doucement, pendant une heure environ, en dégraissant le liquide de temps en temps, avec une cuillère ou une petite louche.

4 Ajoutez les tranches de jambonneau, remuez et tournez les morceaux d'oie. Laissez cuire 30 minutes encore.

5 Ôtez l'oie, le jambonneau et l'oignon. Tenez-les au chaud. Dégraissez le liquide de cuisson. Filtrez-le au-dessus d'un saladier, que vous placerez sur de l'eau glacée pendant un petit moment. Avec une cuillère, retirez la graisse qui monte à la surface et jetez-la.

6 Rincez la choucroute et égouttez-la, en la pressant pour éliminer l'excès d'eau.

7 Mettez la cocotte sur feu moyen et faites-y fondre le beurre. Ajoutez les échalotes et les oignons nouveaux émincés, faites-les revenir une minute, puis ajoutez les 2/3 de la choucroute. Remuez et assaisonnez légèrement. Disposez l'oie et le jambonneau dessus, mouillez avec un peu de liquide de cuisson dégraissé et terminez avec la choucroute. Le cas échéant, ajoutez les saucisses et les pommes de terre et mouillez à nouveau. Rectifiez l'assaisonnement, couvrez et, sur feu doux, laissez chauffer le tout.

8 Pour servir, dégraissez le liquide de cuisson et faites-le réchauffer. Dressez la choucroute et les autres ingrédients sur un plat de service préchauffé. Mouillez avec un peu de liquide de cuisson, décorez de persil ciselé et servez aussitôt. (Mettez au frais le reste de bouillon et, avant de l'utiliser dans une autre recette, jetez la pellicule de graisse figée à la surface).

À déguster avec un vin Riesling ou un Pinot gris d'Alsace.

Septième chapitre

LES VIANDES

Nous aimons la viande. Nous n'en consommons pas d'énormes quantités, mais nous en mangeons peu à la fois et régulièrement. Pour certains, un repas sans viande est un repas sans âme. En matière de préparation, on distingue les morceaux nobles, que l'on saisit brièvement à chaleur vive et les autres, appelés bas morceaux, destinés au braisage et aux cuissons lentes. Du coup, on ne sait pas se passer de la poêle ni de la cocotte. Le steak, sous toutes ses formes — bifteck, onglet, rumsteck, tournedos, steak haché — est représentatif du menu-type français. Saisi à la poêle dans un peu de beurre, ou au gril, il est en général servi tel quel avec son jus de cuisson. Quand on l'apprête, ce qui arrive souvent compte tenu de la fréquence de ses apparitions à table, à la maison comme au restaurant, on l'agrémente d'une réduction rapide, d'un beurre composé ou d'une sauce élaborée (voir le chapitre sur les sauces, pages 28-41).

À GAUCHE
Magnifique plat d'hiver, le cassoulet (page 112) est aussi à sa place pour un dîner d'amis entre la Toussaint et Pâques.

LE CASSOULET

Cette recette a un goût authentique de terroir, tout en étant moins grasse que bien d'autres. Tous les ingrédients se trouvent facilement — profitez aussi de vos vacances dans le Sud-Ouest pour rapporter graisse d'oie et confits. Pour accentuer le goût de votre cassoulet, préparez-le un ou deux jours à l'avance, ou congelez-le, sans y metre les saucisses que vous ajouterez, grillées, le jour même.
Servez-le en plat unique, avec pain et salade verte, arrosé d'un vin Madiran, d'un Cahors ou d'un Fitou. Une salade de fruits ou un sorbet termineront agréablement le repas.

Pour 12 personnes
Préparation : 15 minutes
Cuisson : 3 heures, par étapes

1 kg de haricots blancs
1 ou 2 petits jambonneaux, rincés
1 beau bouquet garni
1 oignon jaune piqué de clous de girofle
2 belles carottes, pelées et coupées en deux dans la longeur
12 grains de poivre noir
350 g de poitrine de porc fumée
confit d'oie ou de canard (675 g ou davantage)
3 oignons hachés
6 gousses d'ail pilées, plus 2 autres, également pilées, pour le dessus (facultatif)
4 cuillerées à soupe d'armagnac
55 cl de bouillon de bœuf ou de volaille
1 cuillerée à soupe de thym séché en poudre
1 cuillerée à soupe de moutarde forte (facultatif)
un trait de sauce Worcesterschire (facultatif)
8 saucisses de Toulouse
75 g de mie de pain émiettée
4 cuillerées à soupe de persil haché
poivre du moulin

1 Rincez les haricots et mettez-les dans un faitout avec un grand volume d'eau froide. Au premier bouillon, laissez mijotez 10 minutes sur feu moyen. Égouttez et rincez.

2 Dans le faitout rincé, mettez les haricots et le(s) jambonneau(x). Couvrez d'eau froide, ajoutez le bouquet garni, l'oignon clouté, les carottes et le poivre en grains, puis portez à ébullition. Baissez la flamme et laissez mijoter, à demi-couvert, une heure et demie environ, jusqu'à ce que les haricots soient cuits mais encore un peu fermes. Écumez de temps en temps.

3 Entre-temps, faites blanchir la poitrine de porc 5 minutes à l'eau bouillante. Égouttez-la, laissez-la un peu refroidir et coupez-la en tranches épaisses.

4 Dans une sauteuse, mettez une cuillerée à soupe de graisse de confit. Placez sur feu moyen et faites-y dorer les oignons hachés quelques minutes, en remuant. Fragmentez la chair du confit et recueillez l'excès de graisse pour un autre emploi. Les os de l'aile ou de la cuisse peuvent cuire avec les haricots.

5 Ajoutez aux oignons les morceaux de confit, ainsi que l'ail pilé, les tranches de poitrine et l'armagnac. Laissez cuire quelques minutes, en remuant de temps à autre. Mouillez avec le bouillon et ajoutez le thym, la moutarde et la Worcestershire, le cas échéant. Poivrez modérément et laissez cuire 20 à 30 minutes sur feu très doux, en remuant à une ou deux reprises.

6 Préchauffez le gril à chaleur vive, baissez la température et mettez-y les saucisses à griller, jusqu'à ce qu'elles soient cuites et que la peau soit croquante. Coupez-les en tronçons de 4 cm.

7 Assemblez votre cassoulet : égouttez les haricots, jetez les aromates et éventuellement les os, mais gardez les carottes. Détaillez-les en morceaux, ainsi que la viande maigre du jambonneau. Dans un plat en terre vernissée allant au four, disposez une bonne épaisseur de haricots. Répartissez dessus la moitié des carottes, du jambonneau et la moitié de la préparation oignons-confit. Ajoutez une couche de haricots, puis le reste des ingrédients précédents. Terminez par une couche de haricots, dans lesquels vous enfouirez les saucisses. Laissez en attente au frais et ressortez une heure et demie environ avant de servir votre cassoulet.

8 Préchauffez le four à 180 °C. Enfournez votre cassoulet 20 à 30 minutes en brisant la peau qui se forme et en la mélangeant au reste. Si le cassoulet vous paraît trop sec, mouillez-le avec quelques cuillerées à soupe d'eau chaude.

9 Mélangez le persil haché et la mie de pain avec, le cas échéant, l'ail pilé. Parsemez-en le cassoulet, en ajoutant ici et là un peu de graisse de confit. Enfournez 20 à 30 minutes encore, jusqu'à ce que le dessus soit joliment gratiné. Servez dès que possible.

À déguster avec un vin Madiran, un Cahors ou un Fitou.

PORC FARCI À LA BOULANGÈRE

L'appellation *à la boulangère* renvoie à l'époque où le four du boulanger était à la disposition de la commnauté. Il s'agit en général d'une viande cuite sur un lit de pommes de terre et d'oignons. Afin de vous avancer, épluchez les pommes de terre, émincez-les et laissez-les dans un saladier d'eau froide jusqu'au moment de les cuire. Émincez aussi les oignons, couvrez-les et réservez-les. Pour simplifier la recette, on peut supprimer la farce et remplacer le lait par du bouillon.

Pour 6 personnes
Préparation : 20 minutes,
plus plusieurs heures à mariner
Cuisson : 2 heures

1,35 kg d'échine de porc désossée, parée et ficelée
35 cl de lait, ou davantage si nécessaire
25 cl de vin blanc sec, ou davantage si nécessaire
45 g de beurre, plus 30 g pour finir la sauce (facultatif)
675 g de pommes de terre à chair ferme, épluchées et émincées
2 gros oignons émincés
1/4 de cuillerée à café de chaque : thym, sauge, origan et graines de fenouil séchés
6 à 8 gousses d'ail non pelées
1 grosse cuillerée à soupe de crème fraîche pour finir la sauce (facultatif)
sel et poivre du moulin

POUR LA FARCE :
1 gousse d'ail pilée
1/4 de cuillerée à café de chaque : sauge, thym, origan et graines de fenouil séchés
1/4 d'un petit bulbe de fenouil, finement émincé
2 cuillerées à soupe d'huile d'olive
85 g de fromage de chèvre semi-frais émietté

1 Préparez la farce : avec le robot ménager, mixez ensemble l'ail, la sauge, le thym, l'origan, les graines de fenouil et le bulbe de fenouil émincé. Râclez les parois du réceptacle à la spatule, assaisonnez bien, puis ajoutez l'huile d'olive et le chèvre. Travaillez le tout brièvement jusqu'à obtention d'une farce homogène.

2 Avec un couteau pointu, incisez profondément (jusqu'aux 2/3 environ de sa hauteur) le rôti, en plusieurs endroits, comme si vous le détaillez en tranches plutôt larges — évitez la ficelle et surtout ne la sectionnez pas. Avec une spatule, farcissez les interstices. Introduisez 2 longues brochettes en métal de part en part, dans la longueur du rôti, afin de le maintenir.

3 Mélangez le lait et le vin blanc. Mettez le rôti dans un sac de congélation et ajoutez le lait et le vin. Fermez hermétiquement et laissez au frais plusieurs heures en secouant le sac de temps en temps ou une nuit.

4 Préchauffez le four à 170 °C et beurrez un plat à gratin. Étalez-y les pommes de terre et les oignons émincés, parsemez d'herbes et assaisonnez légèrement.

5 Sortez le rôti du sac, posez-le sur un plat, salez-le légèrement et poivrez-le bien. Filtrez la marinade au-dessus d'une casserole. Ajoutez-y les gousses d'ail et portez à faible ébullition sur feu moyen. Versez le tout sur les pommes de terre et les oignons, parsemez de noisettes de beurre et couvrez d'aluminium.

6 Mettez le plat dans une grande lèchefrite et enfournez 30 minutes environ. Sortez le plat du four. Posez le rôti sur les légumes et remettez au four, sans l'aluminium. Laissez cuire 1 heure 15 à 1 heure 45 environ, en tournant le rôti plusieurs fois en cours de cuisson, jusqu'à ce qu'il soit à point. Si l'ensemble vous paraît trop sec, mouillez avec un peu de lait et de vin préalablement chauffés. La lèchefrite recueillera ce qui tombe à côté.

7 Laissez le rôti 5 à 10 minutes au chaud. Pour servir : transférez-le sur un plat préchauffé. Retirez les brochettes et la ficelle. Avec une écumoire, disposez les légumes autour de la viande.

8 Terminez la sauce : filtrez le jus de cuisson au-dessus d'une casserole et ajoutez-y la pulpe des gousses d'ail. Faites chauffer sur feu moyen, en remuant bien. Rectifiez l'assaisonnement. Enrichissez de crème ou de beurre, le cas échéant, versez dans une saucière chaude et servez avec le porc.

À déguster avec un vin Beaujolais ou un Gamay de Touraine.

Savoir-faire

BŒUF À LA MODE

Pour 8 personnes
Préparation : 1 heure
Cuisson : 3 heures et demie,
plus mise au frais pour servir froid

1 pied de veau coupé en deux
2 cuillerées à soupe d'huile
1,8 kg de rond de gîte roulé et lardé
2 os à moelle en tronçons
2 à 3 gousses d'ail pilées
1 oignon jaune haché
3 clous de girofle
1 demi-cuillerée à café de muscade râpée
3 grosses carottes grattées et coupées en deux
1 branche de céleri émincée
brins de persil
2 cuillerées à café de thym en poudre séché
2 feuilles de laurier
75 cl de vin blanc sec (ou 40 cl de vin blanc allongé avec 35 cl d'eau)
3 blancs d'œufs et les coquilles, pour clarifier le bouillon
1 sachet (25 g) de gelée alimentaire de bonne qualité, si nécessaire
sel et poivre du moulin

POUR SERVIR :
1 litre de bouillon de bœuf léger
8 à 12 petits navets parés et épluchés
16 oignons grelots parés et épluchés
350 g de carottes parées et taillées en biais en rondelles
350 g de fèves

Voici une recette pour toutes saisons, à préparer de préférence la veille. Pièce de résistance réconfortante en hiver, ce braisé de bœuf aux carottes se gélifie merveilleusement et, sous son habit blond translucide, trouve tout à fait sa place sur un buffet estival. Au réfrigérateur, il se garde trois jours. Aux légumes déjà présents, ajoutez des pommes vapeur et une salade verte. La cuisson se fait au vin blanc, mais n'hésitez pas à transgresser la règle en le versant à table avec un vin rouge jeune, léger, à boire frais, comme un Bourgueil ou un Beaujolais-Villages en été, un Bergerac ou un Côtes du Rhône en hiver.

FAITES DORER LA VIANDE SUR TOUTES LES FACES, EN LA TOURNANT AU FUR ET À MESURE À L'AIDE DE 2 CUILLÈRES EN BOIS.

1 Brossez et rincez le pied de veau. Faites-le blanchir 3 minutes à l'eau bouillante.

2 Prenez une cocotte en fonte ou en métal épais. Mettez-la sur feu moyen avec l'huile. Penchez-la au-dessus de la flamme afin d'y étaler la matière grasse. Sur feu moins fort, faites-y dorer la viande sur toutes les faces, en la tournant au fur et à mesure.

3 Ajoutez le pied de veau, les os à moelle, l'ail, l'oignon, les clous de girofle, la muscade, les carottes, le céleri et les herbes. Assaisonnez et versez le vin. Portez lentement à ébullition.

4 Au premier bouillon, réglez sur très petit feu et tournez la viande. Obturez le bord du couvercle avec du papier d'aluminium et laissez mijoter très doucement pendant 3 bonnes heures. Toutes les heures environ, écumez, si besoin est, et tournez la viande.

5 Si vous servez votre bœuf à la mode chaud, laissez-le une nuit au frais, il aura meilleur goût réchauffé. Écumez-le et dégraissez-le avant de le réchauffer le lendemain, à petit feu.

6 Préparez la garniture de légumes comme indiqué à l'étape 8, pendant qu'il réchauffe. Mettez-les dans un légumier préchauffé. Ôtez la viande de la cocotte, en laissant le jus de cuisson s'écouler dedans. Retirez la ficelle, puis coupez la viande en tranches. Disposez-les joliment sur les légumes. Avec une passoire garnie d'un linge, passez un peu du jus de cuisson au-dessus d'une saucière chaude. Dégraissez-le en effleurant sa surface avec du papier absorbant. Arrosez la viande et les légumes du jus de cuisson. Rectifiez l'assaisonnement et servez aussitôt.

7 Pour un bœuf en gelée, laissez-le refroidir 30 minutes environ, puis sortez-le de la cocotte, en laissant le jus s'écouler dedans. Mettez-le sur un plat jusqu'à complet refroidissement. Par ailleurs, avec une passoire garnie d'un linge, passez le jus de cuisson dans une grande casserole. Jetez les aromates (le pied de veau peut se manger à part).

8 Préparez la garniture de légumes : chauffez le bouillon de sorte qu'il frémisse, rectifiez l'assaisonnement, puis ajoutez les navets et les oignons. Faites reprendre l'ébullition, mettez les carottes et, plus tard, les fèves. Laissez cuire jusqu'à ce

que les légumes soient tendres. Égouttez-les, filtrez le bouillon au-dessus de la casserole contenant le jus de cuisson. Passez les légumes sous l'eau froide et égouttez-les. Étalez-les sur une double épaisseur de papier absorbant.

LAISSEZ REFROIDIR UNE NUIT, PUIS DÉGRAISSEZ LA SURFACE.

9 Pendant que le bœuf refroidit, clarifiez le bouillon et le jus de cuisson et faites-le réduire. Chauffez-les sur feu moyen. Dans une jatte, montez en neige les blancs d'œufs et les coquilles pilées. Incorporez-les au liquide frémissant. Donnez un bouillon et baissez la flamme. Laissez frémir 20 minutes sans remuer, et filtrez au-dessus d'une casserole propre, avec une passoire fine garnie d'un linge humecté. Portez à faible ébullition, couvrez à demi et laissez réduire de moitié environ.

10 Placez la casserole dans de l'eau très fraîche et laissez se gélifier. Si ce n'est pas le cas, portez à nouveau à ébullition et mélangez à de la gelée alimentaire, selon les proportions portées sur l'emballage. Laissez refroidir comme précédemment.

11 Couvrez le bœuf froid de papier d'aluminium et mettez au frais une heure. Ôtez la ficelle et dégraissez-le. Coupez en tranches fines et dressez-les sur un plat, en les faisant se chevaucher de moitié. Parsemez de légumes.

12 Nappez copieusement le tout de gelée sirupeuse. Rectifiez l'assaisonnement, couvrez d'aluminium et laissez une nuit au frais, ou jusqu'au moment de servir.

ÉMINCÉ DE VEAU À LA CRÈME ET AU CITRON

C'est une façon idéale d'apprêter les viandes fines qui, ainsi, cuisent plus vite. Si le veau n'est pas ce que vous préférez, prenez du filet mignon de porc, du filet de bœuf ou des escalopes de volaile, taillés en lanière. Remplacez le jus de citron par une cuillerée à café de concentré de tomates et le paprika par une cuillerée à soupe de porto. Si vous aimez mieux les escalopes entières, comptez 4 à 6 minutes environ de cuisson de chaque côté. Petits pois à la française (page 139) et carottes Vichy (page 135) font d'excellentes garnitures.

Pour 4 personnes
Préparation : 10 minutes
Cuisson : 15 minutes

1 cuillerée à soupe de farine
2 cuillerées à café de zeste de citron finement râpé et 1 cuillerée à soupe de jus de citron
les petites feuilles de plusieurs branches de thym (ou 1 demi-cuillerée à café de thym séché)
1/4 de cuillerée à café de sarriette séchée
1 petite pincée de paprika
escalopes de veau (450 g), bien aplaties et taillées en lanières de 2,5 cm sur 7,5 cm maximum
1 cuillerée à soupe d'huile
30 g de beurre
225 g de petits champignons de Paris essuyés (ou lavés) et émincés
le bulbe de 2 gros oignons nouveaux, finement émincés
1 échalote hachée menu
10 cl de vin blanc sec
4 cuillerées à soupe de crème fraîche
brins de thym, de ciboulette ou de persil, pour garnir (facultatif)
sel et poivre du moulin

1 Dans une tasse, mélangez la farine, le zeste, le thym et la sarriette. Salez, poivrez et ajoutez le paprika. Épongez les lanières de viande avec du papier absorbant, puis appliquez le mélange dessus.

2 Sur feu moyen à vif, faites chauffer l'huile dans une poêle, en inclinant celle-ci pour bien l'enduire. Ajoutez la moitié du beurre et, dès qu'il grésille, étalez-y la viande. Saisissez-la une minute pour qu'elle dore, tournez-la et faites de même de l'autre côté. Avec une écumoire, transférez l'émincé sur un plat.

3 Mettez les champignons, les oignons et l'échalote dans la poêle. Laissez cuire 3 minutes en remuant souvent. Assaisonnez légèrement et transférez sur une assiette garnie d'une double épaisseur de papier absorbant.

4 Essuyez la poêle avec du papier absorbant. Mettez-y le reste de beurre avec l'émincé et les légumes et laissez cuire 2 à 3 minutes en remuant de temps en temps.

5 Versez le vin et, dès qu'il frémit, baissez la flamme. Laissez cuire doucement 5 minutes. Enrichissez de crème et citronnez.

6 Rectifiez l'assaisonnement, en relevant de paprika. À votre gré, ciselez des feuilles de thym, de la ciboulette ou de persil et servez aussitôt.

À déguster avec un vin Graves blanc ou un Pinot d'Alsace blanc.

CÔTES DE PORC À LA CHARCUTIÈRE

Pour une sauce moutarde vite prête à servir avec des côtes de porc, procédez de la même façon en remplaçant le zeste de citron par du thym séché (étape 1), les cornichons (étape 5) par deux cuillerées à café de moutarde à l'ancienne et une cuillerée à soupe de crème fraîche.

Pour 2 personnes
Préparation : 10 minutes
Cuisson : 30 minutes

30 à 40 g de beurre
le bulbe de 2 gros oignons nouveaux, émincés
2 échalotes hachées menu
1 cuillerée à soupe rase de farine
1 cuillerée à café de zeste de citron finement râpé (facultatif)
15 cl de bouillon ou d'eau
4 cuillerées à soupe de vin blanc sec
1 cuillerée à soupe de vinaigre de vin blanc
2 belles côtes de porc parées
1 cuillerée à soupe d'huile
4 à 5 petits cornichons égouttés, coupés en rondelles
1 cuillerée à soupe de persil ciselé
sel et poivre du moulin

1 Préparez la sauce : sur feu moyen, faites fondre les 2/3 du beurre dans une casserole et mettez-y à revenir quelques minutes les oignons et les échalotes. Assaisonnez la farine et saupoudrez-en les aromates avec le zeste, à votre gré. Laissez cuire 1 à 2 minutes toujours sur feu moyen.

2 Mouillez avec le bouillon (ou l'eau), le vin et le vinaigre. Remuez, portez à ébullition et réglez sur feu doux. Laissez cuire 15 minutes ou jusqu'à ce que les côtes soient prêtes.

3 Incisez le gras des côtelettes à intervalles réguliers ; salez-les et poivrez-les un

peu. Dans une poêle, faites chauffer l'huile avec la moitié du beurre qui reste. Sur feu vif, saisissez les côtes des deux côtés, en les posant d'abord verticalement sur leur bordure grasse.

4 Dès qu'elles sont dorées, sur feu moins vif, ajoutez un peu de beurre et couvrez à demi. Laissez-les cuire 15 à 20 minutes selon l'épaisseur, en les tournant à mi-cuisson. Couvrez et tenez au chaud le temps de terminer la sauce.

5 Ajoutez à celle-ci les cornichons et le persil. Remuez un bref instant, ôtez du feu et rectifiez l'assaisonnement. Ajoutez le reste de beurre.

6 Avec une écumoire, transférez les côtes sur des assiettes préchauffées, en les égouttant rapidement. Nappez-les de sauce et servez dès que possible.

À déguster avec un vin Pinot noir d'Alsace ou un rosé du Languedoc.

NAVARIN PRINTANIER

Mélange d'agneau braisé avec des petits légumes, le navarin est un ragoût printanier. On associe traditionnellement cette viande, ou celle de mouton, aux haricots blancs ou aux flageolets pour cuisiner des ragoûts consistants. Pour préparer un ragoût de mouton aux haricots ou aux flageolets, faites cuire les haricots secs comme pour le cassoulet (étapes 1 et 2 page 112), en remplaçant le jambonneau par 1 à 2 morceaux de haut de gigot. Égouttez bien et détachez la chair des os. Démarrez comme ci-dessous, en sautant les étapes de préparation des légumes, et ajoutez haricots et viande à l'étape 6.

Pour 4 personnes
Préparation : 20 minutes
Cuisson : 1 heure 45

1 cuillerée à soupe de farine
1 cuillerée à café de chaque : thym séché et romarin
1 cuillerée et demie à soupe d'huile
1 kg d'épaule d'agneau désossée ou de collier, dégraissé(e) et coupé(e) en morceaux de 5 cm
1 demi-oignon jaune haché
2 échalotes hachées menu
1 gousse d'ail pilée
30 cl de bouillon de légumes ou de viande léger (voir page 11)
10 cl de vin blanc sec
8 petits oignons blancs pelés ou le bulbe de 8 beaux oignons nouveaux
8 à 10 carottes nouvelles grattées
8 à 10 navets nouveaux épluchés
2 cuillerées à café rases de sucre
45 g de beurre
250 g de haricots verts extra-fins équeutés
225 g de pois gourmands
brins de persil plat, de cerfeuil ou de ciboulette
sel et poivre du moulin

1 Dans une tasse, mélangez la farine avec le thym et le romarin. Salez-la et poivrez-la légèrement.

2 Faites chauffer l'huile dans une cocotte placée sur feu moyen. Mettez-y la viande quelques minutes, le temps qu'elle se colore, en la remuant et en la tournant. Ôtez-la du récipient et jetez la graisse rendue. Maintenant, faites revenir oignon, échalotes et ail dans la matière grasse, remettez la viande et saupoudrez de farine.

3 Remuez et laissez cuire une minute. Mouillez avec le bouillon et le vin, portez à ébullition, couvrez et réglez sur feu doux. Laissez mijoter 1 heure 30 environ. Écumez et tournez la viande de temps en temps.

4 Préparez les légumes : faites bouillir un grand volume d'eau. Dans une casserole, mettez les oignons, les carottes et les navets, saupoudrez-les de sucre et mouillez d'eau bouillante à mi-hauteur. Répartissez-y la moitié du beurre. Couvrez à demi et laissez étuver sur feu moyen, jusqu'à ce que l'eau se soit évaporée et que les légumes soient presque tendres (le temps est variable, mais comptez au moins 15 minutes). Secouez le récipient plusieurs fois.

5 Dans une autre casserole, faites cuire les haricots verts à l'eau bouillante légèrement salée, pendant 5 minutes environ et en ajoutant les pois gourmands au bout de 4 minutes. Égouttez bien et réservez.

6 Mettez oignons, navets et carottes dans la cocotte, 20 minutes avant la fin de la cuisson. Un quart d'heure après, ajoutez les autres légumes.

7 Dès que le navarin est cuit, avec une écumoire, transférez viande et légumes dans un plat de service préchauffé et réservez au chaud.

8 Filtrez le liquide de braisage au-dessus d'un pichet, remettez-le dans la cocotte et, sur feu vif, faites-le réduire à gros bouillons de 1/4 à 1/3. Rectifiez l'assaisonnement et incorporez-y le reste de beurre. Nappez-en le navarin. Glissez-y ici et là des herbes fraîches et servez aussitôt.

À déguster avec un vin Brouilly ou un Fleurie.

LE GIGOT D'AGNEAU

Pour 8 personnes
Préparation : 15 minutes,
plus 1 heure en attente
Cuisson : 1 heure et quart,
plus 10 minutes four éteint

1 gigot d'agneau paré de 1,8 kg
3 gousses d'ail, ou davantage
2 cuillerées à café de chaque :
thym et romarin séchés (ou fines herbes ciselées),
plus brins de romarin et de thym,
pour le plat (facultatif)
1 cuillerée à café d'origan séché
2 cuillerées à soupe d'huile d'olive
30 g de beurre
10 cl de vin blanc sec,
plus de quoi terminer la sauce
12 cl de bouillon
2 cuillerées à soupe de crème fraîche
sel et poivre du moulin

Le gigot, arrosé d'un vin Châteauneuf-du-Pape, c'est la pièce de viande par excellence des fêtes de famille. Pour le retour du fils prodigue — et même de la fille — on ne tue pas un veau engraissé, on commande un beau gigot chez son boucher. Même avant cuisson, un gigot à demi-désossé et bien préparé est une belle pièce de viande. Le plus souvent, on le pique d'ail avant de le rôtir. Utilisez les os retirés pour faire un bon bouillon, ou régaler le chien. Si c'est un gigot avec os, comptez 285 g par personne, ou un peu plus de la moitié de ce poids s'il est désossé.

Il n'est pas possible d'indiquer un temps exact de cuisson. Cordons bleus, bouchers et amateurs de gigot conseillent, en général, 15 minutes par livre, à chaleur vive. La viande sera très saignante au cœur. Le temps de cuisson que je suggère ici est moins draconien et vous donnera une chair rosée au centre et des tranches bien cuites aux extrémités. Dans le doute, il est toujours plus prudent de raccourcir le temps de cuisson : le gigot pourra retourner au four pendant que vous offrirez un second apéritif à vos convives.

Si vos invités ont une idée très précise du *bien rosé*, *à point* et *bien cuit*, attendez-vous à repasser certaines tranches au four quelques minutes — le gigot doit être une fête pour tout le monde et il faut donc se plier aux exigences de chacun. En règle générale, on saisit l'agneau jeune à forte température, puis on réduit celle-ci afin que la cuisson s'effectue plus doucement. S'il est plus âgé, réduisez davantage la température de la seconde étape — réglez sur 150-180 °C et laissez cuire 15 à 20 minutes de plus.

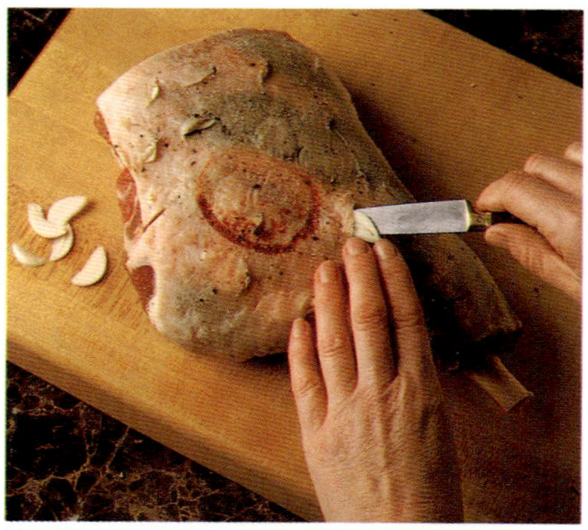

INCISEZ LA CHAIR DU GIGOT ET, AVEC LA POINTE DU COUTEAU, GLISSEZ-Y DES LAMELLES D'AIL.

Quelle garniture servir avec le gigot ? C'est un mets fortement marqué par la tradition. Il est difficile, à juste titre, d'ignorer les garnitures classiques, comme les haricots verts poêlés (page 145) et les flageolets (voir le cassoulet page 112 pour la cuisson des haricots), ou les flageolets au naturel, égouttés et réchauffés à feu doux avec un doigt de vin blanc, des herbes ciselées et une noix de beurre. Des tomates à la provençale sont également excellentes, de même que des navets glacés (page 92) et des pommes de terre à l'huile d'olive (page 145). En supplément, proposez une délicieuse purée d'ail (page 101).

1 Assaisonnez le gigot et laissez-le revenir à température ambiante. Coupez l'ail en lamelles. Avec un couteau pointu, incisez le gigot et piquez-le d'ail. Mélangez les herbes avec un peu de poivre et frottez-en la chair de l'agneau. Laissez reposer tel quel une bonne heure.

L'HUILE D'OLIVE ET LE BEURRE PERMETTENT À LA CHAIR DE RESTER MOELLEUSE DURANT LA CUISSON.

À MI-CUISSON, RETOURNEZ LE GIGOT ET ARROSEZ-LE COPIEUSEMENT

2 Préchauffez le four à 230 °C. Frottez la graisse du gigot avec du sel, arrosez-le d'huile d'olive et parsemez-le de beurre. Posez-le, sur sa partie bombée, sur une grille placée dans une lèchefrite ou un plat à four (en le couchant, à votre gré, sur un lit de romarin et de thym). Enfournez-le 30 à 35 minutes.

3 Tournez le gigot et arrosez-le avec le jus de cuisson, et le vin blanc allongé d'autant d'eau. Réglez le four sur 190 °C et continuez la cuisson pendant 30 à 35 minutes encore, voire plus si le gigot saignant ne plaît à aucun de vos invités. Arrosez à nouveau et laissez-le 10 minutes dans le four éteint, avec la porte entrouverte.

4 Découpez le gigot, ou trouvez une âme charitable pour le faire, et dressez les tranches sur un plat de service chaud. Par ailleurs, dégraissez le jus de cuisson et versez-le dans une petite casserole. Ajoutez le fond de cuisson et un doigt de vin blanc. Faites à peine frémir sur feu doux et enrichissez de crème. Ajoutez le jus receuilli pendant le tranchage du gigot, rectifiez l'assaisonnement et servez dans une saucière préchauffée. Présentez avec le gigot.

VARIANTE : à votre gré, mettez moins d'herbes et d'ail et ajoutez à la sauce deux cuillerées à soupe de câpres égouttées et enrichissez-la avec 30 g de beurre, à la place de la crème.

CARBONNADE AUX PRUNEAUX

Originaire du Nord, pays de la bière, ce ragoût salé-sucré possède une agréable pointe d'acidité. La carbonnade doit sa saveur caramélisée si particulière à un braisage très lent et à la présence de bière, de sucre et de vinaigre. Pour en préparer une version simplifiée, remplacez les pruneaux par une grosse cuillerée de sucre roux en poudre et supprimez la tartine moutardée. Plusieurs viandes peuvent être utilisées : le bœuf à braiser est le choix le plus courant, mais porc et lapin conviennent également. Farinez d'abord le lapin et réduisez le temps de cuisson de 40 minutes.

Pour 6 personnes
Préparation : 20 minutes
Cuisson : 2 heures et quart

2 cuillerées à soupe d'huile
15 g de beurre, plus de quoi beurrer les tartines
1,35 kg de bœuf à braiser (aiguillette, par exemple), détaillé en gros morceaux et dégraissé
225 g de poitrine de porc fumée
3 oignons émincés
2 échalotes hachées menu
1 cuillerée à soupe bombée de farine
55 cl de bière brune
1 cuillerée à café bombée de thym séché
2 brins de persil
2 feuilles de laurier
20 cl de bouillon léger, si besoin est
140 g de pruneaux dénoyautés
2 cuillerées à soupe de vinaigre de vin
6 tartines grillées
1 cuillerée à soupe rase de moutarde forte
sel et poivre du moulin

1 Faites chauffer l'huile dans une cocotte. Ajoutez le beurre et inclinez le récipient sur la flamme pour bien l'enduire de matière grasse. Mettez-y la viande, assaisonnez-la et saisissez-la sur feu moyen, en remuant et tournant les morceaux pour qu'ils se colorent uniformément.

2 Dans une casserole, faites blanchir le lard une minute à l'eau bouillante. Égouttez-le sur du papier absorbant, laissez-le tiédir un instant et débitez-le en lardons. Ajoutez ceux-ci à la viande, avec les oignons et les échalotes. Saupoudrez de farine, remuez bien et laissez cuire deux minutes jusqu'à ce que la farine soit colorée.

3 Versez la bière, ajoutez le thym, du persil et les feuilles de laurier. Chauffez jusqu'aux premiers frémissements et baissez la flamme. Remuez bien, couvrez qu'aux deux tiers avec le couvercle sur le côté et laissez mijoter doucement 1 heure 30 environ.

4 Ajoutez les pruneaux et le vinaigre, remuez le ragoût et mouillez-le avec 1 à 2 louche(s) de bouillon ou d'eau, s'il n'y a plus assez de jus (il aura épaissi, mais ne doit pas être trop sirupeux). Couvrez comme précédemment et, toujours sur feu doux, continuez le braisage pendant 20 à 30 minutes.

5 Rectifiez l'assaisonnement et remuez bien, en mouillant de bouillon ou d'eau, si nécessaire. Beurrez légèrement les 2 côtés du pain grillé et tartinez-les de moutarde. Posez-les sur la carbonnade. Couvrez complètement et laissez cuire 15 minutes. Servez bien chaud dans la cocotte.

À déguster avec de la bière ou un vin Côtes du Rhône.

TRANCHES DE FOIE DE VEAU SAUTÉES

Ce mets d'une grande finesse se prépare en quelques minutes. La fine couche de farine protège le foie et empêche les projections de matière grasse. Gardez l'œil sur la flamme et la pendule — le foie de veau ne supporte pas les excès de cuisson.
Si vous aimez la moelle de bœuf, confectionnez un beurre Bercy : faites fondre 4 échalotes dans de l'eau (onglet, voir page 122), puis cuisez-les dans trois cuillerées à soupe environ de moelle (voir pot-au-feu page 18). Enveloppez les os dans un nouet et pochez-les. Mixez les échalotes et la moelle au robot ménager, avec 75 g de beurre ramolli et une cuillerée à soupe de persil haché. Assaisonnez et mettez au frais. Laissez fondre sur le foie et vous vous régalerez. Ce beurre est délicieux avec les grillades.

Pour 4 personnes
Préparation : 5 minutes
Cuisson : 10 minutes

4 tranches de foie de veau
1 cuillerée à soupe bombée de farine
1 cuillerée à café rase de sauge séchée et émiettée
2 cuillerées à café d'huile
55 g de beurre
1 grosse cuillerée à soupe de persil ciselé
sel et poivre du moulin

AU CHOIX, POUR DÉGLACER LE RÉCIPIENT :
2 cuillerées à soupe de bon vinaigre de vin
1 cuillerée à soupe de vinaigre de xérès et 2 cuillerées à soupe de madère
2 cuillerées à soupe de chaque : vin rouge et bouillon léger

1 Posez le foie sur une double épaisseur de papier absorbant et épongez-le doucement. Assaisonnez légèrement la farine, mettez-la dans une petite passoire et saupoudrez-en le foie. Parsemez de sauge.

2 Avec du papier absorbant, huilez légèrement une sauteuse assez grande pour contenir les 4 tranches de foie côte à côte. (À défaut, utilisez 2 poêles ou faites cuire les tranches en deux fois.) Mettez le ou les récipient(s) sur feu moyen, avec la moitié du beurre. Dès que celui-ci ne mousse plus, placez-y le foie, sur le côté fariné. Laissez cuire 2 à 3 minutes sur feu moyen — le foie doit être rosé à l'intérieur et saisi, sans pour autant être dur, à l'extérieur.

3 Farinez l'autre face et répartissez dessus le reste de sauge. Tournez les tranches délicatement et laissez cuire 2 à 3 minutes. Baissez la flamme au bout d'une minute si le jus de cuisson brunit trop vite.

4 Transférez sur un plat préchauffé et tenez au chaud le temps de faire la sauce.

5 Déglacez le ou les récipient(s) avec le vinaigre ou le liquide de votre choix. Remuez un bref instant et incorporez le reste de beurre. Rectifiez l'assaisonnement et nappez-en le foie. Parsemez de persil et servez immédiatement.

À déguster avec un vin rouge Anjou.

BŒUF BOURGUIGNON

Le bœuf bourguignon se bonifie avec le temps. Il se garde plusieurs jours et se congèle très bien. Par conséquent, préparez-en le double, jusqu'à la fin de l'étape 5, afin d'en avoir d'avance pour une autre fois.

Pour 4 personnes
Préparation : 10 minutes, plus plusieurs heures à mariner
Cuisson : 2 heures et demie

1,3 kg de bœuf à braiser (pointe de culotte ou tranche, par exemple), coupé en gros morceaux
2 cuillerées à soupe d'huile
3 tranches épaisses de lard fumé, blanchies et détaillées en lardons
30 g de beurre
1 cuillerée à soupe de farine
1 cuillerée à soupe de cognac
3 cuillerées à soupe de vin rouge
1 grosse cuillerée à soupe de persil ciselé
sel et poivre du moulin

POUR LA MARINADE
70 cl de vin rouge corsé
1 cuillerée à soupe d'huile d'olive
1 grosse carotte pelée et coupée en morceaux
1 oignon jaune grossièrement haché
2 échalotes hachées
1 gousse d'ail pilée
1 bouquet garni
1 cuillerée à café de thym séché
6 grains de poivre noir
brins de persil frais

1 Faites mariner la viande : mettez-la dans un saladier avec les ingrédients de la marinade. Remuez bien pour l'enrober, couvrez et laissez dans un endroit frais plusieurs heures, ou une nuit au réfrigérateur. Remuez 1 à 2 fois.

2 Pour braiser le bourguignon : égouttez les morceaux, en réservant le vin et en séparant les aromates de la viande elle-même.

3 Dans une cocotte avec l'huile chaude, faites revenir les lardons sur feu moyen, jusqu'à ce qu'ils soient croquants et dorés. Sur feu plus vif, saisissez-y la viande brièvement sur toutes les faces.

4 Ajoutez les aromates de la marinade et remuez une minute. Mettez la moitié du beurre. Dès qu'il est fondu, farinez et remuez un bref instant. Mouillez avec le vin de la marinade. Assaisonnez et portez à petite ébullition, en remuant de temps en temps. Mettez le reste de beurre au frais pour plus tard.

5 Lorsque le liquide frémit, remuez les ingrédients, réglez sur feu très doux, couvrez et laissez mijoter deux heures environ. Remuez le ragoût de temps à autre. Ajoutez quelques cuillerées à soupe d'eau chaude si la sauce est trop épaisse.

6 Pour renforcer la saveur de votre bourguignon, laissez-le refroidir et mettez-le au frais. Le lendemain, dégraissez-le, jetez le bouquet garni et faites-le réchauffer sur feu doux.

7 Avec une écumoire, transférez la viande sur un plat préchauffé et laissez-la en attente au chaud.

8 Sur feu plus vif, faites réduire un peu la sauce, si elle vous semble claire. Ajoutez le cognac et laissez cuire un bref instant. Mouillez avec les 3 cuillerées à soupe de vin, remuez et laissez cuire une minute. Rectifiez l'assaisonnement. Au moment de servir, coupez en dés le beurre raffermi et incorporez-les à la sauce. Remettez la viande dans la cocotte ou nappez-la de sauce dans le plat.

9 Parsemez le bourguignon de persil et servez aussitôt avec des pommes vapeur. Des oignons glacés ou des champignons poêlés font aussi d'excellentes garnitures.

À déguster avec un vin Côte de Beaune ou un Mercurey.

ONGLET AUX ÉCHALOTES

Poêler un aliment est un mode de cuisson rapide et courant. La recette ci-après, prête en un clin d'œil, ravira particulièrement les amateurs de viande rouge.

Pour 2 personnes
Préparation : 5 minutes
Cuisson : 10 minutes

30 à 45 g de beurre
2 beaux onglets
4 échalotes hachées menu
2 cuillerées à café d'huile
1 cuillerée à soupe rase de persil ciselé
sel et poivre du moulin

1 Préparez les onglets : mettez la moitié du beurre au frais et coupez le reste en 4. Sur feu doux, faites-en fondre un morceau dans une poêle et penchez celle-ci pour bien l'enduire. Éteignez. Posez les onglets dans le récipient, appuyez légèrement dessus et retournez-les — il s'agit ici de les enduire de beurre chaud. Transférez-les sur une assiette, poivrez-les et réservez-les jusqu'au moment de les cuire, 5 minutes avant de servir.

2 Mettez les échalotes dans une petite casserole et couvrez-les d'eau froide. Portez à ébullition. Sur feu moyen, faites évaporer l'eau, jusqu'à ce que les échalotes soient fondantes — comptez 5 à 8 minutes. Réglez sur feu très doux.

3 Par ailleurs, faites cuire les onglets : chauffez la poêle sur feu vif. Ajoutez l'huile et les 3 morceaux de beurre. Salez les onglets et mettez-les dans la matière grasse chaude. Baissez un peu la flamme et poêlez la viande selon le degré de cuisson souhaité, en la tournant à mi-cuisson.

4 Coupez en dés le beurre raffermi. Augmentez la flamme sous la fondue d'échalotes et incorporez-y la moitié du beurre. Agrémentez les onglets de cette préparation. Laissez dans la poêle un bref instant, puis transférez sur des assiettes chaudes.

5 Mettez le reste du beurre dans la poêle, ajoutez le persil et nappez-en les onglets. Râclez bien le récipient pour ne rien gaspiller et servez aussitôt.

VARIANTE : aussi simple et appétissant, le steak au poivre vert. Avec un mortier et un pilon, broyez une cuillerée à soupe de poivre vert égoutté et appliquez-en un tiers sur la viande avant de l'enduire de beurre chaud (étape 1). Après cuisson des steaks, mettez le reste de poivre vert dans la poêle, avec 2 cuillerées à café de cognac. Laissez cuire un bref instant, puis incorporez 2 cuillerées à café de madère et le beurre coupé en dés. Mélangez un bref instant sur feu moyen et nappez-en les steaks.

À déguster avec un vin Morgon.

CI-CONTRE
Cet onglet aux échalotes comblera les amateurs de viande rouge.

Huitième chapitre

LES SALADES ET LES LÉGUMES

À en juger par la *garniture de légumes* timidement servie dans la restauration, on pourrait croire que la préparation des légumes est une branche mineure de notre gastronomie. Il n'en est rien. L'étonnante richesse de nos marchés, si peu mise en valeur dans les restaurants ordinaires, est inventivement exploitée dans la cuisine familiale. Les préparations — judicieuses sans être pour autant compliquées — sont à la portée de n'importe qui (dans les très grands restaurants, cuisiner les légumes revient aux jeunes chefs). Sans clamer que nous sommes végétariens, il faut admettre que nous apprécions les légumes en gourmets. Nous nous extasions sur la saveur des premiers petits pois, ou des premières asperges de la saison et nous régalons au dîner d'une assiettée de haricots verts du jardin sautés au beurre, ou de lentilles du Puy. On s'échange des recettes de champignons, on polémique sur la vraie recette du gratin dauphinois et on avale une salade verte presque tous les jours. Comme il y a beaucoup de — bonnes — choses à faire avec les légumes, j'y consacre un long chapitre.

À GAUCHE

Panaché de salades aux petits lardons, avec des concombres à la crème (page 126).

CONCOMBRES À LA CRÈME

Avec les nouvelles variétés de concombre, il n'est plus nécessaire, paraît-il, de les laisser dégorger longtemps au sel afin de leur ôter leur amertume. Toutefois, les vieilles habitudes ont la vie dure et, personnellement, j'aime la façon dont cette méthode transforme la texture du légume, car cela permet d'en éliminer énormément d'eau. La fraîcheur acidulée et le croquant des concombres à la crème en font une entrée légère, sans prétention, authentiquement raffinée, avec un goût de *revenez-y*.

Pour 4 personnes
Préparation : 10 minutes, plus 30 minutes à dégorger et 30 minutes au frais

1 beau concombre ferme (ou 2 petits)
2 cuillerées à soupe de gros sel
brins d'estragon frais, ou plusieurs feuilles de menthe (facultatif)
2 cuillerées à soupe de jus de citron
10 cl de crème fleurette
poivre du moulin

1 Préparez le concombre : si vous le souhaitez, avec un couteau économique, pelez le concombre à intervalles réguliers, sur toute sa longueur. Détaillez-le en rondelles aussi fines que possible, soit avec une mandoline, soit avec un couteau bien aiguisé (ou votre robot ménager, s'il est doté d'un disque approprié pour tranches extra-fines).

2 Mettez-les dans une passoire, saupoudrez-les de gros sel et remuez. Posez dessus une assiette creuse surmontée d'un poids et laissez-le dégorger 30 minutes minimum, voire une heure, si vous n'êtes pas trop pressé.

3 Rincez le concombre abondamment à l'eau froide et égouttez-le bien, en appuyant doucement dessus avec la main. Placez-le dans un linge propre, ou sur une double épaisseur de papier absorbant, afin d'en éliminer le maximun d'eau, tout en l'épongeant délicatement.

4 Dressez le concombre sur un plat de service. Selon votre goût, parfumez avec quelques feuilles d'estragon ciselée, ou plusieurs feuilles de menthe roulées. Citronnez et mélangez bien.

5 Versez la crème fraîche dessus, poivrez et remuez délicatement de façon à bien enrober les rondelles. Laissez au frais 30 minutes au moins avant de servir, en rectifiant l'assaisonnement à la sortie du réfrigérateur.

PANACHÉ DE SALADES AUX PETITS LARDONS

Cette salade tiède classique se fait habituellement avec de la chicorée frisée qui, à moins d'être jeune et tendre, se mâche difficilement. Il est plus agréable d'utiliser un assortiment de salades : romaine, batavia ou feuille de chêne, quelques feuilles de laitue et, éventuellement, un peu d'oseille, d'épinards ou de roquette. Parez-les, lavez-les et essorez-les bien.

Pour 4 à 6 personnes en entrées, ou 2 à 3 pour un déjeuner léger
Préparation : 10 minutes
Cuisson : 5 minutes

200 g de poitrine de porc fumée, découennée et détaillée en lardons
200 g de salades mélangées
quelques brins de persil et de ciboulette
4 cuillerées à soupe d'huile d'arachide (ou d'huile d'olive modérément fruitée)
sel et poivre du moulin
1 cuillerée et demie à soupe de vinaigre de vin rouge

1 Dans une casserole, faites blanchir une minute les lardons à l'eau bouillante. Égouttez-les, puis étalez-les sur une double épaisseur de papier absorbant.

2 Disposez les feuilles de salade sur un plat creux, ou aux bords évasés. Ciselez du persil et de la ciboulette dessus. Arrosez avec une cuillerée et demie à soupe d'huile ; salez et poivrez légèrement.

3 Quelques minutes avant de servir, faites chauffer le reste d'huile dans une poêle, sur feu moyen, et mettez-y les lardons sur une seule couche. Faites-les revenir 2 à 3 minutes en les remuant plusieurs fois, jusqu'à ce qu'ils soient dorés et croustillants.

4 Ôtez du feu et répartissez les lardons sur la salade.

5 Remettez la poêle sur le feu. Versez-y le vinaigre et remuez bien quelques secondes. Versez le liquide chaud sur la salade, remuez légèrement et rectifiez l'assaisonnement. Ciselez de nouveau des herbes et servez aussitôt — plus la sauce sera chaude, meilleure sera la salade.

CHAMPIGNONS EN SALADE

Faire blanchir les champignons en améliore la texture et permet de déguster une salade qui se digèrera plus facilement. Pour des champignons à la grecque, faites frémir les ingrédients de la marinade utilisée pour les truites à la grecque (page 84), en diminuant les proportions de moitié. Mélangez ensuite aux champignons blanchis et laissez mariner plusieurs heures ou une nuit.

Pour 4 personnes
Préparation : 15 minutes

2 cuillerées à soupe de jus de citron
450 g de petits champignons de Paris, finement émincés
1 cuillerée à soupe d'huile d'arachide
2 cuillerées à soupe de crème fraîche (ou 1 cuillerée à soupe de crème fleurette et 1 cuillerée à soupe de yaourt à la grecque)
1/4 de cuillerée à café de moutarde forte
2 cuillerées à café de vinaigre de vin blanc
1 petit bouquet de ciboulette
sel et poivre du moulin

1 Dans une casserole, faites bouillir de l'eau légèrement salée. Ajoutez le jus de citron et les champignons. Laissez-les blanchir une minute. Égouttez-les bien et étalez-les sur un linge propre, ou entre une double épaisseur de papier absorbant.

2 Dans une tasse, mélangez l'huile, la crème fraîche (ou le mélange crème-yaourt), la moutarde et le vinaigre. Assaisonnez selon le goût et ciselez de la ciboulette.

3 Dressez les champignons égouttés sur un plat creux, ou aux bords évasés. Nappez-les de sauce et remuez bien ; rectifiez l'assaisonnement. Décorer de ciboulette ciselée et servez sans attendre.

CÉLERI RÉMOULADE

Du céleri-rave râpé et citronné, relevé d'une mayonnaise onctueuse, donne l'une de nos meilleures entrées. Montez vous-même une mayonnaise bien moutardée, mais n'en noyez pas le céleri-rave.

Pour 4 personnes
Préparation : 15 minutes, plus la mayonnaise à préparer et la mise au frais

1 céleri-rave de 450 g, épluché et râpé
2 cuillerées à soupe de jus de citron
sel et poivre du moulin

POUR LA SAUCE RÉMOULADE :
12 à 15 cl de mayonnaise (page 36), bien relevée avec 1 cuillerée à soupe de moutarde forte, 1 cuillerée à café de vinaigre de vin blanc, 2 petits cornichons hachés (facultatif) et 1 cuillerée à soupe de persil finement ciselé, plus de quoi garnir (facultatif)

1 Dans une casserole, faites bouillir de l'eau légèrement salée. Citronnez-la et faites-y blanchir une à deux minutes le céleri-rave. Égouttez-le, avec les mains exprimez-en l'excès d'eau et étalez-le sur une double épaisseur de papier absorbant pour l'éponger.

2 Mettez la mayonnaise dans un saladier de service, ajoutez les aromates et remuez bien. Rectifiez l'assaisonnement (la sauce rémoulade doit être bien piquante et poivrée). Réservez-en 2 cuillerées à soupe.

3 Transférez le céleri-rave dans le saladier. Remuez-le afin de bien l'enrober de mayonnaise. Si vous l'aimez avec beaucoup de mayonnaise, ajoutez celle que vous avez réservée. Placez 15 minutes au frais, voire davantage.

4 Au moment de servir, remuez à nouveau, rectifiez l'assaisonnement et décorez de persil. Consommez de préférence le jour même.

POIREAUX VINAIGRETTE

Une fois assaisonnée, cette entrée simplissime doit être servie rapidement, c'est-à-dire lorsque la texture des poireaux est intacte et qu'ils sont encore tièdes. À votre gré, ajoutez une poignée de croûtons, des noix revenues au beurre et même des filets d'anchois hachés menu. Les asperges s'apprêtent de la même façon.

Pour 4 personnes
Préparation : 15 minutes
Cuisson : 20 minutes, plus refroidissement

12 poireaux de moyenne grosseur, parés et lavés
1 cuillerée à café de moutarde à l'ancienne
1 cuillerée un quart à soupe de vinaigre de vin ou de framboise
3 à 4 cuillerées à soupe d'huile d'arachide
1 demi-échalote hachée très menu
2 œufs frais, durs et écalés
brins de persil ou de ciboulette
sel et poivre du moulin

1 Salez légèrement les poireaux. Mettez-les dans un cuit-vapeur au-dessus de l'eau préalablement portée à ébullition et couvrez. Laissez-les cuire 15 à 20 minutes jusqu'à ce qu'ils soient juste tendres.

2 Entre-temps, faites la vinaigrette : dans une tasse avec la moutarde et le vinaigre, ajoutez l'huile et l'échalote et assaisonnez selon le goût.

3 Hachez les blancs d'œufs, affinez-les au chinois et réservez-les. Écrasez les jaunes et affinez-les également au chinois.

4 Attendez de pouvoir toucher les poireaux sans vous brûler et pressez-les pour en extraire l'eau. Épongez-les.

5 Répartissez 3 poireaux par convive, sur une assiette. Émulsionnez la vinaigrette en la tournant vivement et nappez-en chaque portion de poireaux. Alternez côte à côte une bande de blancs d'œufs hachés, une de jaunes et une de ciboulette ciselée. Décorez vos poireaux mimosa d'herbes ciselées.

LE CHOU FARCI

Pour 6 personnes
Préparation : 30 minutes
Cuisson : 2 heures 15, par étapes

1 gros chou d'hiver
200 g de jambon blanc
8 tranches fines de lard fumé, préalablement blanchies selon le goût
200 g de chair à saucisse de bonne qualité
200 g de veau haché
2 cuillerées à café d'huile
45 g de beurre
2 oignons rouges hachés menu
1 gros poivron rouge paré, épépiné et haché menu
4 échalotes hachées menu
1 cuillerée à café rase de paprika
1/4 de cuillerée à café de noix de muscade râpée
1 cuillerée à café de thym séché en poudre
1 demi-cuillerée à café de marjolaine séchée
1 tranche épaisse d'un pain de la veille, sans la croûte
4 à 5 cuillerées à soupe de lait
1 gros œuf (ou 2 petits)

POUR LE BOUILLON :
1 oignon haché grossièrement
1 grosse carotte hachée grossièrement
1 petit pied de céleri (ou 1 petit bulbe de fenouil), paré et émincé grossièrement
3 clous de girofle
1 bouquet garni
sel et poivre du moulin

AVEC UN COUTEAU POINTU, RETIREZ LE TROGNON DU CHOU.

DÈS QUE LE CHOU BLANCHI EST ASSEZ TIÈDE, ÉCARTEZ LES GRANDES FEUILLES POUR DÉGAGER LE CŒUR.

Le gros chou vert pommé (chou cabus ou chou de Milan) qui égaye l'étal des maraîchers en hiver, est idéal pour être farci. Mets sans prétention, c'est aussi l'un des plats complets les plus réjouissants qui soient. Même si cela vous demande une heure de préparation et deux de cuisson, à la vue du résultat, on ne regrette pas le temps passé.

1 Dans un faitout, portez à ébullition un grand volume d'eau salée. Avec un couteau pointu, retirez en partie le trognon du chou, en veillant à ne pas enfoncer la lame trop loin. Mettez le chou dans l'eau bouillante, couvrez et laissez cuire 15 minutes sur feu modéré. Retournez-le au bout de 10 minutes.

2 Rafraîchissez-le sous l'eau froide et égouttez-le bien. Laissez-le refroidir quelques minutes dans la passoire afin de pouvoir le manipuler. Délicatement, écartez les grandes feuilles vertes de sorte à dégager le cœur. Avec un couteau pointu, ôtez les petites feuilles serrées du milieu (cela représente deux tiers à trois quarts de votre chou), mais veillez à ne pas transpercer la base. Hachez finement la moitié des feuilles retirées et réservez le reste pour le bouillon.

GARNISSEZ D'UNE MOUSSELINE UNE PASSOIRE OU UN SALADIER ET PLACEZ-Y LE LARD EN CROIX

POSEZ LE CHOU DESSUS ET FARCISSEZ-EN AVEC UNE CUILLÈRE LA CAVITÉ.

RABATTEZ SUR LA FARCE QUELQUES FEUILLES DU MILIEU, REFARCISSEZ ET REFERMEZ AVEC CELLES DU POURTOUR.

3 Préparez la farce : hachez ensemble le jambon et 4 tranches de lard. Dans un saladier, mélangez-les à la chair à saucisse et au veau. Réservez.

4 Préchauffez une poêle sur feu moyen et, avec du papier absorbant, huilez-la. Ajoutez le beurre. Dès qu'il ne mousse plus, mettez les oignons, le poivron, les échalotes, les épices et les herbes. Assaisonnez légèrement et remuez. Faites revenir 5 minutes, en remuant souvent, et réglez sur feu plus vif. Ajoutez le hachis de viande, remuez et laissez cuire 10 minutes en remuant souvent et vigoureusement pour que les saveurs se mêlent. Au bout de 5 minutes ajoutez le chou haché.

5 Ôtez la farce du feu et laissez-la refroidir. Trempez la mie de pain 3 à 4 minutes dans le lait. Pressez-la bien pour en exprimer l'excès de lait, puis ajoutez-la à la farce avec le ou les œuf(s). Mélangez bien le tout et rectifiez l'assaisonnement.

6 Farcissez le chou : prenez une passoire en inox légèrement plus grande que le chou et garnissez ce récipient d'une mousseline doublée, ou d'un linge propre. Au fond, disposez 2 tranches de lard en croix. Posez le chou dessus. Dégagez-en la cavité en écartant délicatement les feuilles, que vous laisserez reposer souplement sur le bord du récipient. Avec une cuillère, farcissez le chou. Rabattez sur cette farce quelques-unes des feuilles du milieu, ajoutez un peu de farce et enfermez-la avec les feuilles du pourtour, de manière à redonner au chou sa forme initiale.

7 Disposez les 2 dernières tranches de lard en croix sur le chou ainsi reconstitué. Enfermez-le hermétiquement dans le linge, que vous nouerez sur le dessus avec une bonne longueur de ficelle, en prévoyant une poignée facile à saisir. Laissez en attente le temps de confectionner le bouillon.

ENFERMEZ LE CHOU HERMÉTIQUEMENT DANS LE LINGE ET AVEC LA FICELLE, PRÉVOYEZ UNE POIGNÉE.

8 Faites bouillir de l'eau dans une casserole. Dans un faitout, mettez les légumes, les aromates et les feuilles de chou qui restent. Salez et poivrez bien. Couvrez d'eau bouillante. Dès qu'elle frémit à nouveau, mettez la passoire avec le chou — seule la base de celui-ci doit baigner dans l'eau. À défaut d'une passoire à pied, mettez le chou dans un panier métallique, que vous placerez dans le bouillon. Portez-le à petite ébullition. Couvrez, baissez la flamme et laissez cuire doucement à la vapeur, pendant 2 heures. Vérifiez régulièrement le niveau d'eau et, le cas échéant, rajoutez de l'eau bouillante.

9 Sortez la passoire (ou l'ustensile utilisé) de l'eau. Mettez à égoutter au-dessus d'un saladier et laissez tiédir quelques minutes. Pendant ce temps, augmentez la flamme sous le bouillon et faites-le réduire à pleine ébullition. Rectifiez l'assaisonnement. Filtrez-le au-dessus d'un pichet préchauffé et tenez-le au chaud.

10 Retirez le chou du linge et ôtez les tranches de lard. Mettez celles-ci dans le bouillon. Dressez le chou farci dans un plat de service rond préchauffé, mouillez-le avec le bouillon et servez immédiatement. Avec un grand couteau, découpez-le en gros quartiers, que vous maintiendrez avec une fourchette ou une cuillère.

À déguster avec un vin Pinot noir d'Alsace ou un Côtes du Roussillon.

VARIANTES : pour cette recette, un reste de viande convient parfaitement. Remplacez jambon, chair à saucisse et veau par le même poids d'un reste de viande (550 g) cuite hachée. Utilisez tous les autres ingrédients — et ne lésinez pas sur le sel ni le poivre.
Pour un délicieux chou farci végétarien, faites une farce avec des oignons, de l'ail, des poivrons et des champignons poêlés, que vous mélangerez à du riz cuit, des pignons et des olives hachées. Une fois liée avec de l'œuf, parfumez cette farce avec un soupçon de cumin, de coriandre, de gingembre, de paprika, de zeste de citron et d'orange et de harissa. Diminuez le temps de cuisson de 30 minutes.

SALADE DE MÂCHE AUX NOIX

Pour 4 personnes
Préparation : 15 minutes

200 g de mâche
1 demi-gousse d'ail
1 échalote hachée menu
quelques brins de ciboulette
4 à 6 noix fraîches, décortiquées et cerneaux concassés
2 cuillerées à café de vinaigre de xérès
2 cuillerées à soupe d'huile de noix
1 cuillerée à soupe d'huile d'arachide
sel et poivre du moulin

1 Lavez la mâche à l'eau froide. Égouttez-la et, si besoin est, séparez les pieds les uns des autres. Avec un linge propre ou des serviettes en papier, épongez-la délicatement — elle est trop fragile pour l'essoreuse.

2 Frottez d'ail un saladier. Mettez-y l'échalote, avec la ciboulette ciselée et les noix. Assaisonnez généreusement. Arrosez avec le vinaigre et mélangez bien. Peu à la fois, incorporez l'huile de noix et d'arachide. Laissez infuser quelques minutes, ou davantage selon le goût.

3 Au moment de servir, mettez la mâche dans le saladier, remuez légèrement afin de l'enrober de sauce et servez sans attendre.

SALADE DE POMMES DE TERRE

Pour apprécier ce régal simple qu'est une bonne salade de pommes de terre, il vous faut cuire ces dernières à chaleur modérée et régulière, jusqu'à ce qu'elles soient cuites au milieu mais toujours entières. Attendez quelques minutes pour les éplucher sans vous brûler et assaisonnez-les encore tièdes, de manière que la pulpe s'imprègne de l'arôme de la sauce.
Pour obtenir un plat complet, étoffez votre salade de moules marinière (page 76 — sortez les moules de leurs coquilles, en réservant 4 à 5 dans leur demi-coquille pour garnir) et parfumez la sauce avec 2 cuillerées à soupe de jus de cuisson filtré. Sinon, ajoutez des lardons croquants.

Pour 4 personnes
Préparation : 10 minutes
Cuisson : 30 minutes

450 g de pommes de terre à chair ferme,
d'égale grosseur et brossées
4 cuillerées à soupe d'huile d'olive ou d'arachide
1 cuillerée à café rase de moutarde forte
1 à 2 échalote(s) hachée(s) menu
1 demi-gousse d'ail pilée (facultatif)
1 cuillerée à soupe de vinaigre de vin rouge,
ou 2 cuillerées à café de vinaigre de xérès
1 grosse cuillerée à soupe de crème fraîche
fines herbes : quelques brins de persil,
de cerfeuil et de ciboulette
sel et poivre du moulin

1 Dans une grande casserole placée sur feu vif, portez un grand volume d'eau salée à ébullition. Mettez-y les pommes de terre et faites reprendre l'ébullition. Baissez la flamme, couvrez à demi et laissez cuire à petite ébullition régulière (plutôt qu'à gros bouillons) pendant 20 à 30 minutes jusqu'à ce qu'elles soient cuites mais encore un peu fermes — une brochette doit y pénétrer sans résistance.

2 Faites la sauce pendant que les pommes de terre cuisent : dans un bol, mélangez l'huile, la moutarde, du sel et du poivre. Ajoutez l'échalote et, le cas échéant, l'ail, puis le vinaigre et la crème. Ciselez des fines herbes. Remuez pour émulsionner la vinaigrette et rectifiez l'assaisonnement.

3 Égouttez les pommes de terre, passez-les sous l'eau froide et mettez-les à égoutter dans une passoire. Dès que vous pouvez les manipuler, épluchez-les et détaillez-les en tranches épaisses.

4 Mettez-les encore chaudes dans un saladier. Ajoutez-y les 2/3 environ de la sauce et remuez légèrement afin qu'elles en soient enrobées. Couvrez et laissez 30 minutes minimum à température ambiante, ou jusqu'au moment de servir.

5 À table, assaisonnez la salade avec le reste de sauce, remuez bien et ciselez encore quelques fines herbes dessus.

Savoir-faire

LE GRATIN DAUPHINOIS

Pour 4 à 6 personnes en plat unique,
6 à 8 en garniture
Préparation : 20 minutes
Cuisson : 1 heure à 1 heure 35,
plus 10 minutes pour refroidir

1 kg de pommes de terre de moyenne grosseur (voir ci-contre)
1 belle gousse d'ail frais
55 g minimum de beurre ramolli, plus de quoi faire gratiner
2 échalotes de moyenne grosseur
1 bonne pincée de thym séché
1 bonne pincée de sauge séchée en poudre
1 petite pincée de noix de muscade râpée (facultatif)
25 cl de lait entier
15 cl de crème fraîche
gros sel et poivre du moulin

Agréablement gratiné sur le dessus et moelleux à l'intérieur, le gratin dauphinois est, de tous les plats de pommes de terre, le plus sublime. D'une simplicité désarmante — des pommes de terre émincées cuites dans du lait enrichi de beurre et de crème —, il n'a jamais deux fois le même goût. Le dauphinois en tant que tel est incomparable, mais il en existe des douzaines de variantes. Avant d'avoir ouvert les livres de cuisine de ma bibliothèque afin de me documenter sur le sujet, je me suis rendu compte que je possédais, provenant des membres de ma famille et d'amies, pas moins de sept recettes manuscrites de gratin dauphinois — dont certaines passablement jaunies. L'une d'elles, particulièrement aillée, fut griffonnée à l'encre, dans une écriture pattes d'araignée, au dos d'un faire-part pour un mariage célébré près de Toulon en juin 1912...

Comme cela se produit immanquablement avec les recettes traditionnelles, les cordons bleus s'opposent sur la façon de faire le « vrai » gratin dauphinois. Pomme de discorde numéro un, savoir s'il faut ou non faire tremper préalablement les pommes de terre afin d'en éliminer l'amidon. Les partisans du trempage vous diront que leur gratin est plus léger, les autres rétorqueront que le leur est mieux lié, grâce à l'amidon justement. J'ai personnellement résolu le problème en lavant mes pommes de terre épluchées et en les épongeant. Deuxième point sur lequel on polémique, le liquide de cuisson — quelle quantité utilisez-vous ? Le faites-vous d'abord chauffer ? Ajoutez-vous de la crème fraîche ? Et du fromage ? Combien de beurre ? Après avoir essayé plusieurs variantes, je dirais que c'est surtout affaire de goût et de calories. Depuis quelques années, mon gratin s'est allégé et a une consistance moins liquide — j'ai cessé d'ajouter systématiquement un œuf au mélange chaud lait-crème et j'ai réduit la quantité de liquide. Je n'utilise du fromage que pour le gratin savoyard (page 134). Le lait chaud donne au mets cet arrière-goût si unique de caramel. Je trouve aussi que plus les rondelles de pommes de terre sont épaisses, plus elles absorbent de crème et de beurre. Mais là encore, à chacun son goût...

Il est primordial de bien assaisonner les pommes de terre et de les cuire à four doux, jusqu'à ce qu'elles soient à point. Cela étant fait, vous ne pouvez pas rater un gratin dauphinois. Certains seront plus somptueusement riches que d'autres, mais ils ne seront jamais décevants — du moment qu'ils auront été cuits en douceur. Ne brusquez jamais un gratin et attendez les dernières minutes de cuisson pour augmenter la température.

Commencez par acheter un bon kilogramme de pommes de terre de bonne qualité. Je prends surtout les variétés à chair ferme (qui tiennent mieux à la cuisson), mais je ne fais pas trop la difficile et choisis les meilleures que je trouve à l'étalage, de calibre moyen. Par moyen, j'entends 8 ou 9 pommes de terre pour arriver au poids nécessaire. Si elles sont plus ou moins de la même grosseur, les rondelles seront plus faciles à disposer harmonieusement.

COUPEZ LES POMMES DE TERRE EN RONDELLES FINES, MAIS PAS ULTRA-FINES.

1 Préchauffez le four à 160 °C. Épluchez les pommes de terre et plongez-les dans l'eau froide. Égouttez-les et

épongez-les avec un linge propre ou plusieurs épaisseurs de papier absorbant. Avec un bon couteau pointu, ou avec votre robot ménager équipé de la grille servant à émincer, détaillez les pommes de terre en rondelles fines. Épongez à nouveau.

ÉPONGEZ BIEN LES POMMES DE TERRE POUR ÉLIMINER L'EXCÈS D'AMIDON.

2 Pelez l'ail et coupez la gousse en deux. Si besoin est, retirez la petite pousse verte avec la pointe d'un couteau. Avec la lame, aplatissez bien chaque demi-gousse et frottez-en l'intérieur d'un joli plat à gratin de taille moyenne. Jetez l'ail ou réservez-le pour un autre usage.

3 Mettez une grosse noix de beurre au milieu du plat et, avec du papier absorbant roulé en boule, beurrez-en l'intérieur, jusqu'au bord. Prenez une poignée de rondelles de pommes de terre et disposez-en une première couche, en couvrant totalement le fond du plat. Elles doivent se chevaucher et être assez près les unes des autres — partez du bord, en revenant progressivement vers le centre.

DISPOSEZ LES RONDELLES EN CERCLES CONCENTRIQUES, EN REVENANT VERS LE CENTRE, ET ASSAISONNEZ CHAQUE COUCHE.

4 Hachez finement les échalotes et répartissez-en la moitié sur la première couche de pommes de terre. Ajoutez une pincée de thym et de sauge (ou, à défaut de sauge, de muscade) et assaisonnez avec du gros sel et la valeur de plusieurs tours de moulin à poivre.

5 Faites chauffer le lait jusqu'au seuil de l'ébullition et réservez-le.

6 Répartissez la moitié du beurre qui reste sur les pommes de terre. Au fouet, incorporez la crème fraîche au lait chaud et versez-en la moitié dans le plat.

7 Recommencez à disposer les pommes de terre comme précédemment et assaisonnez généreusement. Cette fois, versez le lait et la crème avant de disposer les noisettes de beurre. À ce stade, vous pouvez laisser le gratin en attente si cela vous arrange. Couvrez-le, il se gardera sans problème quelques heures au frais.

VERSEZ UN PEU DE LAIT ET DE CRÈME AVANT DE DISPOSER LA DERNIÈRE COUCHE.

8 Enfournez 55 minutes. Sortez le gratin et vérifiez-en la cuisson avec une brochette — il faudra peut-être le remettre 5 à 10 minutes ou même davantage. À partir de là, vérifiez toutes les 5 minutes jusqu'à ce que la brochette transperce facilement les pommes de terre. (Si nécessaire, c'est le moment de faire une pause — sortez le gratin du four et terminez-le plus tard).

9 Pour que le dessus soit joliment gratiné, réglez le four sur 220 °C, parsemez les pommes de terre d'un peu de beurre et poivrez. Enfournez 10 à 15 minutes encore, jusqu'à l'apparition de plaques dorées.

10 Laissez refroidir votre gratin 5 à 10 minutes avant de le savourer, soit seul, soit en plat unique, ou bien encore comme garniture pour un rôti.

À déguster avec un vin Gaillac blanc ou un vin de Savoie.

VARIANTES : pour un gratin savoyard, remplacez le lait et la crème par 45 cl de bouillon de volaille ou de légumes. Muscadez, ajoutez une pointe de Cayenne et terminez avec 140 g de comté (ou toute autre variété de gruyère en saveur forte), râpé. Pour un gratin aux champignons, un peu dans la note savoyarde, des champignons forestiers (ou de Paris), finement émincés et alternés avec les pommes de terre, sont parfaitement irrésistibles. Comptez 140 g environ de champignons forestiers (dont l'arôme gagnera le plat) et le double de champignons de Paris, plus fades. Les cèpes séchés conviennent également.

CAROTTES VICHY

Jadis, le bicarbonate de soude, ou sel de Vichy, était souvent utilisé avec du sucre pour cuisiner les carottes. Les puristes vous diront que les carottes Vichy se cuisent exclusivement à l'eau de Vichy... Quelle que soit l'eau employée, cette vieille recette a fait ses preuves.

Pour 4 personnes
Préparation : 5 minutes
Cuisson : 45 minutes

550 g de carottes grattées ou pelées et détaillées en fines rondelles
2 cuillerées à café de sucre
30 à 45 g de beurre
quelques brins de persil
sel et poivre du moulin

1 Mettez les carottes dans une sauteuse, avec le sucre et la moitié du beurre. Couvrez-les d'eau à hauteur ; salez et poivrez légèrement. Sur feu moyen, à couvert, amenez l'eau à petite ébullition. Laissez cuire 20 à 30 minutes, en secouant le récipient de temps en temps, jusqu'à ce que les carottes soient à peine tendres.

2 Ôtez le couvercle et augmentez la flamme. À gros bouillons, faites évaporer l'eau, tout en secouant le récipient de temps à autre.

3 Incorporez le reste de beurre, ciselez du persil et servez chaud.

VARIANTES : pour des carottes à la crème, remplacez le beurre (étape 3) par 2 cuillerées à soupe de crème fraîche épaisse.
Pour une purée de carottes, faites cuire ces dernières comme indiqué étape 1, réduisez-les en purée à la moulinette ou au robot, avec de la pomme de terre bouillie pour la texture (100 g environ pour le poids de carottes utilisé dans cette recette), enrichissez de crème selon le goût et assaisonnez.

CHOU-FLEUR À LA POLONAISE

Ce qui fait ici la différence, c'est la présence de mie de pain. Cette recette peut aussi se faire avec des brocolis ou un mélange brocolis et chou-fleur (commencez la cuisson du second 5 minutes avant celle des brocolis). Veillez à cuire les bouquets juste ce qu'il faut.
Une méthode simplifiée, mais tout aussi appétissante, pour mieux mélanger le chou-fleur (ou, meilleur encore, le chou-fleur et les brocolis) à la sauce Mornay consiste à agrémenter celle-ci d'une cuillerée à soupe de crème fraîche et d'eau. Faites chauffer doucement. Mettez les bouquets cuits (fin de l'étape 2) dans une casserole, tiges vers l'intérieur. Posez une assiette dessus et tassez-les. Remplacez l'assiette par le plat de service. Retournez le chou-fleur dessus, arrangez-le un peu et nappez-le de sauce Mornay.

Pour 4 personnes
Préparation : 10 minutes
Cuisson : 30 minutes, plus temps de faire la béchamel

30 g de beurre
1 beau chou-fleur bien sain, divisé en bouquets
30 g de mie de pain fraîche
sel et poivre du moulin

POUR LA SAUCE MORNAY :
1 cuillerée à soupe de crème fraîche
45 g de gruyère râpé (variété à saveur prononcée)
35 cl de sauce béchamel (page 32)

1 Préchauffez le four à 200 °C. Mettez un tiers du beurre ici et là dans un plat à gratin et étalez-le en pellicule fine avec du papier absorbant plié.

2 Sur feu moyen, faites bouillir un grand volume d'eau salée. Mettez-y les bouquets de chou-fleur et, à partir de la reprise de l'ébullition, laissez frémir 10 à 15 minutes jusqu'à ce qu'ils soient presque tendres (les tiges doivent être encore un peu dures lorsque vous les piquez avec une brochette). Égouttez le chou-fleur, rafraîchissez-le sous l'eau froide et égouttez-le à nouveau.

3 Pendant qu'il cuit, enrichissez la béchamel de crème et de fromage pour obtenir une sauce Mornay. Rectifiez l'assaisonnement.

4 Dressez le chou-fleur dans le plat, nappez-le de sauce et remuez délicatement, en veillant à ne pas briser les bouquets. Assaisonnez légèrement. Parsemez de mie de pain émiettée, ajoutez ici et là le beurre qui reste et enfournez, dans la partie supérieure du four, 10 à 15 minutes, le temps que le dessus gratine. Servez chaud.

RATATOUILLE

Des légumes méditerranéens braisés dans leur jus avec huile d'olive et ail, mets plus connu sous le nom de ratatouille, se transforment bien trop souvent en une bouillie liquide ou grasse. Je prépare d'abord les légumes séparément afin d'en éliminer l'excès d'eau et je cuis ensuite ma ratatouille au four.

La ratatouille, qui se garde plusieurs jours au réfrigérateur, est délicieuse froide, relevée à la dernière minute d'un filet de jus de citron et d'une pointe d'ail frais.

Pour 6 personnes en entrée,
pour 8 personnes comme garniture
Préparation : 30 minutes
Cuisson : 45 minutes

4 aubergines à la peau bien saine,
détaillée en biais en tranches épaisses
6 courgettes mûres, détaillées en biais
en tranches épaisses
6 tomates mûres
2 poivrons rouges
1 poivron jaune
1 poivron vert
4 cuillerées à soupe d'huile d'olive bien fruitée
2 gros oignons doux finement émincés
2 à 3 gousses d'ail pilées
2 cuillerées à café de thym séché en poudre
(ou 1 de thym effeuillé)
2 feuilles de laurier,
émiettées si elles sont séchées,
lavées et ciselées si elles sont fraîches
2 cuillerées à café du zeste,
râpé d'un citron non traité
sel et poivre du moulin

1 Faites dégorger les aubergines au sel pendant 30 minutes. Rincez-les, en les pressant légèrement avec les doigts. Égouttez-les et épongez-les avec un linge propre, ou entre plusieurs épaisseurs de papier absorbant.

2 Dans une casserole, portez à ébullition l'eau légèrement salée et mettez-y les courgettes à blanchir 2 minutes. Rafraîchissez-les sous l'eau froide, égouttez-les et épongez-les comme les aubergines.

3 Portez à nouveau de l'eau à ébullition. Avec un couteau pointu, incisez la base de chaque tomate en croix. Mettez-les dans un saladier, couvrez-les d'eau bouillante et attendez 1 minute. Égouttez-les, rincez-les et pelez-les. Coupez-les en deux, faites sortir les graines en appuyant légèrement dessus et ôtez la pulpe décolorée. Détaillez chaque moitié en quartiers.

4 En les tournant prudemment au-dessus d'une flamme, faites griller rapidement les poivrons. Sinon, passez-les quelques minutes sous le gril chaud, jusqu'à ce que la peau se boursouffle, en les tournant à mi-cuisson — ne les laissez pas trop longtemps. Dès que vous pouvez les manipuler, pelez-les et ôtez les parties blanches et les graines.

5 Préchauffez le four à 200 °C.

6 Dans une poêle, faites chauffer 1 à 2 cuillerées à soupe d'huile d'olive. Étalez-y les oignons et laissez-les s'attendrir 5 minutes sur feu doux.

7 Assaisonnez-les, ajoutez la moitié de l'ail, un peu de thym et de laurier émiettés. Laissez cuire 5 minutes encore, toujours à feu doux, en remuant souvent. Transférez les aromates sur une double épaisseur de papier absorbant.

8 Huilez un grand plat à gratin et mettez-y le mélange de légumes que vous avez préparé. Salez, poivrez et ajoutez le reste de thym et de laurier. Enfournez 30 minutes environ.

9 Sortez la ratatouille du four. Ajoutez le reste d'ail et le zeste de citron. À votre gré, arrosez-la d'une cuillère à soupe d'huile. Remettez 10 à 15 minutes au four. Servez chaud ou à température ambiante.

À déguster avec un vin rosé du Var.

À DROITE
Servie chaude, tiède ou froide, avec de la baguette croustillante, la ratatouille fait un en-cas ou un déjeuner nourrissant.

SUBRICS D'ÉPINARDS

Les subrics — contraction phonétique de *sur briques* — sont de petites timbales, des galettes ou des boulettes d'ingrédients cuits, souvent mélangés à de la crème ou à une béchamel épaisse, et cuits une seconde fois — à l'origine, sur des briques chaudes. De nos jours, on les passe dans du beurre clarifié ou on les cuit au bain-marie. Cette deuxième solution est plus compliquée, mais les petites timbales obtenues donnent une entrée flatteuse à l'œil, surtout si on les cerne d'un coulis de tomates et poivrons bien relevé (voir pipérade page 47) ou les accompagne d'un beurre d'anchois (page 31) coloré avec du concentré de tomates. Si la béchamel n'a pas assez de tenue, faites-la épaissir sur feu moyen, en la remuant souvent.
Si on préfère le beurre clarifié, préparez-en 4 cuillerées à soupe (page 100), façonnez les subrics entre 2 grandes cuillerées, farinez-les légèrement et passez-les délicatement dans le beurre sur feu moyen. Ils sont particulièrement excellents avec le poisson et les viandes blanches.

Pour 4 personnes
Préparation : 10 minutes,
plus le temps de faire la béchamel
Cuisson : 30 minutes

500 g de jeunes feuilles d'épinards équeutées
55 g de beurre
1 pincée de noix de muscade râpée
1 très gros œuf frais, plus 2 jaunes en extra
10 cl de sauce béchamel très épaisse
et bien aromatisée (page 32)
1 cuillerée à soupe de crème fraîche très épaisse
1 cuillerée et demie à soupe de fromage comté
fraîchement râpé ou de parmesan
sel et poivre du moulin

1 Faites blanchir les épinards une minute à l'eau bouillante légèrement salée. Égouttez-les, passez-les sous l'eau froide et rééegouttez-les. Pressez-les par petites poignées pour en éliminer le maximum d'eau. Épongez-les en les étalant sur un linge propre ou une bonne épaisseur de papier absorbant.

2 Faites fondre 15 g de beurre dans une sauteuse et mettez-y à revenir deux minutes les épinards muscadés et assaisonnés, en remuant souvent.

3 Préchauffez le four à 190 °C. Beurrez bien 4 petits ramequins. Faites bouillir de l'eau dans une casserole.

4 Laissez les épinards tiédir une minute, puis mixez-les brièvement au robot ou passez-les au moulin à légumes — la purée ne doit pas être trop veloutée.

5 Dans un saladier, battez en omelette l'œuf et les jaunes en extra. Mélangez-les à la béchamel, à la crème et au fromage. Assaisonnez bien. Incorporez les épinards et rectifiez l'assaisonnement. Répartissez dans les ramequins, en les tapotant contre le plan de travail pour en égaliser le contenu.

6 Chemisez de papier journal une lèchefrite et posez les ramequins dessus. Versez de l'eau bouillante jusqu'à mi-hauteur des parois et enfournez 20 à 25 minutes jusqu'à ce que le mélange soit pris. Laissez les timbales un bref instant dans le four éteint.

7 Passez la lame d'un couteau pointu à l'intérieur des ramequins et démoulez vos subrics sur des assiettes préchauffées.

À déguster avec un vin Muscat d'Alsace.

COURGETTES POÊLÉES À L'ESTRAGON

La courgette est un légume susceptible. Elle nous laisse apprécier la délicatesse de sa chair et la finesse de sa saveur lorsqu'elle est parvenue à maturité et encore ferme (très jeune, elle est fade). La faire suer ou blanchir avant cuisson est également un atout. Il n'est pas nécessaire de peler les courgettes, mais les rondelles sont plus jolies si elles sont zébrées — avant de les détailler, pelez-les à intervalles réguliers avec un couteau-économique ou un épluche-carottes.

Pour 4 personnes
Préparation : 5 minutes,
plus 1 heure à dégorger, ou 10 minutes
Cuisson : 15 minutes

450 g de courgettes fermes (petites ou moyennes),
détaillées en rondelles fines
2 cuillerées à café de gros sel (facultatif)
1 gousse d'ail coupée en deux
1 cuillerée à soupe d'huile
2 à 3 cuillerées à soupe de beurre clarifié (page 10)
les feuilles de plusieurs brins d'estragon
sel et poivre du moulin

1 Commencez par faire dégorger les courgettes. Mettez les rondelles dans une passoire avec du gros sel et mélangez. Posez dessus une assiette sur laquelle vous aurez placé un poids et laissez-les dégorger une heure. Rincez-les à l'eau froide, égouttez-les et épongez-les bien entre plusieurs épaisseurs de papier absorbant. Si vous préférez les blanchir, mettez-les deux minutes dans de l'eau bouillante additionnée d'une cuillerée à café de sel et égouttez-les comme ci-dessus.

2 Aillez l'intérieur d'une poêle ou d'une sauteuse. Mettez-y l'huile. Placez sur feu moyen et penchez le récipient au-dessus de la flamme pour l'enduire de matière grasse chaude.

3 Ajoutez la moitié du beurre clarifié et ciselez dedans quelques feuilles d'estragon. Mettez les courgettes, assaisonnez-les et poêlez-les 5 à 7 minutes sur feu moyen, en les remuant de temps en temps.

4 Ajoutez le reste de beurre et encore un peu d'estragon et continuez la cuisson pendant 5 à 7 minutes en remuant de temps à autre.

5 Pour servir, transférez-les sur un plat préchauffé, assaisonnez à nouveau et décorez d'estragon ciselé.

VARIANTE : remplacez le beurre clarifié par de l'huile d'olive et l'estragon par du thym ou de la marjolaine et une pointe de zeste de citron râpé.

PETITS POIS À LA FRANÇAISE

Cette recette simple fait merveille avec les petits pois jeunes et tendres que l'on vient de cueillir au jardin. On peut aussi l'adapter aux petits pois surgelés et moins tendres, en y ajoutant 3 tranches fines de jambon fumé taillé en lanières, 2 à 3 cœurs d'artichauts émincés et, en fin de cuisson, une cuillerée à soupe de lardons revenus, deux cuillerées à soupe de bouillon de viande ou d'un reste de jus de poulet et deux cuillerées à soupe de crème fraîche.

Pour 4 personnes
Préparation : 15 minutes
Cuisson : 30 minutes

55 g de beurre
les feuilles d'un cœur de laitue, ciselées en chiffonnade
le bulbe de 2 oignons nouveaux, finement émincés
450 g de petits pois écossés (comptez 1,8 kg non écossés)
1/4 de cuillerée à café de sucre
2 brins de persil
1 cuillerée à soupe de cerfeuil frais ciselé (ou 1 cuillerée et demie à café de feuilles de menthe fraîche ciselées)
sel et poivre du moulin

1 Dans une sauteuse, faites fondre la moitié du beurre sur feu moyen et ajoutez-y la chiffonnade et les oignons. Laissez fondre 2 minutes en remuant.

2 Ajoutez les petits pois, le sucre et le persil. Assaisonnez légèrement et versez 15 cl d'eau. Portez à petite ébullition, baissez un peu la flamme, couvrez et laissez cuire jusqu'à ce que les petits pois soient tendres (le temps dépend de leur qualité et de leur fraîcheur, mais comptez de 12 à 20 minutes).

3 Égouttez-les et transférez-les dans un légumier préchauffé. Rectifiez l'assaisonnement et incorporez-y le reste de beurre. Parsemez de cerfeuil ou de menthe, remuez légèrement et servez sans attendre.

CI-DESSUS, DE GAUCHE À DROITE
Steak au poivre vert (page 122) avec des petits pois à la française (page 139) et un artichaut à la barigoule.

ARTICHAUTS À LA BARIGOULE

De la Bretagne à la Provence, l'artichaut est un légume controversé. Mangé par certains à toutes les occasions, il est royalement boudé par les autres — je n'ai toujours pas rencontré de famille qui ait adopté ce légume quotidien à l'unanimité. Pour les vrais amateurs dont le penchant n'est pas partagé par les compagnons de table, qu'ils sachent que la meilleure façon de préparer leur artichaut est de l'envelopper dans du film alimentaire, de perforer celui-ci et de le cuire au micro-ondes, réglé au maximum, de 5 à 8 minutes selon la grosseur. On attend 5 minutes et on le déguste avec une vinaigrette (page 11). Cette recette est provençale — les barigoules étant des champignons régionaux souvent cuisinés de la même façon et qui donnent un mets plus convivial.

Pour 4 personnes
Préparation : 20 minutes
Cuisson : 1 heure

4 artichauts frais
1 cuillerée à soupe de jus de citron
3 gousses d'ail
4 cuillerées à soupe d'huile d'olive fruitée
115 g de petits champignons essuyés (ou lavés) et finement émincés
1 petit oignon haché menu
85 g de lardons blanchis
1 tranche de jambon fumé taillée en fines lanières
1 cuillerée à soupe de persil haché
1 demi-cuillerée à café de chaque : thym, origan et sarriette séchés
6 cuillerées à soupe de vin blanc
sel et poivre du moulin

1 Dans une grande casserole pouvant contenir les artichauts côte à côte, portez un bon volume d'eau à ébullition. Parez les artichauts, coupez la tige et rognez la pointe des feuilles sur 1/3 de la hauteur. Ajoutez une pincée de sel et le jus de citron à l'eau bouillante. Plongez-y les artichants, attendez que l'ébullition reprenne, baissez la flamme et laissez cuire 10 minutes. Égouttez, passez-les sous l'eau froide et mettez-les à refroidir tête en bas dans une passoire, jusqu'à ce que vous puissiez les manipuler.

2 Entre temps, pilez 2 des gousses d'ail et coupez la dernière en deux. Dans une cocotte, faites chauffer une cuillerée à soupe d'huile sur feu moyen et faites-y revenir les champignons, l'ail pilé, l'oignon, les lardons et le jambon, pendant 2 à 3 minutes. Assaisonnez légèrement, ajoutez du persil et réservez.

3 Avec un couteau pointu ou une petite cuillère, retirez les petites feuilles centrales et le foin de chaque artichaut. Farcissez-les avec la préparation réservée.

4 Aillez l'intérieur de la cocotte et versez-y le reste d'huile. Ajoutez les herbes séchées et faites chauffer sur feu moyen.

5 Mettez-y les artichauts farcis et assaisonnez-les. Versez le vin blanc et couvrez. Faites cuire 45 à 55 minutes environ à feu doux.

6 Transférez les artichauts sur un plat. À feu vif, faites légèrement réduire le jus de cuisson, puis rectifiez l'assaisonnement. Filtrez-le au-dessus des artichauts. Servez chaud ou à température ambiante.

ENDIVES AU FOUR

Pour transformer cette garniture en un plat principal nourrissant à servir lors d'un dîner d'hiver, enveloppez chaque endive blanchie dans une demi-tranche de jambon de pays.

Pour 4 personnes
Cuisson : 50 minutes

12 petites endives parées et lavées
2 cuillerées à café de jus de citron
55 g de beurre
2 cuillerées à café de sucre
1 demi-cuillerée à café de sauge séchée émiettée
1/4 de cuillerée à café de noix de muscade râpée
3 cuillerées à soupe de crème fraîche
45 g de comté ou de cheddar râpé
sel et poivre du moulin

1 Portez un grand volume d'eau salée à ébullition dans une casserole. Mettez-y les endives et le jus de citron. À la reprise de l'ébullition, faites-les blanchir 4 minutes, égouttez-les bien et laissez-les refroidir afin de pouvoir les manipuler.

2 Préchauffez le four à 190 °C. Avec 1/3 du beurre, graissez un moule à gratin assez grand pour contenir les endives sur une seule couche, bien serrées les unes contre les autres. Appuyez doucement sur celles-ci pour en exprimer l'eau.

3 Mettez-les dans le plat et assaisonnez-les. Saupoudrez de sucre et d'épices. Disposez — ici et là — la moitié du beurre qui reste et couvrez de papier d'aluminium. Enfournez 15 minutes environ.

4 Dans un bol, mélangez le râpé avec la crème fraîche et poivrez.

5 Sortez le plat du four et ôtez l'aluminium. Réglez la température sur 200 °C.

6 Nappez les endives de crème et de fromage. Répartissez le reste de beurre dessus et enfournez à découvert pendant 10 à 15 minutes encore, jusqu'à ce que le dessus soit gratiné. Laissez refroidir un peu avant de servir.

ALIGOT

Pour une purée de pommes de terre classique, supprimez l'ail et arrêtez-vous à la fin de l'étape 5. À la différence de l'aligot, qu'il faut manger juste au moment où il fait des fils, la purée de pommes de terre peut se garder chaude 20 minutes, au-dessus d'une casserole d'eau bouillante.

Pour 4 personnes
Préparation : 10 minutes
Cuisson : 45 minutes

550 g de pommes de terre à chair farineuse, non épluchées
55 g de beurre
2 gousses d'ail pilées
1 petite pincée de noix de muscade râpée
2 cuillerées à soupe (ou davantage) de crème fleurette ou épaisse
4 cuillerées à soupe (ou davantage) de lait
255 g de tomme d'aligot (ou de tomme fraîche), taillée en lamelles
sel ou poivre du moulin

1 Portez à ébullition un grand volume d'eau salée dans une casserole. Mettez-y les pommes de terre et, sur feu vif, attendez que l'ébullition reprenne. Dès que l'eau bout à gros bouillons, baissez la flamme pour la maintenir frémissante. Faites cuire les pommes de terre 20 à 30 minutes — elles doivent être juste tendres et surtout pas défaites. Veillez à ce que la cuisson se fasse à frémissements réguliers.

2 Égouttez-les bien, passez-les sous l'eau froide et laissez-les refroidir dans une passoire.

3 Pendant ce temps, faites fondre le beurre dans un poêlon et ajoutez-y l'ail, puis la muscade, la crème et le lait. Assaisonnez et laissez cuire 2 à 3 minutes sur feu doux, en remuant souvent. Ôtez du feu.

4 Épluchez les pommes de terre. Écrasez-les au moulin à légumes ou au presse-purée, avec légèreté, afin de ne pas éliminer l'amidon.

5 Transférez-les dans le poêlon. Avec une cuillère en bois, mélangez-les intimement au lait et à la crème. Salez et poivrez bien. Si la purée est trop épaisse, allongez-la avec un peu de lait ou de crème.

6 Remettez le poêlon sur feu doux et incorporez la tomme à la purée, peu à peu. Continuez à battre vigoureusement sur feu doux pendant quelques minutes, en soulevant la masse, jusqu'à ce que l'aligot soit lisse et élastique. Arrêtez de battre et servez au moment où le fromage commence à former des fils.

FÈVES FRAÎCHES AUX PETITS LARDONS

Les jeunes fèves fraîches sont tellement tendres qu'on peut les grignoter crues. Ce plat les met bien en valeur. Procédez de la même manière pour les fèves surgelées ou les haricots blancs déjà cuits (voir cassoulet page 112). Pour les fèves moins tendres, augmentez le temps de cuisson et doublez le volume de liquide.

Pour 3 à 4 personnes en plat principal,
4 à 6 comme garniture
Préparation : 20 minutes, plus trempage
des haricots secs, selon le cas
Cuisson : 20 minutes

1 cuillerée à soupe d'huile d'arachide
ou de tournesol
50 g de beurre
le bulbe de 3 oignons nouveaux,
finement émincés
1 gousse d'ail pilée (facultatif)
4 tranches épaisses de lard fumé,
découennées et détaillées en lardons,
blanchis et égouttés
450 g de fèves écossées et, de préférence,
dérobées (peau enlevée),
ou de haricots secs cuits (page 112)
1 cuillerée à café de sarriette séchée
1 demi-cuillerée à café de marjolaine séchée
4 cuillerées à soupe de bouillon de volaille
3 cuillerées à soupe de vin blanc
plusieurs feuilles de laitue taillées en chiffonnade
1 cuillerée et demie à soupe de persil
finement ciselé
sel et poivre du moulin

1 Faites chauffer l'huile dans une sauteuse, puis mettez-y à fondre la moitié du beurre. Sur feu doux, faites-y revenir 2 minutes l'oignon et l'ail, le cas échéant, puis les lardons, également 2 minutes en les remuant jusqu'à ce qu'ils soient dorés.

2 Ajoutez les fèves (ou les haricots), les herbes, le bouillon et le vin blanc. Assaisonnez et, en remuant de temps en temps, chauffez jusqu'à ce que le liquide frémisse.

3 Couvrez et laissez mijoter 10 à 15 minutes jusqu'à ce que les légumes soient tendres. Incorporez le reste de beurre, la chiffonnade et le persil. Rectifiez l'assaisonnement et servez chaud.

POMMES DE TERRE À L'HUILE

Des oignons nouveaux finement hachés agrémentent savoureusement ce plat — ajoutez-les au début de l'étape 2. Si vous utilisez du beurre clarifié, parfumez vos pommes de terre en fin de cuisson avec de l'estragon, du cerfeuil ou de la ciboulette fraîchement ciselé(e).

Pour 4 personnes
Préparation : 10 minutes
Cuisson : 35 minutes

450 g de pommes de terre nouvelles d'égale grosseur, épluchées et épongées
3 cuillerées et demie à soupe d'huile d'olive, de graisse d'oie ou de beurre clarifié (page 10)
sel et poivre du moulin

1 Dans une sauteuse pouvant contenir les pommes de terre sur une seule couche, faites chauffer la matière grasse sur feu moyen. Mettez-y les pommes de terre, tournez-les pour bien les enrober et assaisonnez-les légèrement.

2 Baissez la flamme, couvrez et laissez-les cuire 25 à 35 minutes jusqu'à ce qu'elles soient tendres. Secouez la sauteuse de temps en temps et maintenez la chaleur uniforme et très douce pendant toute la cuisson.

3 Rectifiez l'assaisonnement au moment de servir.

À GAUCHE
Pour un repas rapide, servez les pommes de terre à l'huile froide, avec de l'anguille ou du poisson fumé.

POÊLÉE DE HARICOTS VERTS AUX AMANDES

Pour 4 personnes
Préparation : 15 minutes
Cuisson : 15 minutes maximum

450 g de haricots verts extra-fins, équeutés et, si besoin est, effilés
1 cuillerée et demie à soupe d'huile d'olive
30 g de beurre
le bulbe de 2 beaux oignons nouveaux, hachés menu
1 gousse d'ail pilée
2 cuillerées à soupe d'amandes effilées
2 cuillerées à soupe de cerfeuil ou de persil finement ciselé
sel et poivre du moulin

1 Faites bouillir un grand volume d'eau salée dans une casserole, plongez-y les haricots et attendez que l'ébullition reprenne. Faites cuire à gros bouillons et à découvert jusqu'à ce que les haricots soient *al dente* (comptez 3 à 4 minutes pour les extra-fins et 8 minutes maximum pour les plus gros).

2 Égouttez-les, passez-les sous l'eau froide et rééegouttez-les. Épongez-les avec un linge propre ou une bonne épaisseur de papier absorbant.

3 Faites chauffer l'huile dans une sauteuse. Divisez le beurre en trois et mettez-en un morceau dans le récipient. Laissez fondre sur feu moyen. Ajoutez les oignons et l'ail et faites revenir une minute.

4 Répartissez les amandes sur les aromates et laissez cuire 2 minutes en remuant souvent. Ajoutez les haricots avec un second morceau de beurre. À feu plus vif, poêlez-les 2 minutes en remuant souvent.

5 Parsemez de cerfeuil ou de persil. Ajoutez le dernier morceau de beurre, rectifiez l'assaisonnement et servez dès que possible.

CROUSTADES AUX CHAMPIGNONS

Les champignons enrobés de sauce onctueuse peuvent aussi servir à garnir des tartelettes (voir page 64 pour confectionner la pâte).

Pour 6 personnes
Préparation : 15 minutes,
plus le temps de faire la béchamel, selon le cas
Cuisson : 20 minutes

550 g de petits champignons de couche essuyés (ou lavés) et taillés en fine lamelles
2 cuillerées à café d'huile
55 g de beurre
2 cuillerées à soupe de fines herbes (persil et ciboulette) ciselées
4 tranches de brioche légèrement rassise, croûte enlevée
3 cuillerées à soupe de sauce béchamel (page 32) ou de crème fraîche épaisse
1 cuillerée à soupe de madère
sel et poivre du moulin

1 Préparez les champignons : dans une sauteuse avec l'huile chaude, ajoutez la moitié du beurre, faites-le fondre sur feu moyen et mettez-y les champignons. Poêlez-les 5 minutes en remuant souvent. Baissez un peu la flamme. Assaisonnez légèrement, ajoutez 1 cuillerée à soupe de fines herbes, la moitié du beurre qui reste et laissez cuire 5 minutes encore — les champignons doivent avoir réduit et être très tendres.

À GAUCHE
Les croustades aux champignons sont les bienvenues dans une réception.

2 Entre temps, préchauffez le gril au maximum et préparez la brioche : coupez-la en petits carrés, ou donnez-lui une forme ronde avec un emporte-pièce. Baissez le gril et faites dorer les croûtes. Beurrez-les très légèrement d'un côté et réservez-les.

3 Ajoutez la béchamel (ou la crème) aux champignons et remuez sur feu doux un bref instant. Ajoutez le madère et la moitié des fines herbes qui restent. Rectifiez l'assaisonnement. (Si nécessaire, vous pouvez mettre la garniture au frais une nuit et la réchauffer doucement au dernier moment.)

4 Quelques minutes avant de servir, préchauffez le gril à nouveau et réchauffez la garniture. Étalez-la sur la brioche et passez-la 2 à 3 minutes sous le gril, jusqu'à ce qu'elle soit bien chaude. Décorez avec les fines herbes qui restent et servez chaud.

VARIANTE : ajoutez à la garniture une cuillère à soupe de fromage parmesan fraîchement râpé (ou de comté ou de cheddar), avec quelques gouttes de sauce Worcestershire.

À déguster avec du champagne ou un autre vin mousseux.

Savoir-faire

LA MARMELADE D'OIGNONS

Pour 4 à 6 personnes
Préparation : 15 minutes
Cuisson : 1 heure 15

55 g de beurre
900 g d'oignons blancs doux, (voir ci-contre), finement émincés
75 g de sucre
2 cuillerées à soupe de vinaigre de vin rouge
2 cuillerées à soupe de vinaigre de xérès
2 échalotes hachées
1 gousse d'ail pilée
3 cuillerées à soupe de madère
sel et poivre du moulin

La marmelade d'oignons, assez proche du chutney, se mange chaude avec des rôtis. Froide, elle est délicieuse avec les pâtés et les terrines de gibier. Elle se garde plusieurs semaines au réfrigérateur dans un bocal stérilisé et peut servir à parfumer les sauces et les ragoûts.

Les oignons blancs doux fondent à merveille à la cuisson et ont une texture et une saveur parfaites pour cette marmelade. Malheureusement, on les trouve moins facilement que les jaunes ou les rouges. Si vous utilisez des oignons jaunes ou des variétés rouges du nord de l'Europe, supprimez les échalotes et sucrez davantage.

METTEZ LES OIGNONS DANS LA SAUTEUSE ET ENROBEZ-LES BIEN DE BEURRE FONDU.

1 Dans une sauteuse, faites fondre le beurre sur feu doux. Ajoutez les oignons, salez-les et poivrez-les légèrement. Remuez-les une à deux minutes afin de les enrober correctement de matière grasse. Couvrez et laissez-les fondre sur feu très doux. De temps à autre, secouez le récipient ou remuez le mélange à la cuillère. Maintenez une chaleur douce. Si les oignons se dessèchent ou commencent à blondir, arrosez-les d'une cuillerée à soupe d'eau et réduisez un peu la flamme.

MAINTENEZ LA CHALEUR TRÈS DOUCE POUR FAIRE FONDRE LES OIGNONS.

2 Au bout de 30 minutes, ôtez le couvercle et réglez sur feu un peu plus vif. Ajoutez 2 grosses cuillerées à soupe de sucre, les vinaigres, les échalotes et l'ail. Assaisonnez à nouveau, remuez bien et versez 4 cuillerées à soupe d'eau. Continuez la cuisson à découvert pendant 30 minutes encore, à feu plutôt doux. Le mélange foncera et épaissira. S'il paraît trop sec, réduisez la température et mouillez avec une cuillerée à soupe d'eau.

3 Pour finir : arrosez la marmelade avec le madère et mettez le reste de sucre. Réglez sur feu vif et remuez quelques minutes le temps que le sucre caramélise légèrement.

VERSEZ LE MADÈRE VERS LA FIN DE LA CUISSON ET, À FEU PLUS VIF, FAITES CARAMÉLISER LES OIGNONS.

VARIANTES : pour percevoir un arrière-goût d'orange, ajoutez, à mi-cuisson, 1 cuillerée à soupe rase de zeste d'orange finement râpé et remplacez le madère par 1 cuillerée à soupe de Cointreau et une cuillerée à soupe de jus d'orange.
À défaut de vinaigre de xérès, employez du vinaigre de vin rouge, mais forcez davantage sur le madère ou prenez un peu de xérès *oloroso* (très corsé) ou de porto, pour leur bouquet boisé et leur odeur de noix.
Une cuillère à soupe rase de sauge séchée émiettée, pour remplacer les échalotes, donne à la marmelade une senteur aromatique.

CI-DESSOUS
La marmelade d'oignons servie comme condiment avec une terrine de faisan (page 106).

LENTILLES TIÈDES À L'HUILE DE NOIX ET AU PERSIL

Pour transformer ce plat de lentilles raffiné en salade, ajoutez à la vinaigrette une cuillerée et demie à soupe d'huile d'arachide, un peu de jus de citron et de vinaigre de vin ou de xérès.

Pour 4 personnes
Préparation : 10 minutes
Cuisson : 35 minutes

350 g de lentilles vertes du Puy,
rincées et égouttées
1 bouquet garni
1 gros oignon nouveau
quelques brins de persil plat
1 petite pincée de sauge séchée émiettée
2 cuillerées à soupe d'huile de noix
(ou 1 cuillerée à soupe d'huile d'arachide
et 1 cuillerée à soupe d'huile de noix)
1 petite gousse d'ail pilée (facultatif)
un filet de jus de citron
sel et poivre du moulin

1 Mettez les lentilles dans une casserole à fond épais et versez de l'eau de sorte qu'une hauteur de 4 cm les recouvre. Ajoutez le bouquet garni et l'oignon. Portez à ébullition, en écumant au fur et mesure. Salez et baissez la flamme. Laissez mijoter à découvert, sur feu moyen à doux, pendant 25 à 35 minutes jusqu'à ce que les lentilles soient tendres.

2 Égouttez-les (réservez le liquide de cuisson pour une soupe ou un bouillon) et jetez l'oignon et le bouquet garni.

3 Pendant que les lentilles cuisent, ciselez le persil dans un bol. Ajoutez la sauge, l'huile, l'ail, le cas échéant, et le jus de citron. Remuez bien et assaisonnez selon le goût.

4 Transférez les lentilles dans un saladier. Nappez-les de vinaigrette, remuez délicatement et servez tiède.

RIZ CRÉOLE AU BASILIC

Rien de plus banal à préparer qu'un riz créole cuit à l'eau salée et passé au four dans un plat à gratin beurré. Vous pouvez cuire le riz à l'avance, les grains en seront bien détachés. Le pistou le parfume savoureusement. Pour un plat moins élaboré, parsemez le riz de gruyère râpé avant de le réchauffer.

Pour 4 personnes
Préparation : 10 minutes
Cuisson : 20 minutes,
plus 15 minutes pour le réchauffer

un filet de jus de citron
225 g de riz long
1 belle gousse d'ail jeune
1 cuillerée et demie à soupe d'huile
d'olive vierge-extra
plusieurs feuilles de basilic
1 tomate mûre ébouillantée, pelée,
épépinée et concassée
55 g de gruyère râpé
30 g de beurre
sel et poivre du moulin

1 Dans une grande casserole, portez à ébullition un bon litre d'eau légèrement salée. Ajoutez le jus de citron.

2 Jetez-y le riz en pluie et laissez-le cuire 12 à 15 minutes à découvert, jusqu'à ce qu'il ait le degré de cuisson qui vous convient.

3 Entre temps, avec un mortier et un pilon, pilez l'ail avec un peu de sel et l'huile d'olive. Ciselez le basilic sur les ingrédients et pilez à nouveau. Incorporez la tomate et le fromage. Poivrez.

4 Égouttez le riz et passez-le sous l'eau froide. Égouttez-le à nouveau. Réservez-le jusqu'au moment de le préparer pour le servir — 15 minutes avant de passer à table.

5 Préchauffez le four à 190 °C et beurrez un plat à gratin. Mettez-y le riz et enfournez-le jusqu'à ce qu'il soit bien chaud.

6 Sortez-le du four, nappez-le de pistou et remuez délicatement. Servez sans attendre. À votre gré, ciselez 2 à 3 feuilles de basilic dessus avant de servir.

PÂTES FRAÎCHES À L'ALSACIENNE

Notre consommation de pâtes est en augmentation constante, mais, côté recettes et modes de préparation, nous les empruntons beaucoup à l'Italie. Une exception, toutefois, sur notre territoire, l'Alsace, où les pâtes fraîches appartiennent à la tradition culinaire de cette région.

Pour 4 personnes
Préparation : 15 minutes,
plus le temps de faire reposer la pâte
Cuisson : 15 minutes

300 g de farine, plus de quoi fariner
1 cuillerée à café de sel fin
2 œufs
un peu d'huile d'arachide ou de tournesol

POUR SERVIR :
45 g de beurre (ou plus selon le goût)
1 cuillerée à soupe de persil haché menu
1 cuillerée à café de graines de carvi (facultatif)
sel et poivre du moulin

1 Salez la farine, mettez-la sur un plan de travail froid et faites un puits au centre. Cassez-y les œufs et commencez à les amalgamer à la farine, en travaillant du centre vers l'extérieur.

2 Tout en pétrissant pour obtenir une pâte ferme et élastique, ajoutez quelques gouttes d'huile et un peu d'eau. Ramassez la pâte en boule entre les paumes de vos mains, pétrissez-la 2 à 3 fois et laissez-la reposer une heure à température ambiante.

3 Farinez un plan de travail et un rouleau à pâtisserie. Abaissez la pâte finement et détaillez-la en longs rubans.

4 Utilisez les pâtes immédiatement ou laissez-les sécher 2 à 3 heures, farinées et étalées à plat sur une grande grille.

5 Portez à ébullition un grand volume d'eau légèrement salée et versez-y une cuillerée à café d'huile. Faites-y cuire les pâtes 3 à 5 minutes (les pâtes séchées doivent cuire un peu plus longtemps que les fraîches). Égouttez-les bien et servez-les au beurre avec du persil haché et, à votre gré, quelques graines de carvi.

Neuvième chapitre

LES DESSERTS

Lorsqu'on veut un dessert vraiment exceptionnel, on préfère souvent s'en remettre au savoir-faire d'un maître pâtissier, au lieu de passer des heures à en confectionner un soi-même. Pourtant, les gourmandises et les gâteaux maison traditionnels sont plutôt simples à faire. Ils supposent de la minutie, mais pas une technique particulière. La plupart mettent délicieusement en valeur les fruits de saison, traités avec délicatesse et sans chichi aucun — pochés au vin ou dans un sirop léger, en tartes, conservés au sucre ou cuits dans une pâte discrète. Pour le reste, nos meilleurs desserts maison se composent d'ingrédients courants : beurre, chocolat pâtissier, crème fraîche, œufs et — l'irremplaçable — sucre semoule subtilement parfumé avec une gousse de vanille. Même si la pâtisserie n'est pas notre fort, nous avons toujours, dans notre cahier de recettes, un répertoire de grands classiques transmis de génération en génération.

À DROITE
Le clafoutis (page 154) doit son fruité si particulier aux noyaux de cerises — prévenez vos convives avant qu'ils ne se cassent une dent.

CLAFOUTIS

Dans certaines régions de France, il fut un temps où l'on cuisait le clafoutis au four, sur des feuilles de chou beurrées, méthode pittoresque à laquelle on peut préférer un récipient plus orthodoxe. En dehors de la saison des cerises, le clafoutis peut se confectionner avec des prunes ou des abricots (dénoyautés et coupés en deux), du raisin ou des pommes (évidées, puis coupées en morceaux).

Pour 6 personnes
Préparation : 15 minutes
Cuisson : 45 minutes

4 œufs frais de moyenne grosseur
1 pincée de sel
55 g de sucre semoule, de préférence parfumé à la vanille (voir page 10)
1 cuillerée à soupe bombée de farine auto-levante
3 cuillerées à soupe de beurre fondu (pas trop chaud), plus de quoi beurrer le moule
22,5 cl de lait
1 cuillerée à soupe de rhum ou de kirsch (facultatif)
550 g de cerises mûres et sucrées, équeutées
1 cuillerée à soupe de sucre glace

1 Préchauffez le four à 200° C.

2 Battez légèrement les œufs en omelette. Ajoutez le sel et le sucre. Mélangez bien.

3 Tamisez la farine au-dessus des œufs battus, remuez bien et versez peu à peu le beurre fondu. Travaillez le tout pour obtenir une pâte homogène.

4 Ajoutez le lait progressivement, en remuant bien pour éviter la formation de grumeaux. À votre gré, parfumez avec du rhum ou du kirsch.

5 Beurrez généreusement un moule en terre ou un plat à four. Disposez les cerises dedans, couvrez-les de pâte liquide et enfournez 40 à 45 minutes jusqu'à ce que le clafoutis soit cuit et doré. Vérifiez au bout de 25 minutes et baissez la température s'il dore trop vite.

6 Laissez légèrement tiédir avant de poudrer de sucre glace et de servir.

À déguster avec un vin Côtes de Bergerac mi-doux ou un Côtes de Montravel.

MILLEFEUILLE

Le millefeuille, comme chaque gourmand est bien forcé de l'admettre, se compose d'une superposition fragile et chancelante de, seulement, quatre couches de feuilletage fourrées d'une crème pâtissière au rhum. J'aime y ajouter un soupçon de gelée de framboises. Peut-être préférerez-vous mettre moitié moins de crème pâtissière et la remplacer par son équivalent de crème chantilly (page 164). À votre gré, nappez le dessus de vos millefeuilles d'un glaçage au citron (page 172).

Pour 6 personnes
Préparation : 15 minutes, plus le temps de faire la crème pâtissière
Cuisson : 15 minutes

250 g de pâte feuilletée prête à abaisser
1 cuillerée à soupe de sucre cristallisé
3 cuillerées à soupe de gelée de framboises (facultatif)
crème pâtissière épaisse (voir page 156) faite avec 40 cl de lait, aromatisé avec 1 cuillerée à soupe de rhum
beurre pour la plaque
sucre glace pour poudrer

1 Beurrez une plaque de cuisson. Abaissez la pâte aussi finement que possible en un carré de 40 cm de côté, que vous mettrez sur la plaque. Piquez la pâte à la fourchette et mettez-la au frais 10 minutes. Préchauffez le four à 220° C.

2 Avec un pinceau humecté, humidifiez la pâte, puis saupoudrez-la de sucre. Enfournez 8 à 10 minutes environ, jusqu'à ce qu'elle soit dorée et gonflée. Sortez-la du four.

3 Avec un couteau pointu, découpez-la en 4 bandes égales. Retournez délicatement chaque bande à l'aide d'une spatule et remettez-les 3 à 5 minutes dans le four éteint, pour que l'envers soit croustillant. Fermez le four. Sortez-les et laissez refroidir sur une grille.

4 Si vous employez de la gelée, faites-la chauffer dans une casserole pour la rendre liquide. Nappez-en légèrement 3 des bandes de pâte. Étalez la crème pâtissière dessus. Sinon, étalez-la directement sur la pâte feuilletée.

5 Pour assembler le millefeuille, superposez délicatement les 3 bandes de pâte les unes au-dessus des autres, en les tassant très légèrement à chaque fois. Coiffez avec la dernière bande nature et appuyez doucement dessus. Avec une petite passoire, poudrez-la généreusement de sucre glace.

6 Pour servir : avec un couteau à lame fine, découpez le gros millefeuille en 6 parts égales.

À déguster avec un vin Gewürztraminer d'Alsace.

SAVARIN AU GRAND MARNIER

Le savarin est une couronne de pâte levée copieusement imbibée d'un sirop à la liqueur d'orange, au rhum ou au cognac. Ses créateurs, les frères Julien — pâtissiers parisiens sous le Second Empire — le baptisèrent d'après Brillat-Savarin, philosophe et gastronome « extraordinaire », dont le traité *La physiologie du goût* est une lecture toujours aussi captivante quelques 170 ans plus tard. Remontez vos manches pour exécuter cette recette car, en plus du désordre et des ustensiles poisseux, elle demande un certain travail — pendant quelques minutes.

Pour 6 à 8 personnes
Préparation : 20 minutes,
plus le temps de faire lever la pâte
Cuisson : 30 minutes

200 g de farine, plus de quoi fariner
1 sachet de levure alsacienne,
à utiliser selon les proportions
portées sur l'emballage
1 pincée de sel fin
2 cuillerées à café de sucre semoule
3 œufs très frais
10 cl de lait tiédi
75 g de beurre ramolli,
plus de quoi graisser

POUR LE SIROP :
225 g de sucre semoule
3 cuillerées à soupe de cognac ou de rhum
1 cuillerée à café de chaque :
zeste d'orange et de citron très finement râpé
2 à 3 cuillerées à soupe de Grand Marnier
(ou toute autre liqueur à l'orange)
30 cl de crème chantilly (page 164)
sucre glace pour poudrer

1 Tamisez la farine avec la levure dans un grand saladier. Ajoutez le sel et le sucre. Dans un bol, battez les œufs et versez-y deux cuillerées à soupe d'eau chaude. Incorporez-les, peu à peu, à la farine. Continuez avec le lait tiède et le beurre. Amalgamez bien le tout. Si vous préférez, malaxez les ingrédients au robot ménager, avec la lame en plastique prévue à cet effet, en travaillant par petits coups brefs et en râclant ce qui adhère aux parois, jusqu'à obtention d'une boule de pâte.

2 Farinez légèrement le saladier ou, si vous préférez, un plan de travail. Pétrissez la pâte quelques minutes, jusqu'à ce qu'elle soit lisse et élastique, en la farinant un peu si elle colle trop. Elle réduira légèrement de volume pendant cette opération.

3 Beurrez généreusement un moule-couronne de 85 cl. Façonnez la pâte en forme de long cylindre et mettez-la dans le moule, en soudant les deux bouts.

4 Préchauffez le four à 190 °C. Enfournez la pâte 25 à 30 minutes jusqu'à ce qu'elle soit dorée et se décolle un peu du moule. Vérifiez qu'elle est cuite en la piquant avec une brochette en métal — celle-ci doit ressortir propre. Si le dessus dore trop vite, masquez-le de papier d'aluminium pendant les 5 à 10 dernières minutes.

5 Laissez le savarin refroidir quelques minutes dans le moule, puis démoulez-le sur une grille.

6 Faites le sirop, le temps qu'il refroidisse : dans une casserole sur feu doux, faites fondre le sucre dans 30 cl d'eau environ. Laissez bouillir 5 minutes, ôtez du feu et ajoutez l'alcool, les zestes et la liqueur.

7 Avec une brochette ou une grande fourchette, piquez la surface du savarin. Dressez-le sur un plat décoratif et nappez-le de sirop chaud. Laissez-le refroidir.

8 Au moment de servir, mettez de la chantilly au milieu du savarin et poudrez-le de sucre glace.

VARIANTE : pour faire des babas individuels, utilisez la même pâte, mais ajoutez-y 3 à 4 cuillerées à soupe de raisins secs trempés dans du rhum. Enfournez 15 minutes environ dans des moules individuels bien beurrés.
Pour une brioche, ajoutez 55 g de beurre ramolli à la quantité indiquée et pétrissez véritablement la pâte, en l'aplatissant et la rabattant énergiquement, pendant 10 minutes environ. Dorez-la à l'œuf battu avant de l'enfourner 20 minutes environ à 200 °C.

À déguster avec un vin Cabernet de Saumur ou un rosé de la Loire mi-sec.

LA CRÈME PÂTISSIÈRE

Pour un peu plus de 30 cl
Préparation et cuisson : 20 minutes, plus le temps de refroidir

30 cl de lait entier
1 gousse de vanille fendue
1 cuillerée à soupe rase de farine
1 cuillerée à café bombée de fécule
3 cuillerées à soupe de sucre semoule
2 gros jaunes d'œufs très frais (ou 3 moyens)
10 g de beurre raffermi
1 cuillerée à soupe de kirsch

Pour moi, la crème pâtissière, c'est un peu la version rustique de la crème anglaise (page 174). Son goût et sa consistance sont peut-être moins fins, mais elle est infiniment moins compliquée à préparer. Ce qu'elle perd en élégance est amplement compensé par sa docilité et sa souplesse d'emploi. La crème pâtissière est la garniture courante de multiples gâteaux, depuis les profiteroles jusqu'au millefeuille, en passant par les tartes aux fruits et bien d'autres douceurs encore.
Elle se compose de lait parfumé, de farine et de jaunes d'œufs. L'amidon de la farine empêche la crème de tourner et il n'est pas nécessaire de la préparer au-dessus de la vapeur. Les deux principaux écueils — les grumeaux et le goût de farine — sont faciles à éviter avec un chinois, et un peu de patience.

PORTEZ LENTEMENT LE LAIT À ÉBULLITION, ÉTEIGNEZ ET LAISSEZ-LE INFUSER 15 MINUTES MINIMUM.

1 Dans une casserole à fond épais, mettez le lait et la vanille. Sur feu doux, portez-le au seuil de l'ébullition. Dès que des petites bulles crèvent ici et là, éteignez et laissez le lait infuser 15 minutes minimum — plus vous le laissez longtemps, plus il sera vanillé.

2 Entre-temps, tamisez la farine et la fécule dans un saladier propre. Ajoutez le sucre. Avec un fouet, mélangez intimement les ingrédients — plus vous aérez la farine, moins vous risquez d'avoir des grumeaux dans votre crème. Incorporez les jaunes d'œufs et continuez à battre vigoureusement, jusqu'à ce que le mélange blanchisse et épaississe.

3 Ôtez la vanille du lait qui sera encore chaud. Rincez la gousse de vanille, faites-la séchez et gardez-la pour une autre utilisation (pour parfumer du sucre, voir page 10). Dans le mélange œufs-farine, versez le lait en filet mince, en vous arrêtant par moments et en fouettant bien le temps de l'incorporer (là encore, il s'agit de déstabiliser l'amidon de la farine). Continuez à fouetter jusqu'à obtention d'une préparation homogène. Transvasez-la dans la casserole. Si vous remarquez des grumeaux, remettez la crème dans le saladier et filtrez-la au-dessus d'un autre récipient.

4 Portez votre crème à ébullition sur feu doux, en la remuant très souvent — ceci me fait toujours penser au dicton : « L'attente fait paraître le temps plus long », qui en est la parfaite illustration. Mais la lenteur est trompeuse : par expérience, je sais qu'une crème négligée réagira systématiquement mal. Dès que des bulles se forment, laissez frémir la crème 5 minutes environ, afin de cuire la farine et de dissiper ce goût désagréable d'amidon.

AU MÉLANGE ŒUFS-FARINE, AJOUTEZ LE LAIT INFUSÉ EN FILET MINCE.

5 À ce stade, les bulles crèvent de plus en plus violemment et la crème paraît compacte et irrégulière, mais cela signifie simplement qu'elle a épaissi plus vite à certains endroits qu'à d'autres. Retirez-la du feu, incorporez-y le beurre raffermi et le kirsch et laissez-la refroidir.

ÔTEZ LA CRÈME DU FEU ET INCORPOREZ-Y LE BEURRE RAFFERMI ET LE KIRSCH.

6 De nouveau, si vous voyez des grumeaux, éliminez-les en la passant au chinois. En cours de refroidissement, il vous faudra la remuer à plusieurs reprises pour éviter qu'une peau se forme à la surface. Sinon, saupoudrez-la avec un peu de sucre semoule. Dès qu'elle est froide, couvrez-la et mettez-la au frais jusqu'au moment de servir.

AUTRES PARFUMS : avant de chauffer le lait, mettez-y quelques fragments de zeste d'orange ou de citron (jaune ou vert). Retirez-les avant de l'incorporer aux œufs et à la farine. Lorsque la crème est encore assez chaude pour qu'ils y fondent, parfumez-la avec du café instantané (2 cuillerées à café) ou du chocolat amer finement râpé (2 cuillerées à soupe). En revanche, attendez qu'elle soit assez froide pour y ajouter une faible dose d'alcool : vous verrez mieux le résultat en la goûtant. On la parfume souvent au kirsch ou au rhum, mais le cognac, le marc ou le whisky conviennent aussi. Bien qu'appréciant le Cointreau, je trouve ici le résultat écœurant.

Pour une crème mousseuse, incorporez-y 2 blancs d'œufs en neige, légèrement sucrés, immédiatement après l'avoir ôtée du feu (étape 5). Pour une crème plus épaisse, forcez sur la farine (1 à 2 cuillerées à café de plus). Pour une crème plus fluide, employez un peu plus de lait.

CI-DESSOUS
La crème pâtissière utilisée comme garniture de fond pour une tarte aux fruits (voir au dos).

TARTE AUX FRUITS

Dessert éternel, apprécié de tous, la tarte est un véritable délice lorsqu'elle est faite avec les fruits du début et du milieu de l'été. On peut naturellement la confectionner en toutes saisons avec des fruits tendres décongelés. Parfois, il m'arrive d'employer des cerises au naturel avec un peu de leur sirop, légèrement réduit, comme glaçage.

Pour 6 personnes
Préparation : 20 minutes, plus 40 minutes au frais et le temps de faire la crème pâtissière
Cuisson : 30 minutes environ

POUR LA PÂTE SABLÉE :
225 g de farine
1 pincée de sel
140 g de beurre, plus de quoi beurrer le moule
1 œuf, plus un peu de jaune d'œuf allongé d'eau pour dorer la pâte
45 g de sucre semoule

POUR LA GARNITURE :
3 cuillerées à soupe de gelée de framboises (ou toute autre gelée de fruits rouges)
24 à 30 cerises très mûres
24 fraises, à bonne maturité
30 cl de crème pâtissière (page 156)
24 à 30 framboises
1 cuillerée à soupe de Cointreau
sucre glace pour poudrer (facultatif)

1 Faites la pâte : dans le robot ménager muni de la lame à pétrir en métal, malaxez la farine, le sel et le beurre. Dans un bol, mélangez l'œuf à 1 cuillerée à soupe d'eau froide, puis ajoutez le sucre. Versez dans le robot et travaillez le tout par petits coups brefs, jusqu'à ce que la pâte se rassemble en une boule grossière. Enveloppez-la de film alimentaire et mettez-la au frais une bonne demi-heure, avant de l'abaisser. (Faites la crème pâtissière pendant ce temps.)

2 Préchauffez le four à 190° C et beurrez un grand moule à tarte à fond amovible.

3 Abaissez la pâte et garnissez-en le moule, en la plaquant à l'intérieur avec les mains, sans l'étirer. Piquez-la à la fourchette et remettez-la au frais 10 minutes. Chemisez-la de papier sulfurisé ou d'aluminium beurré.

4 Dorez les bords du fond de tarte avec le jaune d'œuf allongé d'eau. Remplissez d'haricots secs et faites cuire *à blanc* 20 à 25 minutes jusqu'à ce que la pâte soit cuite et dorée. Ôtez les haricots et le papier. Laissez refroidir légèrement.

5 Entre-temps, chauffez la gelée dans une casserole pour qu'elle se liquéfie. Dénoyautez les cerises et coupez les fraises en deux.

6 Étalez la crème pâtissière sur le fond de tarte tiède. Disposez les fruits dessus, les fraises posées sur leur partie coupée. L'effet sera tout aussi joli si vous les panachez en cercles qui se chevauchent, ou si vous les disposez séparément, chaque variété occupant 1/3 de la tarte.

7 Parfumez la gelée avec le Cointreau. Nappez-en légèrement les fruits et laissez refroidir.

8 Au moment de servir, démoulez la tarte. À votre gré, poudrez-la de sucre glace.

TARTE AUX NOIX

Dans le Sud-Ouest, on utilise beaucoup les noix en cuisine. La tarte aux noix et au miel, que l'on sert en Quercy et en Périgord, figure parmi les nombreuses spécialités de la région.

Pour 6 personnes
Préparation : le temps de faire la pâte, plus 20 minutes
Cuisson : 25 minutes, plus le temps de refroidir
Pour finir : 10 minutes

1 fond de tarte en pâte sablée (de 225 g), cuit à blanc *dans un moule à fond amovible (voir ci-contre)*
4 cuillerées à soupe de miel liquide
170 g de cerneaux de noix très frais
100 g de sucre semoule (en prévoir un soupçon de plus)
3 gros œufs
75 g de beurre ramolli, plus de quoi graisser le moule
1 cuillerée à soupe d'armagnac (facultatif)
sucre glace pour poudrer (facultatif)

1 Préchauffez le four à 180° C. Badigeonnez de miel l'intérieur du fond de tarte — s'il n'est pas assez liquide, faites-le chauffer doucement dans une casserole.

2 Réservez une poignée de beaux cerneaux pour décorer la tarte et broyez finement le reste au robot ménager.

3 Dans une jatte, mélangez les noix avec le sucre. Incorporez-y les œufs, le beurre (en réservant 1 cuillerée à soupe rase), l'armagnac, le cas échéant, et le reste de miel. Mélangez pour obtenir une pâte homogène.

4 Versez cette garniture dans le fond de tarte et enfournez 20 à 25 minutes ou jusqu'à ce que la garniture soit bien cuite.

5 Entre-temps, sucrez très légèrement les cerneaux réservés, faites fondre le reste de beurre dans une petite poêle et faites-les revenir quelques minutes. Transférez sur du papier absorbant.

6 Sortez la tarte du four et laissez-la refroidir. Décorez-la de cerneaux. Servez-la froide, poudrée ou non de sucre glace.

À déguster avec un vin Vouvray mi-sec.

CI-CONTRE
La tarte aux fruits de saison est simple à faire et c'est un véritable délice.

LA TARTE TATIN

Pour 6 personnes
Préparation : 40 minutes
Cuisson : 30 minutes

125 g de beurre
175 g de sucre semoule
1,3 kg de pommes croquantes
(Reinette ou Cox orange, par exemple)

POUR LA PÂTE :
225 g de farine
1 cuillerée à soupe de sucre semoule
1 pincée de sel fin
125 g de beurre raffermi,
détaillé en lamelles
2 cuillerées à soupe de crème fraîche

La tarte Tatin fait partie de la tradition. Comme tous les grands classiques légendaires, elle a une auréole qui en intimide plus d'un et, on ne sait pourquoi, les décourage de se lancer dans sa préparation à la maison. En fait, elle n'est pas si compliquée que cela. Il est utile d'avoir les ustensiles appropriés. Il faut un moule à manqué à fond épais, de 5 cm environ de profondeur, avec un bord légèrement arrondi (vous verrez le mien sur les illustrations). Il est en inox, avec un fond très épais, idéal lorsqu'il faut le mettre sur la cuisinière pour faire caraméliser les pommes (je m'en sers aussi pour y cuire des omelettes) et qui vaut largement son prix élevé. On les trouve au rayon cuisine des grands magasins, ou chez les détaillants spécialisés dans les ustensiles pour la restauration — investissez dans un modèle plus cher, avec un fond épais qui supporte le contact direct de la flamme.

Les vrais amateurs servent leur Tatin nature, mais on peut évidemment l'arroser de Calvados ou l'escorter de crème fraîche, ou encore de glace à la vanille.

MÉLANGEZ LE SUCRE AU BEURRE FONDU ET PENCHEZ LE MOULE POUR BIEN EN NAPPER LE FOND.

1 Faites la pâte : tamisez la farine dans un saladier ; ajoutez le sucre et le sel. Mélangez-les avec une grande cuillère. Incorporez-y le beurre du bout des doigts, puis ajoutez la crème fraîche et amalgamez-la bien à l'ensemble. Faites une boule de pâte et mettez-la au frais une bonne demi-heure.

2 Dans votre moule, faites fondre les 2/3 du beurre sur feu moyen. Ajoutez-y les 2/3 du sucre et, en vous protégeant avec des gants à four, penchez le moule au-dessus de la flamme, jusqu'à ce que beurre et sucre soient bien mélangés et qu'ils nappent le moule jusqu'au bord.

3 Ôtez du feu et laissez en attente pendant que vous préparez les pommes. Épluchez-les et coupez-les en quartiers. Retirez le cœur et les pépins. Si elles sont petites, coupez-les en deux dans la hauteur — la méthode traditionnelle. L'essentiel est de se retrouver avec des morceaux de pommes faciles à disposer côte à côte.

DISPOSEZ LES QUARTIERS DE POMMES EN CERCLES CONCENTRIQUES EN ALLANT VERS LE CENTRE.

4 Arrangez-les dans le moule foncé de beurre et de sucre, en les serrant les unes contre les autres. Je préfère commencer au bord du moule et remplir l'intérieur ensuite.

5 Saupoudrez les pommes avec le reste de sucre et répartissez le reste de beurre dessus. Elles sont maintenant prêtes pour l'étape capitale de la Tatin — la caramélisation.

6 Mettez le moule sur feu modérément vif et laissez cuire jusqu'à ce que des bulles dorées de caramel crèvent entre les pommes (ce qui prend facilement 20 minutes — il m'arrive d'attendre 30 minutes). Enfilez vos gants à four et secouez le moule de temps en temps. Ayez l'œil et baissez la flamme au bout d'un moment pour éviter que le caramel ne roussisse et ne brûle — faute de vigilance, il brûle en quelques secondes. C'est pourquoi un moule à fond épais est un bon investissement.

LAISSEZ CUIRE JUSQU'À CE QUE LES BULLES DU CARAMEL CRÈVENT ENTRE LES QUARTIERS DE POMMES.

7 Éteignez et laissez le moule refroidir afin de pouvoir le touchez à mains nues.

8 Préchauffez le four à 220° C, ou un peu moins si votre four cuit vite.

9 Sortez la pâte du réfrigérateur, farinez un rouleau à pâtisserie et un plan de travail froid et étendez-la en un cercle mince (3 mm environ d'épaisseur), un peu plus grand que le moule (disons de 3,5 cm).

10 Posez-le délicatement sur les pommes. Avec les doigts, rentrez un peu la pâte entre les pommes et la paroi du moule.

11 Mettez à four chaud 30 minutes environ jusqu'à ce que la pâte soit dorée. Vérifiez au bout de 20 minutes environ et baissez un peu la température si elle dore trop vite.

12 Sortez-la du four et laissez-la refroidir un moment avant de servir. Préchauffez le gril à chaleur vive.

13 Pour servir, couvrez le moule avec un plat de service un peu plus grand. En bloquant les deux ensemble (avec les gants à four, si besoin est) renversez rapide—ment le moule sur le plat, afin que les pommes caramélisées soient sur le dessus. Tapotez le fond du moule 1 ou 2 fois et soulevez-le. Il vous faudra peut-être arranger les pommes. Si nécessaire, masquez de sucre glace cette partie là. Passez les pommes sous le gril 10 à 12 minutes au moment de servir. (Cette astuce est également conseillée lorsqu'on n'a pas le temps de faire caraméliser complètement les pommes ; cela permet aussi de réchauffer la tarte.) La tarte Tatin est meilleure chaude ou tiède.

POSEZ LA PÂTE AU-DESSUS DES POMMES. GLISSEZ LE SURPLUS ENTRE CELLES-CI ET LA PAROI DU MOULE.

À déguster avec un verre de calvados frappé.

VARIANTE : les poires peuvent se préparer de cette façon. Choisissez-les bien fermes. Plus insolites, les figures fraîches caramélisent bien également. Attention aux pêches, aux abricots et aux nectarines, qui réduisent à la cuisson et rendent beaucoup de jus. Si vous voulez vraiment expérimenter, essayez l'endive : parez de petites endives et coupez-les en 2 dans la longueur ; blanchissez-les et égouttez-les bien avant de les faire caraméliser.

CI-DESSOUS
La tarte Tatin est un dessert dans la tradition de la cuisine française. Les vrais amateurs s'en délectent quand elle est nature.

PETITS SABLÉS

Pour 24 sablés ronds
(de 6 cm de diamètre)
Préparation : 15 minutes
Cuisson : 20 minutes,
plus le temps de refroidir

175 g de beurre détaillé en morceaux,
plus de quoi graisser la plaque
85 g de sucre semoule
1 sachet de sucre vanillé (facultatif)
225 g de farine tamisée,
plus de quoi fariner
1 à 2 cuillerée(s) à café de zeste d'orange râpé
1 petit œuf, plus 1 jaune en extra
pour dorer la pâte

POUR SERVIR (facultatif) :
sucre glace
sauce au chocolat (voir à droite)

1 Équipez le robot ménager de la lame à pétrir en métal. Mettez le beurre et le sucre dans le réceptacle et travaillez-les ensemble pendant 15 secondes environ ou jusqu'à obtention d'une préparation légère et mousseuse. Râclez les parois du réceptacle à la spatule.

2 Ajoutez le sucre vanillé, le cas échéant, la farine, le zeste et l'œuf entier. Par petits coups brefs, pétrissez le tout jusqu'à ce que la pâte se rassemble en boule (au bout de 20 secondes environ).

3 Retirez la pâte du robot, farinez-la légèrement, enveloppez-la dans du film alimentaire et mettez-la au frais 30 minutes minimum.

4 Préchauffez le four à 190° C et beurrez légèrement une plaque de cuisson. Farinez un plan de travail froid, un emporte-pièce rond de 6 cm de diamètre et un rouleau à pâtisserie.

5 Sortez la pâte du réfrigérateur et posez-la au milieu du plan de travail, abaissez-la finement (pas plus de 6 mm d'épaisseur) et découpez-y des ronds de pâte à l'emporte-pièce.

6 Transférez ceux-ci sur la plaque de cuisson. Dans un bol, délayez le jaune d'œuf en extra avec 2 à 3 cuillerées à café d'eau. Avec un pinceau, dorez légèrement les sablés à l'œuf.

7 Enfournez-les 15 minutes environ jusqu'à ce qu'ils soient légèrement dorés. Pour qu'ils croquent, laissez-les 5 à 10 minutes dans le four éteint. Sortez-les et, avec une spatule, transférez-les sur une grille pour qu'ils refroidissent.

8 À votre gré, poudrez-les de sucre glace avant de servir. Sinon, trempez la moitié de chaque sablé dans de la sauce au chocolat tiède : posez une assiette creuse sur une épaisseur de film alimentaire, calez délicatement les sablés contre le bord de l'assiette, la partie chocolatée vers le bas et laissez sécher une heure.

SAUCE AU CHOCOLAT

Pour cette sauce, choisissez du chocolat noir surchoix, riche en beurre de cacao, et vous ne serez pas déçu par sa couleur sombre et satinée et son parfum intense.

Pour 6 personnes
Préparation : 5 minutes
Cuisson : 10 à 15 minutes

125 g de chocolat noir surchoix
sucre glace ou semoule, selon le goût
1 cuillerée à soupe de crème fleurette
30 g de beurre raffermi, coupé en dés

PARFUMS (facultatif) :
1 cuillerée à soupe de Cointreau, de cognac, de rhum ou de whisky (ou 1 cuillerée à soupe de zeste d'orange finement râpé, ou encore 1 cuillerée à soupe de confiture d'abricots, d'oranges ou de gingembre au sirop haché menu)

1 Cassez le chocolat en morceaux dans une assiette creuse ou une jatte résistant à la chaleur. Faites bouillir de l'eau dans une casserole et posez dessus le récipient contenant le chocolat. Ajoutez à celui-ci 6 cuillerées à soupe environ d'eau froide. Remuez de temps en temps jusqu'à ce qu'il soit fondu.

2 Dès qu'il est fondu, sucrez-le selon le goût, enrichissez-le de crème et, à votre gré, parfumez-le.

3 Ôtez du feu. Sucrez à nouveau si nécessaire et incorporez le beurre à la sauce. Servez-la chaude, pour napper des desserts.

CRÈME CHANTILLY

Elle se garde, au grand maximum, une heure ou deux au réfrigérateur, mais elle est meilleure préparée à la dernière minute.

Pour 4 à 6 personnes
Préparation : mise au frais, plus 10 minutes

40 cl de crème fraîche
sucre glace, selon le goût
1 à 2 cuillerées à café de kirsch, de rhum ou de cognac (facultatif)
1 cuillerée et demie à soupe d'eau glacée

1 Mettez la crème et une jatte au réfrigérateur, jusqu'à ce qu'elles soient bien froides.

2 Transférez la crème dans la jatte, avec le sucre et, le cas échéant, le parfum choisi.

3 Avec un batteur électrique, fouettez la crème jusqu'à ce qu'elle forme une mousse ferme, en commençant lentement et en augmentant progressivement la vitesse. Arrêtez de fouetter avant qu'elle ne se sépare en particules de beurre.

4 Incorporez-y l'eau glacée et utilisez-la dès que possible.

FRUITS RAFRAÎCHIS

Cette salade de fruits, dans sa version conservée à l'alcool, est connue sous le nom de *confiture de vieux garçon*. Dans un grand bocal à conserves ou un pot ébouillanté, on verse un litre d'eau-de-vie, on y ajoute 900 g de sucre semoule et on agite bien. Après quoi, on le remplit avec les fruits de saison, lavés, épépinés ou dénoyautés — fruits rouges tendres, baies, pêches, poires, prunes, raisins, etc — on les superpose par couches successives dans l'eau-de-vie. On termine par une couche de rondelles de citrons non traités et on laisse macérer 2 mois ou, comme la tradition le veut, jusqu'à Noël.

Pour 4 à 6 personnes
Préparation : 30 minutes, plus mise au frais

assortiment harmonieux de fruits, choisis parmi les suivants : fraises des bois, framboises, poires, pommes, pêches, bananes, oranges, clémentines, kiwis, coquerets, amandes fraîches, groseilles rouges et blanches, fraises, abricots, nectarines, prunes, cerises, raisin noir et blanc épépiné
le jus d'un citron
sucre semoule
cannelle en poudre
le jus d'1 demi-orange
le jus d'1 demi-citron vert
2 cuillerées à soupe d'eau-de-vie, de calvados ou de kirsch
2 cuillerées à soupe de Cointreau ou de marasquin

1 Réservez, le cas échéant, les fraises des bois et les framboises. Pelez les poires, les pommes, les pêches, les bananes, les oranges, les clémentines et les kiwis (citronnez au fur et à mesure les fruits qui noircissent, comme les poires, les pommes et les bananes) ; ôtez le calice des coquerets et mondez les amandes ; dénoyautez ou évidez certains fruits ; égrenez les groseilles et équeutez les fraises. Coupez les pommes et les poires en tranches fines ; émincez les pêches, les bananes, les abricots, les nectarines et les kiwis ; coupez les prunes en deux, détaillez les oranges en rondelles et séparez les clémentines en quartiers.

2 Disposez les fruits dans une coupe, en les alternant de façon décorative. Sucrez chaque couche et parfumez avec un soupçon de cannelle.

3 Dans un pichet, mélangez 2 cuillerées à soupe de jus de citron avec les jus d'orange et de citron vert. Versez sur la dernière couche de fruits.

4 Mettez la coupe dans un grand saladier rempli de glace et placez 2 heures au frais. Au bout d'une heure, arrosez les fruits avec leur jus.

5 Remettez au frais et servez glacé, après avoir réparti dessus les framboises et les fraises des bois, au dernier moment.

À DROITE
Servez les fruits rafraîchis avec des petits sablés (page 163).

Savoir-faire

PROFITEROLES

Pour 6 personnes
Préparation : 30 minutes
Cuisson : 40 minutes

POUR LA PÂTE À CHOUX :
100 g de beurre détaillé en petits morceaux
1 pincée de sel
150 g de farine
4 ou 5 œufs extra-frais, à température ambiante

POUR LE CARAMEL :
100 g de sucre semoule
quelques gouttes de jus de citron ou de vinaigre de vin blanc

POUR SERVIR :
sauce au chocolat chaude (page 163)

AJOUTEZ LA FARINE TAMISÉE DÈS QUE LE MÉLANGE BOUT.

REMUEZ VIGOUREUSEMENT, JUSQU'À CE QUE LA PÂTE SE DÉTACHE DES PAROIS DU RÉCIPIENT.

Une pyramide de choux caramélisés, plus connue sous le nom évocateur de croquembouche, est un dessert qui réjouit l'œil. On peut préparer la pâte à choux à l'avance et la garder au frais (ou la congeler). En revanche, il vaut mieux servir les profiteroles dès que possible après leur sortie du four — et, de toute façon, le jour même.

1 Préparez la pâte à choux : dans une casserole à fond épais, mettez 25 cl d'eau froide, le beurre en morceaux et une petite pincée de sel. Portez à ébullition sur feu moyen, en remuant de temps en temps avec une spatule ou une cuillère en bois.

2 Entre-temps, tamisez la farine dans un saladier. Dès que le mélange bout, ôtez le récipient du feu et ajoutez-y la farine en une seule fois. Commencez à remuer énergiquement afin d'amalgamer la farine à l'eau et continuez jusqu'à ce qu'il n'y ait plus de taches blanches dans votre préparation. Mélangez vigoureusement, en remettant une à deux minutes sur feu doux, jusqu'à ce que la farine ait donné du volume à la pâte (d'où l'avantage de tamiser la farine au préalable) et que vous obteniez une boule grossière et collante qui se détache des parois de la casserole.

3 Ôtez du feu. Ajoutez les œufs un à un, en attendant que le premier soit incorporé avant d'ajouter le suivant et ainsi de suite. Avant d'incorporer le dernier, fouettez-le

INCORPOREZ LES ŒUFS UN À UN AFIN D'OBTENIR UNE PÂTE SOUPLE ET SATINÉE.

AVEC DEUX CUILLERÉES À CAFÉ HUMECTÉES, FAÇONNEZ LES PETITS CHOUX.

légèrement dans un bol — vous n'aurez peut-être pas besoin de la totalité pour obtenir une pâte molle et brillante. Continuez à battre celle-ci une à deux minutes pour lui donner plus de tenue et un aspect satiné.

AVEC UNE FOURCHETTE, TREMPEZ LES CHOUX DANS LE CARAMEL.

4 Préchauffez le four à 200° C et beurrez une plaque de cuisson, ou chemisez-la de papier sulfurisé.

5 Façonnez les choux : à l'aide de 2 cuillerées à café humectées, posez sur la plaque de cuisson des boules de pâte de la grosseur équivalente à une noix. Espacez-les bien — prévoyez 2,5 cm au moins entre chaque.

LAISSEZ LES CHOUX CARAMÉLISÉS SÉCHER SUR UNE GRILLE.

6 Enfournez les choux 20 minutes environ jusqu'à ce qu'ils soient gonflés et dorés. Sortez-les du four. Piquez-les avec une brochette et remettez-les dans le four éteint. Laissez-les sécher 10 minutes environ.

7 Sortez-les du four et laissez-les refroidir complètement avant de les plonger dans le caramel ou de les fourrer (voir ci-après).

8 Pour le caramel : prenez une petite casserole à fond épais, en inox ou en cuivre étamé. Sur feu moyen, faites-y dissoudre le sucre dans 3 cuillerées à soupe d'eau froide, en penchant le récipient d'un côté et de l'autre sur la flamme, afin d'y répartir la chaleur. Ne quittez pas le mélange des yeux. Portez à ébullition et laissez le sirop bouillonner doucement, jusqu'à ce qu'il devienne jaune miel — étalez-en un peu sur une assiette blanche pour en vérifier la coloration. Ajoutez-y un filet de jus de citron ou de vinaigre et ôtez-le du feu.

FOURREZ LES CHOUX AVEC UNE POCHE À DOUILLE MUNIE D'UN PETIT EMBOUT.

9 Trempez les choux dans le caramel, un à un, mais sans trop tarder, et posez-les sur une grille placée sur un plat. Laissez l'enrobage durcir.

10 Servez-les nappés de sauce au chocolat chaude.

À déguster avec un vin Banyuls ou un Muscat de Rivesaltes.

VARIANTES : à votre gré, fourrez les choux avec 2 grosses cuillerées à café de glace à la vanille, de crème chantilly (page 164) ou de crème pâtissière (page 156).
Pour édifier un croquembouche, superposez les choux de façon à obtenir une pyramide plus ou moins haute. À votre gré, nappez de sauce au chocolat chaude. Servez immédiatement, en présentant le reste de sauce dans un pot à crème préchauffé.
Pour une version simplifiée du classique Saint-Honoré, abaissez un cercle de 20 cm de pâte sablée. Transférez sur une plaque beurrée et mettez au frais. Avec une poche à douille, dressez tout autour, à 2 cm du bord, une couronne de pâte à choux. Enfournez à 200° C. Dressez des choux caramélisés sur la couronne et placez de la crème chantilly au centre.

GALETTE DES ROIS

C'est une tradition qui se fête le jour de l'Épiphanie, ou Jour des Rois. À l'heure actuelle, nous sommes beaucoup à acheter notre galette chez le pâtissier ou dans les supermarchés, mais la confectionner n'est pas si compliqué.
Avec sa garniture fondante à la frangipane, la recette donnée ci-dessous est une version simplifiée du Pithiviers, spécialité de la localité du même nom. Mettez-y une fève avant de l'enfourner.

Pour 6 personnes
Préparation : 10 minutes
Cuisson : 35 minutes

400 g de pâte feuilletée prête à abaisser
1 cuillerée à soupe de lait pour dorer la pâte
sucre glace (facultatif)
farine, pour fariner
beurre, pour graisser la plaque

POUR LA GARNITURE :
100 g de poudre d'amandes
1 cuillerée à soupe de zeste d'orange finement râpé
1 à 2 cuillerées à soupe de rhum
2 jaunes d'œufs
85 g de sucre semoule
100 g de beurre ramolli

1 Préchauffez le four à 220 °C.

2 Farinez légèrement un plan de travail froid et un rouleau à pâtisserie. Partagez la pâte en deux et abaissez chaque morceau en un cercle de 25 cm de diamètre environ. Beurrez une plaque de cuisson et posez un cercle au centre.

3 Préparez la garniture : dans le bol du robot ménager, mettez les amandes, le zeste, le rhum, les jaunes d'œufs (en réservant 1 cuillerée à soupe environ pour dorer le feuilletage), le sucre et le beurre et mixez le tout en pommade.

4 Étalez une couche uniforme de cette garniture sur l'abaisse de pâte, en laissant libre une bordure de 2,5 cm tout autour.

5 Dans une tasse, délayez le jaune réservé avec le lait. Avec un pinceau à pâtisserie, badigeonnez-en la bordure de pâte.

6 Posez délicatement la seconde abaisse sur la garniture. Tassez légèrement avec la main, en appuyant un peu plus fort sur le pourtour afin de souder l'une à l'autre les deux abaisses de pâte.

7 Avec une fourchette, piquez le feuilletage en plusieurs endroits. Avec la pointe d'un couteau pointu, tracez des croisillons sur le dessus. Dorez la pâte à l'œuf.

8 Enfournez 20 à 30 minutes, jusqu'à ce que le feuilletage soit doré et gonflé — évitez d'ouvrir le four pendant les 15 premières minutes. À votre gré, poudrez légèrement de sucre glace en fin de cuisson et remettez 2 à 3 minutes au four pour que la pâte dore davantage. Laissez refroidir un peu. Servez tiède, de préférence, ou à température ambiante, si cela est plus pratique.

À déguster avec un vin Saumur mousseux mi-sec.

GLACE À LA PISTACHE

Pour obtenir une délicieuse glace à la vanille, suivez la même recette, en supprimant la préparation aux pistaches.

Pour 6 personnes
Préparation : 30 minutes,
plus temps de réfrigération par étapes
15 cl de crème fraîche bien froide
15 g de beurre
4 cuillerées à soupe bombées de pistaches nature, décortiquées et broyées
2 cuillerées à soupe bombées d'amandes effilées
2 cuillerées à soupe de sucre glace

POUR LA CRÈME ANGLAISE :
35 cl de lait entier ou demi-écrémé
1 gousse et demie de vanille fendue en deux (ou quelques gouttes d'extrait de vanille)
4 gros jaunes d'œufs (ou 5 de moyenne grosseur)
115 g de sucre semoule

1 Faites la crème anglaise, en vous reportant aux explications de la page 174 (œufs à la neige). Filtrez la crème tiède au travers d'une passoire à maille fine et remuez-la souvent pendant qu'elle refroidit.

2 Fouettez la crème fraîche jusqu'à ce qu'elle épaississe. Incorporez-la délicatement à la crème anglaise.

3 Versez dans un bac allant au froid et mettez au congélateur.

4 Entre-temps, préparez les fruits secs. Dans une poêle, faites fondre le beurre sur feu doux. Mettez-y les pistaches, les amandes et le sucre. Sur feu un peu plus vif, faites revenir 3 à 4 minutes en remuant et en secouant le récipient, jusqu'à ce que le mélange soit doré et légèrement caramélisé.

5 Au bout de 40 minutes sortez le bac du froid, transférez le contenu dans le robot ménager et travaillez la préparation quelques secondes, afin de briser les cristaux. Ajoutez-y le mélange caramélisé et mixez brièvement le tout. Transférez à nouveau dans le bac et remettez au congélateur. Répétez l'opération au bout de 40 minutes, puis une troisième fois après le même laps de temps. Laissez prendre complètement au congélateur.

6 Sortez la glace du congélateur 10 minutes environ avant de la servir — afin qu'elle ne soit pas trop dure.

POIRES AU VIN ET AUX PRUNEAUX

Les poires au vin rouge, le plus réconfortant des mélanges fruits et vin, sont parfaites pour un dessert d'automne. Veillez à ne pas trop les cuire et à réduire le sirop juste ce qu'il faut. Les poires doivent être *al dente* et le sirop doit avoir de la robustesse sans être âcre.

Pour 4 personnes
Préparation : 10 minutes
Cuisson : 30 minutes,
plus le temps de refroidir

4 poires Williams bien saines, juste mûres
37,5 cl de vin rouge
2 à 3 cuillerées à soupe de sucre
1 gousse de vanille fendue
8 pruneaux dénoyautés
2 cuillerées à soupe de crème de cassis (facultatif)

1 Pelez les poires avec un couteau pointu ou un couteau économique, que vous tiendrez presque parallèlement au fruit afin de ne pas trop entamer la chair. Si possible, gardez les queues.

2 Dans une casserole à fond épais assez grande pour contenir les poires côte à côte, mettez le vin, le sucre et la vanille. Portez à petite ébullition sur feu doux.

3 Posez les poires côte à côte dans le vin frémissant, en allongeant d'eau, si nécessaire, pour que la base des poires baigne bien dans le liquide. Attendez qu'il frémisse à nouveau et laissez pocher 15 minutes environ sur feu doux à moyen, jusqu'à ce que la chair des poires soit tendre — en cours de cuisson, arrosez le haut des fruits 1 à 2 fois avec le liquide de pochage. Ajoutez les pruneaux dans les dernières minutes.

4 Laissez tiédir 15 minutes dans le liquide. Avec une écumoire, retirez les fruits du vin. Mettez-les sur une assiette et laissez-les refroidir (les poires debout, si possible).

5 Sur feu assez vif, portez le liquide de pochage à ébullition et faites-le réduire de moitié environ, de sorte à obtenir un sirop léger. Ôtez la vanille, rincez-la, essuyez-la et réservez-la pour un autre usage (voir page 10). À votre gré, parfumez le sirop avec la crème de cassis. Laissez refroidir, en remuant de temps à autre. Le cas échéant, ajoutez-y le jus des fruits.

6 Servez les poires froides — mais pas glacées — dans des coupes individuelles, où vous aurez mis du sirop au fond. Nappez-les également d'un peu de sirop.

À GAUCHE
Joliment présentées, les poires au vin et aux pruneaux font un dessert original.

MADELEINES AU CITRON

Les petites madeleines moelleuses et dorées sont encore plus fondantes — de façon ô combien mémorable — avec une tasse de thé. De plus, elles sont faciles à préparer. Le glaçage au citron (inhabituel) se mêle délicieusement au biscuit. Je vous le recommande si vous utilisez de petits moules à cake pour la cuisson, au lieu des traditionnels moules à madeleines.

Pour 18 madeleines
Préparation : 15 minutes,
plus le temps de faire reposer la pâte
Cuisson : 15 minutes,
plus le temps de refroidir

100 g de sucre semoule
2 gros œufs très frais
1 grosse cuillerée à soupe de zeste de citron finement râpé
2 cuillerées à café d'eau de fleur d'oranger, d'extrait de vanille ou de zeste d'orange finement râpé
85 g de farine
100 g de beurre fondu,
plus de quoi graisser les moules

POUR LE GLAÇAGE (facultatif) :
2 cuillerées à soupe de jus de citron
5 cuillerées à soupe de jus d'orange
2 cuillerées à café de zeste de citron, finement râpé
1 cuillerée à soupe de miel liquide
3 cuillerées à soupe de sucre glace,
plus de quoi décorer

1 Dans une jatte, fouettez énergiquement les œufs et le sucre, jusqu'à ce que le mélange blanchisse.

2 Ajoutez-y le zeste de citron et l'eau de fleur d'oranger (ou le parfum choisi). Tamisez la farine, incorporez-la de façon homogène et faites de même avec le beurre fondu. Laissez reposer au frais de 1 heure et demie à 2 heures.

3 Beurrez les moules à madeleines (18 alvéoles en tout) ou, à défaut, des moules lisses pour mini-cake. Il y a assez de pâte pour 18 pièces environ. Préchauffez le four à 220° C.

4 Avec une cuillère, remplissez les moules de pâte, en lui laissant un peu de place pour qu'elle gonfle. Enfournez, puis réglez la température sur 190° C.

5 Laissez cuire 10 minutes environ jusqu'à ce que vos madeleines soient gonflées et dorées. Laissez refroidir quelques minutes avant de transférer sur une grille, jusqu'à complet refroidissement.

6 À votre gré, enrobez les madeleines de glaçage. Préparez-le pendant qu'elles refroidissent : dans une casserole placée sur feu doux, faites chauffer le jus de citron et d'orange, avec le zeste, le miel et le sucre glace. Remuez jusqu'à obtention d'un sirop.

7 Avec un pinceau, badigeonnez-en les madeleines. Laissez refroidir avant de servir, poudré de sucre glace à la dernière minute.

À déguster avec un vin Pineau des Charentes bien frais ou un kir royal.

COMPOTE DE CERISES

Dessert gourmand appartenant à la tradition familiale, la compote de fruits frais doit être traitée avec douceur, afin de ne pas se désintégrer en une bouillie pulpeuse et fade. Ce qui est plaisant ici, c'est le contraste entre la texture et l'acidité du fruit et l'onctuosité du sirop. Faites pocher les fruits jusqu'à ce qu'ils soient à peine tendres, égoutez-les et faites réduire le liquide de pochage. Les compotes se gardent plusieurs jours au réfrigérateur et celle-ci se congèle très bien.

Pour 4 personnes
Préparation : 15 minutes
Cuisson : 20 minutes

30 g de beurre
550 g de cerises sucrées et mûres, dénoyautées
2 à 3 cuillerées à soupe de sucre glace
le jus d'une orange
et 1 cuillerée à café du zeste finement râpé
le jus d'un citron
et 1 cuillerée à café du zeste finement râpé
1 à 2 cuillerées à soupe de kirsch
1 à 2 cuillerées à soupe de crème de cassis
ou de gelée de cassis

POUR SERVIR (facultatif) :
madeleines, sablés, crème fraîche, yaourt à la grecque ou glace à la vanille

1 Dans une casserole avec le beurre fondu, sur feu doux, ajoutez 6 cuillerées à soupe d'eau, les cerises, le sucre, les jus et les zestes d'agrumes. Laissez pocher 5 à 10 minutes en remuant de temps en temps et en maintenant le feu doux — les cerises doivent être tendres mais pas écrasées.

2 Au-dessus d'un saladier, transférez les cerises dans une passoire et laissez-les égoutter. Réservez-les et transvasez le jus dans la casserole. Sur feu moyen, portez-le à petite ébullition et laissez-le bouillonner doucement de sorte qu'il réduise de 1/3 environ.

3 Ajoutez-y le kirsch et la crème de cassis (ou la gelée). À petits frémissements, laissez cuire 2 à 3 minutes.

4 Transférez les cerises dans des coupes ou des verres à pied. Nappez de sirop et servez immédiatement. Sinon, laissez refroidir, mettez au frais et servez rafraîchi avec l'un des accompagnements proposés : madeleines, petits biscuits, yaourt à la grecque ou glace à la vanille.

GELÉE DE CASSIS

Riches en pectine, les cassis se transforment aisément en une gelée acidulée, violet foncé et bien fruitée. Si vous les cueillez vous-même, faites-le de préférence un jour où ils auront pris le soleil. À votre gré, complétez avec des groseilles rouges.

Pour 1 kg de gelée de cassis
Préparation : 15 minutes
Cuisson : 20 minutes,
plus le temps de refroidir

1,8 kg de cassis mûrs
1 kg de sucre semoule,
ou davantage si nécessaire
(voir ci-après)

1 Préparez les cassis : au-dessus d'une grande casserole, égrenez-les avec une fourchette, que vous déplacerez de haut en bas le long de la grappe. Jetez les tiges et ôtez les morceaux de feuilles tombés dans les cassis.

2 Ajoutez 15 cl d'eau et portez à ébullition sur feu moyen, en remuant et en écrasant les fruits avec le dos d'une cuillère en bois ou de l'écumoire.

3 Laissez cuire un moment, jusqu'à ce que les cassis éclatent et rendent leur jus. Laissez tiédir, puis filtrez dans une grande passoire à maille fine, posée sur un pichet gradué. Laissez le jus s'écouler librement et pressez seulement très délicatement avec la cuillère.

4 Mesurez le jus recueilli et pesez le sucre. Pour 50 cl de jus, on compte 500 g de sucre.

5 Rincez la casserole, versez le jus dedans et ajoutez le sucre. Placez sur feu moyen et remuez le temps de dissoudre le sucre.

6 Portez à ébullition, en remuant de temps en temps. Cessez de remuer au premier bouillon. Laissez bouillir, sans remuer, au moins 3 minutes ou jusqu'à ce que la gelée commence à prendre. Vérifiez si elle est prise en mettant une cuillère à café sur une soucoupe : laissez refroidir 2 minutes, puis tâtez-la du doigt, en poussant dessus — la surface doit se rider légèrement. Dans le cas contraire, redonnez une à deux minutes de cuisson et revérifiez. Ôtez du feu.

7 Ébouillantez des bocaux propres, à couvercle qui se visse, essuyez-les et mettez la gelée chaude en pots. Laissez tiédir. À votre gré, couvrez-la avec un rond de papier sulfurisé.

8 Laissez refroidir, fermez hermétiquement les pots et rangez dans un endroit frais.

VARIANTES : pour confectionner une exquise glace au cassis pour 4 à 5 personnes, prenez 900 g de cassis et procédez comme ci-dessus, jusqu'à la fin de l'étape 3. Incorporez 45 cl de yaourt à la grecque (ou un mélange de yaourt et de fromage frais), puis 5 à 6 cuillerées à soupe de crème fraîche épaisse. Sucrez selon le goût avec du sucre glace, en remuant jusqu'à complète absorption. Mettez dans une sorbetière. Sinon — cela demande plus de travail —, placez au réfrigérateur dans un bac approprié. Au bout de 40 minutes mixez le mélange au robot ménager, remettez 40 minutes au froid et recommencez l'opération. Faites-le encore 1 à 2 fois pour éviter la formation de cristaux. Laissez au froid jusqu'à obtention d'une glace onctueuse.

Avec des cassis encore, les amateurs de kir apprécieront peut-être de préparer une délicieuse crème de cassis maison. Égrenez 900 g environ de fruits, ou suffisamment pour emplir aux 3/4 un bocal d'un litre ébouillanté, à couvercle qui se visse. Complétez avec de l'eau-de-vie de fruits. Laissez macérer 4 à 6 semaines dans un endroit frais. Écrasez les fruits dans une passoire garnie d'un linge et posée sur un saladier propre. Faites un sirop léger avec 400 g environ de sucre et 30 cl d'eau, laissez bouillir 5 minutes, laissez tiédir et ajoutez à la liqueur de cassis. Versez dans une bouteille ébouillantée et laissez reposer quelques jours avant de consommer. Évitez de la déboucher à côté de vos verres en cristal — il paraît que le mélange risque de jaillir en bouillonnant, mais cela ne m'est jamais encore arrivé.

ŒUFS À LA NEIGE

Les œufs à la neige, ces blancs floconneux craquants de caramel qui flottent sur une crème anglaise veloutée, ont un parfum merveilleusement suranné. Rien n'est perdu dans leur préparation : le lait ayant servi au pochage des blancs est ensuite mélangé aux jaunes pour confectionner la crème anglaise. Ce dessert de fête convivial est meilleur préparé 1 ou 2 jours à l'avance et laissé au frais pour que les parfums infusent.
Pour une île flottante, faites pocher délicatement des masses rondes de blancs montés en neige. Sinon, faites cuire au bain-marie 30 à 40 minutes à four plutôt doux, dans un moule beurré.

Pour 6 personnes
Préparation : 20 minutes
Cuisson : 20 minutes, plus mise au frais

1 litre de lait entier,
en prévoir pour compléter, si nécessaire
175 g à 200 g de sucre parfumé
avec de la vanille
1 gousse de vanille fendue en deux
5 gros œufs très frais
1 demi-cuillerée à café d'eau de fleur d'oranger
12 pralines (roses de préférence), broyées

POUR LE CARAMEL :
100 g de sucre semoule

1 Faites bouillir le lait à feu doux dans une grande casserole, avec la moitié du sucre et la gousse de vanille.

2 En surveillant le lait, séparez les œufs. Montez les blancs en neige molle, ajoutez-y 2 cuillerées à soupe du sucre qui reste et continuez à les fouetter pour obtenir une neige ferme. Réservez les jaunes.

3 Ôtez la vanille et réservez-la. Baissez un peu la flamme de sorte que le lait frémisse à peine. À la cuillère, prélevez 2 ou 3 portions de blancs battus, faites-les glisser dans le lait frémissant et laissez pocher une minute environ de chaque côté, ou davantage, en les tournant délicatement.

4 Retirez-les du lait et égouttez-les dans une passoire, au-dessus de la casserole. Transférez-les ensuite sur un linge propre. Faites pocher ainsi tous les blancs battus, en veillant à ce que le lait frémisse imperceptiblement.

5 Faites la crème anglaise : filtrez le lait dans un pichet gradué et complétez pour en avoir 1 litre (quantité évaluée pour 6 personnes). Versez-le dans une autre casserole. Ajoutez la vanille et l'eau de fleur d'oranger. Chauffez jusqu'au seuil de l'ébullition. Dans la première casserole, fouettez les jaunes d'œufs avec le reste de sucre, jusqu'à ce qu'ils blanchissent.

6 Mettez sur feu très doux ou, pour mieux contrôler la chaleur de cuisson, placez au-dessus d'une grande casserole d'eau bouillante. Ôtez la vanille du lait (rincez-la, essuyez-la et gardez-la pour parfumer du sucre, ou pour un autre emploi, voir page 10).

7 Versez peu à peu le lait chaud sur les œufs, en remuant constamment avec une cuillère en bois. Faites cuire à feu très doux, sans cesser de remuer. Ôtez du feu de temps en temps pour doser la température et continuez à remuer jusqu'à ce que la crème nappe le dos de la cuillère.

8 Retirez-la du feu et laissez-la refroidir, en la tournant de temps à autre. Transférez-la dans une coupe. Disposez les blancs pochés dessus et décorez avec la moitié des pralines.

9 Préparez le caramel : mettez le sucre avec 3 cuillerées à soupe d'eau froide dans une casserole à fond épais. Laissez-le fondre sur feu moyen, en penchant le récipient et en remuant 1 à 2 fois. Sans quitter le mélange des yeux, portez-le à ébullition, arrêtez de remuer et laissez le sirop bouillonner jusqu'à ce qu'il soit blond foncé.

10 Décorez les blancs de filets de caramel et répartissez dessus le reste de pralines broyées. Laissez une nuit au réfrigérateur et servez bien frais.

À déguster avec un vin Monbazillac.

INDEX